한국 역사를 통해 배우는
한국 고사성어

한국 역사를 통해 배우는

한국 고사성어

찍은날·2015년 1월 25일
펴낸날·2015년 1월 30일

지은이·임종대
펴낸이·임형오
편집·최지철
디자인·이선화
삽화·황종익
펴낸곳·미래문화사
등록번호·제2014-000151호
등록일자·1976년 10월 19일
주소·경기도 고양시 덕양구 삼송로 139번길 7-5 1F
전화·02-715-4507 / 713-6647
팩스·02-713-4805
전자우편·mirae715@hanmail.net
홈페이지·www.miraepub.co.kr

ⓒ 임종대 2015

ISBN 978-89-7299-435-0 03900

한국 역사를 통해 배우는
한국 고사성어

임종대

미래문화사

우리나라의 고사를 성어로 묶으면서

　우리나라 역사는 우리 민족이 걸어온 궤적軌跡이다. 따라서 선조들이 하신 말씀이나 행적을 아로새기는 일은 후손된 우리가 꼭 해야 할 일 중의 하나다. 특히 우리 조상들이 걸어온 역사에 대한 소신과 자긍심을 갖는 것은 무엇보다도 중요한 일이다. 그것은 역사 속에 깃들어 있는 우리 고유문화를 보존하고 향기롭게 꽃피워 후대에 물려주어야 할 사명이 있기에 그렇다. 그런데 이웃 나라 중국의 고사故事나 성어成語는 스스럼없이 말하면서도 우리 역사 속에 간직된 고사는 성어화하지 못한 아쉬움이 컸다. 아무리 퍼내도 마르지 않는 샘물처럼 《삼국사기》나 《삼국유사》 그리고 《고려사》와 《조선사》가 풍부하게 자료를 제공하고 있는데도 불구하고 정제精製하는 일에 소홀했던 것 같다. 갈고 닦으면 눈부시게 빛날 보석들을 그냥 창고의 책장 속에 묻어 둔 꼴이다. 자고로 우리나라는 한자 문화권에 속해 있으면서도 우리 고유의 언어를 지켜 왔다. 하늘에 무엇이 있느냐고 물으면 해와 달과 별이 있다고 대답했다. 그 하늘의 해가 일 년의 한 해를 가리키고 그 하늘의 달이 30일의 한 달을 가리키며, 지구가 해를 한 바퀴 도는 공전이 한 해고, 달이 지구를 한 바퀴 도는 공전이 한 달이다.

　이렇게 의미심장하고 아름다운 우리말이 살아 오늘에 이르렀다니 참으로 감격스러울 뿐이다. 그리고 우리 선조들은 인간이 살아가는데 덕목으로 인仁·의義·예禮·지智·신信에 대한 가르침을 엄격하게 시행해왔다. 이는 후세 대대로

4

하늘을 섬기며 사는 천손天孫민족으로서 삶의 교훈과 지표로 삼아야 할 가치이다. 이처럼 주옥같은 교훈을 오늘에 되살리고, 나아가 고양高揚시켜 21세기 이후를 대비한다면 우리 고유의 정신문화 확산에 크게 이바지할 것으로 믿는다. 이러한 소망으로 우리 역사 속에 산재해 있는 교훈을 금맥을 캐는 심정으로 성어화하였다. 이는 우리의 찬란한 문화와 선조들로부터 계승되어 온 민족정신을 일깨워 세계 속의 자랑스러운 한국인으로 우뚝 서게 해야겠다는 자각에서였다. 속담에 구슬이 서말이라도 꿰어야 보배라는 말처럼 조상들의 소중한 삶을 술을 빚듯 응축해《한국 고사성어》라는 표제로 내놓게 되었다. 마침 한자 사용이 줄어드는 현시대에서도 고사성어의 가치는 높아져 사회지도층에서부터 일반인에게 이르기까지 널리 애용되고 있다. 이제 고사성어의 이해는 필수적이다. 따라서 우리 역사 속에 산재한 선조들의 얼과 넋을 찾아 아로새김으로써 역사의식을 바르게 넓히고 반만년의 찬란한 문화를 계승 발전시켜 미래의 초석이 되게 매만지고 다듬었다.

본서를 펴내는 데 있어서 못내 아쉬웠던 점은 역사의 기록 원본이 순 한문으로 되어 있어 어쩔 수 없이 번역본을 참고할 수밖에 없었다. 그러다 보니 성어화 과정에서 부분적으로 시대에 맞는 용어로 바꾸고, 첨삭했음을 밝힌다. 이렇게 예상 밖으로 꽤 많은 양을 엮고 나니 갓 태어난 옥동자를 보는 것처럼 흐뭇하기 이를 데 없다. 그러나 눈은 떴어도 아직 보지 못하고, 귀가 있어도 듣지 못하는 것처럼 빠지고 보충해야 할 부분이 없지 않으리라 생각된다. 그런 부분을 독자 제현께서 일깨워 주신다면 바로잡아 다듬어 갈 것을 약속드린다. 본《한국 고사성어》를 읽노라면 우리나라 역사를 가로, 또는 세로 지르기로 종횡무진 탐구하는 통쾌함을 느끼게 될 것이다. 본서의 진면목이 바로 여기에 있다. 한편 그렇지 않아도 어렵고 딱딱하기만 한 역사인데 거기다 한자를 성어화하여 짐을 더하여 준 느낌이 들기도 하나 어쩔 수 없는 일이다. 이는 우리 말의 7할 이상이 한자 말로 되어 있어 오히려 재미를 붙이다 보면 두 마리 토끼를 잡듯이 의외의 성과도 오롯이 맛볼 수 있음이다. 편저자의 바람은 청소년들이 읽어 주었으면 하는 마음으로 눈높이를 낮추고 내려앉아 쓰기 위해 심혈을 기울였다. 그것은 남이 아닌 내 아이들에게 읽히기 위해서였는데 그런 느낌이 조금이라도 전달되었으면 한다. 싣는 순서는 주제를 모두 6개의 키워드로 나누어 간추렸으며, 실생활이나 상식적으로 알아두면 좋을 만한 내용을 중점적으로 엮었다. 또 일상생활 속에서 스스럼없이 사용되어 온 우리나라 속담도 한문으로 역譯하여 부록으로 실었다. 부디 이 책이 독자 여러분의 많은 사랑을 받게 되길 기원한다.

2015년 1월. 편저자

차례

[2장] 인물人物

·2부 주제별 한국 고사성어·

[3장] 지혜·지략

[4장] 성패·정치·처세

[5장] 마음·철학

[6장] 사랑·충효

·1부·

한국 고사성어 속

유/由
래/來
와
인/人
물/物

1부 한국 고사성어 속 유래와 인물 中 1장 유래

韓國故事成語

故事成語

두문지의 | 두문불출
杜門之義 | 杜門不出

막을 두 문 문 의(어조사) 지 옳을 의 | 막을 두 문 문 아닐 불 날 출

문을 막아 의로움을 지킨다는 말로, 고려가 망하고 이성계가 조선을 건국하자 고려를 섬기던 충신들이 조선의 곡식을 먹지 않겠다 하며 두문동杜門洞에 들어가서 고사리만을 캐 먹고 나오지 않은 데서 유래했다.

문헌 : 《국사대사전國史大事典 · 고금청담古今淸談》

이성계李成桂(재위 1392~1398)가 고려를 무너뜨리고 조선朝鮮을 건국 (1392년)하니 고려를 섬기던 충신들이 두 임금을 섬길 수 없다고 하여 모든 영화와 명예를 버리고 경기도 개풍군開豐郡 광덕면光德面 광덕산 골짜기에 들어가 고사리를 따다 연명하며 끝까지 고려에 충성할 것을 맹세했다.

그때 고려 충신들이 몸을 씻은 샘을 세신정洗身井이라 불렀으며, 그들이 머물렀던 곳을 두문동杜門洞이라 하였고, 그들의 충의를 두문지의杜門之義라 했으며 아무도 출사하지 않았기에 두문불출杜門不出이라 했다.

기록에 나와 있는 그때의 충신들을 보면 아래와 같다.

첫째, 장성 사람 서중보徐仲輔를 비롯하여 우헌迂軒 허옹許邕, 김해사람인 허기許麒 등을 두문동 72현으로 꼽는다.

둘째, 개별적인 기록으로는 부평 사람 이의李倚, 개성 사람 고천우高天佑, 김해 사람 김진문金振門, 인천 사람 채귀하蔡貴河, 변숙邊肅, 성산 사람 전신全信, 파평 사람 김인기金仁奇, 청송 사람 심원부沈元符, 진주 사람 강회중姜淮仲부자 등 10인과 신규申珪, 신혼申琿, 조희생趙羲生, 임선미林先味,

이경李瓊, 맹호성孟好誠, 고천상高天祥, 등이 있었다.

셋째, 태학생(太學生: 성균관 소속의 생원, 진사의 총칭) 69명이 분신자살했거나 끝까지 항거하다가 굶어 죽었다.

넷째, 무신 48인이 있으며, 조선에 충성하지 않아 끝내 몰살당한 사람이 많았는데 이들을 위해 제21대 영조英祖 때 표절사表節祠를 세워 배향配享하였다.

다섯째, 두문동에서 5리쯤 떨어진 곳에 궁녀동宮女洞이 있는데 그곳에서는 고려의 궁녀들이 의롭게 죽었다.

이상의 인원수만 해도 199명, 궁녀를 합하면 200명이 훨씬 넘는 숫자다. 기록이 빠진 것을 감안하면 이 외의 수는 헤아리기가 힘들 정도이다. 또 두문동이 아닌 명산대천을 헤매다가 죽거나, 벼슬하지 않고 의義를 지켰던 숨은 사람이 수없이 많았던 것을 감안하면 그 수는 짐작조차 하기 어렵다.

이전투구
泥田鬪狗

泥:진흙 **니** 田:밭 **전** 鬪:싸울 **투** 狗:개 **구**

진흙탕에서 싸우는 개라는 말로, 서로 헐뜯거나 다투는 것을 이른다. 원래는
함경도 사람의 강인한 성격을 평한 말이었다.

문헌 : 《대동기문大東奇門》

조선의 태조太祖가 공신 정도전鄭道傳(1337~1398)에게 팔도八道 사람
들의 성격을 한 구절로 평하여 보라고 했다. 그러자 정도전은 경기도는
경중미인鏡中美人(거울 속에 비친 미인), 충청도는 청풍명월淸風明月(맑은 바람과 밝
은 달빛), 전라도는 풍전세류風前細流(바람 앞에 하늘거리는 가는 버드나무), 경상도
는 송죽대절松竹大節(소나무나 대나무 같은 굳은 절개), 강원도는 암하노불巖下老佛
(바위 아래 늙은 부처님), 황해도는 춘파투석春波投石(봄 물결에 던져진 돌멩이), 평안
도는 산림맹호山林猛虎(산속 숲에 사는 거친 호랑이)라고 대답했다. 그러나 태조
의 출신지인 함경도에 대해서는 감히 평을 내리지 못했다. 태조가 어떤
말이라도 괜찮으니 말해보라고 재촉하자 정도전은 이렇게 말했다.
"함경도는 이전투구泥田鬪狗(진흙탕에서 싸우는 개)입니다."
그러자 태조의 얼굴이 금방 벌게지니 눈치를 챈 정도전은 곧 말을 고
쳐 대답하였다.
"함경도는 또한 석전경우石田耕牛(돌밭을 가는 소)이기도 하옵니다."
그제야 태조의 얼굴빛이 밝아지면서 후한 상을 내렸다.

조선 후기의 지리학자 이중환李重煥(1690~1752)은 자신의 저서 《택리지擇里志》에서 우리나라 팔도에 대한 위치와 그 역사적 배경 등을 광범위하게 논하였다.

이 책은 팔도총론八道總論과 복거총론卜居總論 두 부분으로 나누어져 있다.

팔도총론에서는 전국을 8도로 나누어 그 지리를 논하고, 각 지방의 지역성을 출신 인물과 결부시켜서 밝혔다. 그리고 복거총론에서는 살기 좋은 곳을 택하여 그 입지 조건의 타당성을 설명하였다.

팔도총론은 지방지地方誌에 해당하고, 복거총론은 인문지리의 총설에 해당된다. 사람이 살 만한 곳의 입지 조건으로서 지리地理와 생리生利, 인심人心, 산수山水 등 네 가지를 들었으며, 또 가거지류可居地類와 피병지避兵地, 복지福地, 은둔지隱遁地, 일시유람지一時遊覽地 등으로 분류하였다.

여기에 나오는 각 지방마다 별칭은 아래와 같다.

경기京畿에는 도道자를 붙이지 않는 것이 원칙이어서 별칭이 없고, 영남嶺南은 경상도로서 조령鳥嶺과 죽령竹嶺의 남쪽을 말한다. 호서湖西는 충청도인데, 충북 제천 의림지호義林池湖의 서쪽이라는 뜻이다. 호남湖南은 전라도인데, 전북 김제 벽골제호碧骨堤湖의 남쪽이라는 뜻이다. 영동嶺東, 또는 관동關東은 대관령 동쪽이라는 뜻이고, 해서海西는 평안도로 철령관의 서쪽이라는 말이다.

이전투구란 성어는 정도전 자신이 창작한 말이 아니고 이전부터 팔도 사람들의 특성을 그렇게 평가하던 말 중에 들어 있던 것이다.

지금은 이 말이 아주 막돼먹은 싸움질이나 난장판을 비유하지만 원래는 함경도 사람의 강인하고 악착스러운 성격을 평가한 말이었다.

막비천운 | 함흥차사
莫非天運 | 咸興差使

말 **막** 아닐 **비** 하늘 **천** 운수 **운** | 다 **함** 일 **흥** 다를 **차** 부릴 **사**

막비천운은 하늘의 운은 막지 못한다는 말로, 태조 이성계가 아들인 태종을
제거하려 했으나 뜻대로 이루어지지 않자 혼자 중얼거렸던 말이다.
함흥차사는 심부름꾼이나 한번 간 사람이 소식이 없거나, 또는 회답이 더딜
때 쓴다.

문헌 : 《태종실록太宗實錄 · 한국인명대사전韓國人名大辭典》

    조선의 태조太祖 이성계李成桂(1335~1408)는 제1차 왕자의 난이 일어
나자 둘째 아들 방과芳果(정종定宗)에게 선위한 뒤 상왕이 되었다.

  1400년 다섯째 왕자 방원芳遠(1367~1422)이 제2차 왕자의 난을 일으켜 태
종太宗으로 즉위하자 태상왕太上王이 되어 함흥으로 은거해 버렸다. 태종
은 태상왕의 노여움을 풀고 모셔오게끔 차사差使라는 임시 벼슬을 성석
린成石璘, 박순朴淳 등에게 내려 태상왕이 은거하고 있는 함흥으로 보냈으
나 모두 죽임을 당하여 돌아오지 못했다. 하여 한 번 간 후 돌아오지 않
는 사람을 빗대어서 유래된 말이 함흥차사咸興差使이다. 태종은 마지막
으로 무학대사無學大師를 불러 자기의 심정을 털어놓고 아버지를 꼭 모셔
오도록 간곡히 부탁했다.

  이성계와 가깝게 지냈던 무학대사는 석왕사에서 이성계를 만나 그간
의 정을 나누었다. 그리고 태종에 대해 말했다.

  "금상에게 비록 과실이 있다 하나 전하의 사랑하는 아들이 아닙니까?
이제 인륜을 끊어버리신다면 금상은 그 자리에 편안하게 앉아 있을 수가

없을 것입니다. 보위가 불안하면 신하와 백성들의 마음이 동요되고, 나라가 위태롭게 될 것입니다. 부디 이를 통찰하시어 하늘이 맡기신 왕업을 보전케 하시옵소서."

이렇게 무학대사의 간절한 설득으로 이성계는 함흥을 떠나 한양漢陽으로 되돌아오게 되었다.

소식을 들은 태종은 심복 하륜河崙 이하 백관들을 거느리고 친히 의정부까지 출영했다. 구름같은 차일을 치고 환영 준비를 서두를 때, 하륜이 태종에게 아뢰었다.

"차일遮日의 기둥을 아름드리 나무로 해야 하옵니다."

"왜 그래야 되오?"

태종은 물론 다른 여러 신하들도 괴이하게 여길 뿐, 하륜의 저의를 아는 이가 없었다.

"차차 아시게 될 테니 꼭 큰 기둥을 써야 되옵니다."

워낙에 지혜 주머니인 하륜이요, 또 누구보다도 신임이 두터운 그인지라 태종은 더 이상 묻지 않고 그리하게 했다.

이윽고 태상왕의 환도식還都式이 엄숙하고도 장엄한 분위기 속에서 거행되고 있었다. 이성계는 마련된 상좌에 앉아 태종이 들어와 배알하기를 기다렸다.

드디어 태종이 곤룡포와 익선관에 위의威儀도 당당하게 만조백관을 거느리고 나타났다. 그가 늠름하게 들어오는 양을 굽어보고 있던 이성계의 얼굴에는 순간 노기의 빛이 번뜩였다. 조금 전까지만 해도 마음을 돌리려 했던 그였으나 생각이 돌변하여 자기도 모르게 입술을 파르르 떨었다.

'고얀 놈! 네가 무슨 면목으로 그리도 화려하게 내 앞에 나타난단 말이냐?'

· 1부 한국 고사성어 속 유래와 인물 ·

순간 그는 옆에 놓인 활을 들어 태종을 향하여 시위를 당겼다. 실로 아슬아슬한 순간, 태종은 날쌔게 기둥 뒤로 몸을 피했고, 살은 푸르르 날아가 차일의 큰 기둥에 꽂혔다.

이성계는 화살을 내던지면서 탄식했다.

"천운은 어쩔 수가 없구나(莫非天運)."

이어서 헌주獻酒 의식이 진행되었다. 물론 태종이 손수 술을 따라 부왕에게 올려야 했다. 그때 옆에 있던 하륜이 태종에게 귓속말로 말했다.

"아직도 태상왕의 노기를 측량키 어렵사오니 시관侍官으로 하여금 잔을 대신 드리게 하옵소서."

이에 태종이 술은 자기가 손수 따랐지만 그 잔은 시관을 시켜 올리게 하였다. 그러자 이성계는 긴 한숨과 함께 소매 속에서 쇠뭉치를 꺼내어 던져버리고, 잔을 받으며 말했다.

"어찌하랴! 하늘이 정한 운수로다."

그제야 옥새를 태종에게 내어주며 말했다.

"옛다, 이놈! 탐내던 게 바로 이것이지?"

태종은 세 번 사양하는 척하다가 그것을 받았다.

이성계는 왕위에서 7년, 상왕으로 10년 만인 춘추 74세에 승하했다.

한편, 태종으로 하여금 위기를 모면케 했던 하륜은 실로 태종의 명참모요, 팔과 다리와 같은 고굉지신股肱之臣으로 많은 공로를 세웠으나 이성계로서는 얄밉기 짝이 없는 존재였다. 그래서인지 하륜은 꿈에 이성계의 노기 찬 꾸지람을 듣고 병을 얻어 결국 일어나지 못하고 죽었다.

태종은 구파 세력의 거물인 정몽주鄭夢周를 암살하고, 조선 개국의 혁혁한 공을 세웠던 정도전鄭道傳을 제거한 후, 여덟째 아우 방석芳碩에 이어 일곱째 아우 방번芳蕃도 죽였다. 나중에는 바로 위 형인 방간芳幹마저 평정했다. 그러니까 왕위를 승계하기 위해서 형과 아우 셋을 죽인 것이다.

　그는 억불숭유 정책을 펴고, 사병私兵을 혁파했으며, 호패법號牌法 실시, 주자소鑄字所 설치, 《고려사高麗史》 편찬, 신문고申聞鼓 설치 등 많은 치적을 남긴 후 셋째 아들 세종世宗에게 선위하였다.

· 1부 한국 고사성어 속 유래와 인물 ·

흥청망청
興淸亡請

興:흥할 흥 淸:맑을 청 亡:망할 망 請:청할 청

마음껏 즐기는 모양, 또는 돈이나 물건을 아끼지 않고 함부로 쓰는 것을 이른다. 연산군에게서 유래했다.

문헌 :《성종실록成宗實錄 · 한국韓國의 인간상人間像》

조선 제10대 연산군燕山君(1476~1506)은 어머니 윤 씨尹氏가 품행이 사악하다 하여 성종成宗(재위 1469~1494)에 의해 폐비 되어 사약을 받고 죽자 계모이자 중종中宗의 어머니인 자순대비慈順大妃에 의해 길러졌다. 그는 왕위에 오른 뒤 생모의 죽음에 대해서 알게 되자 충격을 받고 자포자기한 나머지 사치와 향락을 일삼았다.

연산은 채홍사採紅使(창기娼妓 중에서 아름다운 계집을 뽑는 벼슬아치)와 채청사採淸使(처녀 중에서 장래 아름다워질 계집아이를 뽑는 벼슬아치)를 전국에 파견하여 얼굴이 예쁜 기생과 처녀는 물론이고 여염집 아낙네까지 불러올렸다. 그리고 기생은 흥청興淸, 또는 운평運平이라 했다.

흥청이라는 말의 본디 뜻은 '나쁜 기운을 씻어 없앤다'는 말로서 기생들과 어울려 놀면서 마음속에 쌓인 나쁜 것을 씻어낸다는 의미에서 기생을 지칭하는 말이었다.

그는 또 성균관과 운각사를 폐지하여 유흥장으로 만들었다.

지방의 창기들은 궁에 들어와 흥청이 되는 것만으로도 지체가 높아졌는데 왕과 잠자리를 같이하게 되면 천과흥청天科興清이라 하여 급수가 더 높아졌다. 그러나 그러지 못한 기녀는 그보다 낮은 지과흥청地科興清에 머물러야 했다.

연산의 이런 패륜은 신하도 가리지 않아 교리校理 이장곤李長坤의 처까지 범했다. 그런 사실을 안 장곤은 처를 살해하고 전라도 보성으로 도망갔다. 그런데 마침 보성군수가 친구여서 그의 도움으로 백정白丁 양수척楊水尺의 사위가 되어 지냈다.

그 후 연산이 몰락하고 중종이 즉위하자 이장곤은 다시 복귀하여 좌찬성左贊成에 이르렀다. 그 바람에 백정의 딸은 정경부인貞敬夫人이 되어 부귀영화를 누렸다.

또 도총관都摠管을 지낸 박원종朴元宗의 누나는 연산의 백부伯父(큰아버지)인 월산대군의 후처였는데, 연산이 어느 날 뜰을 거닐다가 백모伯母(큰어머니)를 보고 그 미모에 반해 자기의 잠자리 시중을 들게 했다.

봉변을 당한 백모는 수치심을 참지 못하고 자결했다.

박원종은 이 사건을 계기로 나중에 반정을 일으켜 연산을 몰아내는 데 앞장섰다.

연산군은 흥청거리며 집권 기간을 지냈으나 스스로 망하기를 자청하였다. 그래서 흥청망청興清亡請이라는 말이 나돌게 되었다. 그러니까 흥청거리다가 스스로 망하는 일을 끌어들였다는 망청이 된 것이다.

쇄골표풍
碎骨飄風

碎:부서질 **쇄** 骨:뼈 **골** 飄:날릴 **표** 風:바람 **풍**

뼈를 갈아 바람에 날려버리다. 대역죄인에게 내리는 극형의 의미로 쓰인다.

문헌:《조선왕조 오백년 궁중사화朝鮮王朝五百年宮中士禍》

조선 시대에 정론正論을 주장하다가 간신의 모함으로 화禍를 입은 사화士禍는 무오사화戊午士禍(연산군), 갑자사화甲子士禍(연산군), 기묘사화己卯士禍(중종), 을사사화乙巳士禍(명종) 등 네 번에 걸쳐 일어났다. 그 발단은 공신과 외척 등의 세력이 권력을 장악하기 위해 저지른 정치적인 사건이었다.

이러한 큰 사건 뒤에는 반드시 참혹慘酷한 형벌刑罰이 따르게 마련이었다. 그 형태를 보면 남자는 씨를 단절시키고, 여자는 종으로 삼으며, 그런 사람의 집은 남이 다시 살지 못하게 헐어 버리고 그 자리에 연못을 팠는데, 이것을 파가저택破家瀦宅이라고 하였다.

사형에도 약을 내려 자살하게 하는 사약賜藥에서부터 참수(목베기), 효수(잘린 목을 거리에 내어 거는 것), 팔과 다리와 목을 토막내 죽이는 능지처참, 팔다리 사지를 네 마리의 말에 묶은 후 사방으로 말을 달리게 하여 찢어 죽이는 차열형車裂刑, 시체를 다시 베는 육시戮屍, 형벌을 받아야 할 사람이 이미 죽어 장사 지냈을 때는 시체를 파내어 목을 베는 부관참시剖棺斬屍

등 끔찍하고 다양한 형태의 형刑이 있었다.

연산군 시대의 간신, 임사홍任士洪(1445~1506)은 유자광柳子光, 신수근愼守勤과 연계하여 연산군의 생모 윤비尹妃가 폐비로 쫓겨나 사사賜死된 내력을 연산군에게 고자질하여 갑자사화가 일어나게 했다. 그는 아들 광재光載(현숙 공주와 결혼)와 숭재崇載(휘숙옹주와 결혼)가 각각 임금의 부마가 됨을 기화로 갖은 횡포를 저질렀다. 그래서 사람들로부터 '쇄골표풍碎骨飄風'즉 뼈를 갈아 바람에 날릴 놈이라는 저주를 받았다.

그는 살아서는 영화를 누렸으나 중종반정中宗反正 후 부관참시되었다.

·1부 한국 고사성어 속 유래와 인물·

송도삼절
松都三絶

松:소나무 **송** 都:도읍 **도** 三:석 **삼** 絶:뛰어날 **절**

조선 시대 개성에서 뛰어난 세 존재라는 말로, 박연폭포朴淵瀑布와 서화담徐花潭, 황진이黃眞伊를 이른다.

문헌 : 《어우야담於于野談 · 고금청담古今淸談》

황진이黃眞伊는 조선 중종 때 한 진사進士의 서녀庶女로 태어나 어머니 밑에서 사서삼경四書三經과 고서를 탐독했다. 용모가 출중한 데다가 재주도 탁월하여 시조時調를 잘 지어 명작을 남겼다. 또 가무에도 능하여 거문고를 잘 타고, 노래로 사람의 심금을 울렸다.

그녀의 나이 15세 때, 동네 총각이 자기를 연모하다가 상사병相思病으로 죽자 죄책감으로 괴로워하다가 명월明月이라는 기생이 되었다.

그녀는 고매한 사람들의 위선을 혐오하여 10년을 면벽 수도하던 천마산의 생불生佛 지족선사知足禪師를 유혹하여 파계破戒시켰다. 그때부터 '십년 공부 도로아미타불'이라는 말이 생겨났다.

또 벽계수碧溪水 이창곤李昌坤은 왕의 종친으로서 근엄하고 지조가 있어 기방 출입을 하지 않았다. 그는 문장이 뛰어나고 성품 또한 호방하여 조선 최고의 군자라 일컬어졌다. 그러나 황진이 앞에서는 한낱 범부에 지나지 않았다.

그녀의 시조 작품 대부분은 사랑하는 사람을 애타게 그리는 여자의 진

솔한 감정을 감각적으로 그리고 있다. 그 중에도 다음 두 편은 명편으로
평가되어 두루 회자되고 있다.

청산리 벽계수야 수이 감을 자랑마라 青山裏 碧溪水/莫誇易移去

일도 창해하면 다시 오기 어려워라 一到滄海不復還

명월이 만공산하니 쉬어간들 어떠리 明月滿空山/暫休且去若何.

동짓달 기나긴 밤 한 허리를 베어 내어 截取冬之夜半强

춘풍 이불 아래 서리서리 넣어 두었다가 春風被裏屈幡藏/有燈無月郎來夕

어른님 오신 날 밤이어든 굽이굽이 펴리라 曲曲布舒寸寸長.

그녀는 화담花潭 서경덕徐敬德(1489~1546)을 사모하여 어느 날 밤 그의 침
소로 들어가 은근히 유혹하였으나 그는 목석처럼 요지부동이었다. 이에
황진이는 지족선사도 자기에게 정절을 바쳤는데 화담만은 부동이니 참
으로 성인이라 감탄해 마지않으며 스승으로 모셨다.

황진이는 자신과 박연폭포朴淵瀑布, 서화담徐花潭, 이 셋을 일컬어 송도
삼절이라 했다. 박연폭포는 우리나라에서 아름답기로 이름난 금강산의
구룡폭포九龍瀑布, 설악산의 대승폭포大勝瀑布와 더불어 3대 명폭의 하나
로써 개성에서 40리 떨어진 개풍군 천마산天摩山 기슭에 자리하고 있는
20여 미터 높이의 폭포이다. 서화담은 이름이 경덕敬德, 시호는 문강文康
이며, 글씨가 명필이었다. 그는 청렴清廉하고, 부귀나 영화에는 뜻이 없
어 벼슬을 하지 않았다. 서경덕은 이기론理氣論을 연구하여 우주의 본질
은 음양陰陽으로 분화分化한다는 이기일원론理氣一元論을 체계화했다. 또
성리학性理學에 일가를 이루었는데 평생을 도학道學·주학朱學·역학易學에
바쳤다.

·1부 한국 고사성어 속 유래와 인물·

용몽압권
龍夢壓券

龍:용 용 夢:꿈 몽 壓:누를 압 券:문서 권

용꿈이 압권이다. 즉 용꿈이 제일 좋아 과거시험에 합격한다는 말로, 어떤 일
이 이루어지리라고 굳게 믿으면 실제로 이루어진다는 말이다.

문헌 : 《매산집梅山集》

　　조선 제21대 영조英祖 때 이진형李鎭衡(1723~1781)은 본관이 전주全
州이고, 호는 남곡南谷이며, 시호는 충간忠簡이다.

　　1753년, 이진형이 정시(庭試: 나라에 경사가 있을 때 대궐에서 보던 과거시험)를 보
게 되었다. 그는 꿈에 용龍을 보면 장원 급제한다는 말을 믿고 용꿈을 꾸
고자 방문을 걸어 잠그고 자나 깨나 오로지 용만을 상상했다. 사흘째 되
던 날 밤, 마침내 황룡이 나타나 자기의 허리를 감는 꿈을 꾸었다. 그리
고 과거장에 나가니 출제된 문제가 평소에 자기가 열심히 공부했던 내용
이었다. 그래서 쉽게 합격해 꿈에도 그리던 벼슬을 하게 되었다.

　　과거는 경쟁률이 높은 만큼 채점에 공정을 기하기 위해 응시자들의 글
을 직접 놓고 채점하지 않고 시험관 서리를 시켜 답안지를 붉은 글씨로
다시 옮겨 베끼게 한 후 그것을 가지고 채점했다. 이는 채점관들이 응시
자의 필적을 알지 못하게 하기 위함이었다. 응시자가 쓴 답안지를 본초
本草라 하고, 옮겨 베낀 사본을 주초朱草라고 했는데, 역서가 끝나면 대조
를 맡은 사동관査同官과 지동관枝同官이 엄밀히 대조한 다음 주초만 시험

관에게 넘겨서 채점하게 했다. 그렇게 해서 가장 우수한 성적을 올린 자의 답권(答券: 답안지)을 다른 답권의 제일 위에 얹어 놓는 관습이 있었다. 이것은 다른 답권을 누를 만큼 우수하다는 뜻으로 '압권壓券'이라 했는데 여기에서 '압권'이란 말이 유래하게 되었다.

이날 이진형의 답안은 그야말로 누구도 따를 수 없는 훌륭한 문장으로 맨 위에 올려져 있었다.

벼슬자리에 올라선 이진형은 1777년 좌부승지에 올랐다가 공조 참판을 거쳐 대사헌을 역임했다.

그는 병법兵法에도 밝았으며, 해서楷書·초서草書도 잘 썼다.

·1부 한국 고사성어 속 유래와 인물·

도모지
塗貌紙

塗:칠할 **도** 貌:모양 **모** 紙:종이 **지**

물 묻힌 종이를 바른다는 말로, 죄인의 얼굴에 물을 적신 종이를 겹겹으로 붙
여 마침내 숨이 막혀 죽음에 이르게 하는 형벌의 하나다.

문헌:《매천야록梅泉野錄 · 한국문화상징사전韓國文化象徵辭典》

황현黃玹(1855~1910)은 호가 매천梅泉으로 전남 광양光陽출신이
다. 어려서부터 시문詩文을 잘 지었으며 1885년 생원시生員試에 장원하였
다. 1910년 경술국치庚戌國恥인 한일병합이 되자 통분하여 절명시 4편을
남기고 음독 자결하였다.

> 새와 짐승도 슬피 울고 강산도 찡그리는데 鳥獸哀鳴海岳嚬
> 무궁화 삼천리강산은 이미 망하였노라 槿花世界已沈淪.
> 가을 등불 아래 책을 덮고 눈물로 생각하니 秋燈掩卷懷千古
> 세상에 배운 사람 노릇 이토록 힘들 줄이야 難作人間識字人.

위의 글은 매천의 심정을 잘 나타낸 절명시 중의 세번째 편이다. 나라
를 잃는 재변災變을 겪으면서 선비 매천의 선택은 자결의 길밖에 달리 길
이 없었다. 이는 조선인의 꿋꿋한 기상과 정신의 표출이었다.

그가 남긴《매천야록梅泉野錄》은 한 말韓末의 비사를 기록한 책으로 영
남과 호남의 선비들이 성금을 모아 출간하였으며 조선 말기 역사를 연구

하는 귀중한 사료로 활용되고 있다. 매천은 47년간의 기록을 야록으로 남겼는데 여기에는 국정 전반을 두루 다루고 있으며 고종의 즉위와 일본의 관계, 그리고 친일파의 매국 행위까지 수록하고 있다. 이 《매천야록》에 민간에서 행한 형사적 문제를 다음과 같은 기록으로 남겼다.

윤리·도덕적으로 도저히 용납할 수 없는 자에게 그 일가친척이 세상에 알려지는 것을 극도로 꺼려 도모지塗貌紙라는 형벌을 자체 시행했다는 내용이다.

혈육을 매로 때려죽일 수도 없고, 그렇다고 칼을 사용하여 죽일 수도 없으며 사약을 먹여 죽일 수도 없을 때 부득이하게 단행했던 방법이다. 즉 죄인을 움직이지 못하게 나무에 묶어 놓고, 물에 적신 한지韓紙를 한 장, 두 장 얼굴에 몇 장이고 둥글게 겹쳐 바른다. 이렇게 하면 형벌을 받는 사람은 앞이 보이지도 않고, 나중에는 소리를 들을 수도, 말할 수도 없는 상태가 된다. 이처럼 여러 겹을 이만하면 됐다 싶을 때까지 바른다. 그런 다음에 한지의 물기가 점점 말라가면서 도저히 숨을 쉴 수가 없게 되어 결국 죽게 된다.

이런 형벌은 집안의 명예를 실추시킴은 물론 윤리, 도덕적으로 도저히 한 하늘 아래에서 머리를 두고 같이 살 수 없는 금수와 같은 일을 저지른 자에게 내려지는 친족 간의 형벌이었다. 현재 우리가 사용하는 '도무지'라는 말은 바로 이 도모지란 이 말에서 유래한 말이다.

아사리판
阿闍梨判

阿:언덕 **아** 闍:화장할 **사** 梨:배 **리** 判:쪼갤 **판**

> 계율에 밝고 스승이 될 만큼 도력이 높은 괘범사軌範師를 아사리라고 한다. 즉
> 제자의 행위를 바르게 교육할 만한 덕이 높은 승려를 말한다. 아사리판은 근
> 래에 와서는 질서없이 어지럽다는 의미로 쓰고 있다.

문헌 : 《이판사판 야단법석判事判野壇法席 · 불교대사전佛敎大辭典》

아사리阿闍梨는 인도의 소승불교小乘佛教에서 학승의 행동을 바로
잡아 주는 사범師範으로, 교육을 담당할 만큼 덕이 높은 스승, 또는 도가
높은 승려를 말한다.

그런데 일상에서는 말의 진의가 무엇인지도 모르고 그 말의 뜻과는 상
관없이 쓰이고 있다. 위에 예시한 아사리판이라는 말이 그렇다.

석가모니釋迦牟尼보다 나이가 아홉 살이나 많은 마하摩訶 가섭迦葉과 그
삼 형제가 유력 인사 2백20명을 데리고 왕사성王舍城의 석가모니에게 귀
의했다. 승단僧團은 그로 인하여 세력이 급격히 팽창하였고 많은 지도자
들이 대거 모여들었다. 그러다 보니 조직 내에 승려로서의 품위와 의·
식·주의 법도가 통일되지 못해 문란했다. 심지어는 돌봐줄 지도자가 없
어서 간호도 받지 못한 채 숨지는 승려도 있었다. 이를 안타깝게 여긴
세존은 당신을 대신해서 지도해 줄 화상和尙제도를 만들어 돌보게 했다.

"지금부터 화상은 제자를 자식과 같이 사랑하고, 제자는 화상을 아버
지같이 섬기도록 하라. 그렇게 서로 공경하고 보살피면 바른 법이 널리

퍼질 것이다."

이렇게 해서 화상 제도는 덕이 높고 계율에도 밝은 스님이 맡게 되자 교단이 자연스럽게 발달하게 되었다. 이것이 《사분율四分律》 33권에 기록되어 있는 화상의 탄생 유래다.

승단의 규모가 계속 커지면서 화상이 보살피고 지도해야 할 제자 수가 늘어나자 상대적으로 화상의 숫자가 턱없이 모자랐다. 그러자 새 화상을 구하지 못하여 언행이 흐트러지고 삐뚤어지는 비구가 늘어났다. 이에 석가모니는 승단의 조직을 보완하기 위하여 다시 새로운 제도를 만들었다.

"지금부터 아사리阿闍梨 제도를 만드노니 아사리는 제자를 자식과 같이 생각하여 보살피고, 제자는 아사리를 아버지같이 받들도록 하라."

아사리는 범어로 교수敎授, 또는 궤범軌範, 정행正行이란 뜻으로, 후학들에게 모범이 되며, 제자들의 일거수일투족을 지도 편달해 주는 스승을 가리킨다.

아사리는 크게 다섯 종류로 나뉜다.

첫째, 출가出家아사리는 출가를 결정해주는 큰스님을 말한다.

둘째, 수계受戒아사리는 계戒를 주고 수계절차를 주선해 주는 스님을 말한다.

셋째, 교수敎授아사리는 위의威儀를 가르치고 경계시켜 주는 스님을 말한다.

넷째, 수경受經아사리는 경전을 가르쳐 주고 그 뜻을 일깨워주는 스님을 말한다.

끝으로 의지依支아사리는 공부하고 참선하는 스님의 별칭이다.

이와는 별도로 《사분율행사초四分律行事鈔》에는 수계식受戒式에 갖추어야 할 10명 아사리로, 삼사칠증三師七證이 있다. 삼사는 계를 주는 전계傳

戒아사리, 수계절차를 주관하는 갈마羯摩아사리, 위의 작법을 가르쳐 주는 교수教授아사리를 말하고, 칠증은 수계를 증명해 줄 7명의 아사리를 말한다.

이처럼 아사리는 불교의 핵심적인 역할을 맡은 중심인물이었다.

그런데 오늘날에는 과거 유숭배불사상儒崇排佛思想의 영향으로 규범과 질서를 지키지 않는 난잡한 행동을 이르는 용어로 쓰여져 아사리판하면 질서없이 우글거리는 것을 일컫게 되었다.

야단법석
野壇法席

野:들 야 壇:제사터 단 法:법 법 席:자리 석

부처님의 말씀을 듣는 야외의 자리. 근래에는 그 뜻이 변해서 떠들썩하게 시끄럽고, 우왕좌왕하고, 여럿이 모여서 다투고, 시비하는 모양을 의미한다.

문헌 : 《이판사판 야단법석理判事判野壇法席》

야단野壇이란 '야외에 세운 단'이라는 뜻이고, 법석法席은 '불법을 듣기 위해 앉는 자리'라는 의미이다.

그런데 야단이라는 이 말의 어휘적 뜻은 두 가지로 나뉜다.

첫째는 야단법석野壇法席, 둘째는 야단惹端법석의 뜻이다.

첫 번째 야단법석野壇法席은 많은 사람들을 위해 야외에 법단法壇을 마련하는 설법장說法場을 말한다. 법당이 비좁아 다 수용할 수 없을 때 야외에 단상을 놓고 법석을 차려놓는 것을 이른다.

두 번째 야단법석惹端法席은 야기뇨단법석惹起鬧端法席의 준말이다.

흔히 '야단법석을 떤다.', '야단법석이 났다.', '야단법석을 편다.', '야단법석을 친다.' 등으로 표현한다.

야기惹起는 '어지러움을 일으킨다'는 뜻이고 뇨단鬧端은 '시끄러움이 더할 수 없는 것'을 말한다. 야기요단은 어지러울 야惹자에 일어날 기起자다. 거기다가 시끄러울 뇨鬧자를 더한 것이니, 매우 시끄럽다는 의미이다. 뇨鬧자를 보면 싸울 각鬥자 속에 저잣거리 시市자가 들어 있어 시끄러움을 단적으로 설명해주고 있
다. 야기요단을 줄여서 '야료惹
鬧'라고도 하는데, 트집을 잡아
함부로 떠들어댄다는 뜻이다.
요즘에 야료 부리는 사람을 특
히 정치판에서 많이 볼 수 있다.

자칫 야단野壇의 법석은 좋은 것이고, 야단惹壇의 법석은 좋지 않은 것
이라고 생각할지 모르지만, 꼭 그런 것만은 아니다.

시비의 분별은 진리에 접근하는 기초가 되기 때문에 야단惹端법석도
그 단초端初가 되기 때문이다. 그러니까 끊임없는 의심을 의단疑端이라고
하여 참선參禪에서는 대단히 중요시한다.

불교가 최초로 법석을 편 것은 기원전 527년, 석가모니가 득도한 지
21일 후인 12월 29일, 녹야원鹿野苑에서 다섯 비구에게 설법을 편 것이었
다고 할 수 있다.

마명보살馬鳴菩薩은 《불소행찬佛所行讚》 제3권 전법륜轉法輪에서 녹야원
을 '수풀과 꽃과 열매가 우거지고 새들이 떼 지어 노래하는 곳'이라고 했
다. 그래서 '옛날부터 한적하고 고요한 것을 즐기는 선인仙人들이 사는
곳'이라고 했는데, 그때 야단법석野壇法席에 참여한 사람은 교진여憍陳如,
가섭迦葉, 아습비阿濕毘, 바제婆提, 바부婆敷 등의 다섯 비구였다. 그리고
나중에는 그 숫자가 500비구, 또 5,000비구로 늘어났다. 따라서 그때마
다 야단법석을 편 것이다.

이판사판
理判事判

理 : 이치 **리** 判 : 나눌 **판** 事 : 일 **사** 判 : 나눌 **판**

이판승은 불경의 연구와 참선에만 전념하는 승려를 일컫고, 사판승은 절의 운영 및 경리사무 등을 맡아보던 승려를 말한다. 오늘날에는 막다른 데에 이르러 어찌할 수 없는 지경에 이르렀음을 이른다.

문헌 : 《이판사판 야단법석理判事判野壇法席》

이판사판은 이판理判과 사판事判의 합성어로서, 이판승僧은 참선, 경전, 공부, 수행 등 불교의 교리를 연구하는 스님이고, 사판승僧은 절의 재물과 살림을 맡아 관리하는 스님이다. 그러니까 이판사판의 용어는 불교 조직의 핵심용어다.

조선 말의 학자 이능화李能和는 그의 저서 《조선불교통사朝鮮佛敎通史》의 하편 〈이판사판사찰내정理判事判寺刹內情〉에서 다음과 같이 설명하고 있다.

'조선의 사찰에는 이판승과 사판승의 두 종류의 승려가 있다.

이판승은 참선하고, 경전을 강론하며, 수행하고 홍법 포교하는 스님이다. 속칭 공부승工夫僧이라고도 한다.

사판승은 생산에 종사하고, 절을 관리하거나 사무 행정을 꾸려 나가는 스님들로, 속칭 산림승山林僧이라고도 한다.

산림이란 절의 모든 사무와 재산 관리를 통틀어 일컫는 말이다.

이렇게 사찰 내에서 하는 역할에 따라 두 가지로 나뉘었던 것이 차츰

교구가 확장되고 사찰마다 주지住持가 책임자로 정착되면서 이판 스님과 사판 스님 사이에 묘한 문제가 일어났다. 이판 스님과 사판 스님 중에 누가 주지가 되는가에 따라 운수승雲水僧과 주지 사이에 밀도가 달랐던 것이다. 즉 이판승인지 사판승인지 출신에 따라 흐르는 기류가 달랐다는 말이다.

그래서 산사를 찾는 객승은 그 절의 주지가 이판승 출신인지 사판승 출신인지 알아야 처신하는데 옹색하지 않았다.

사실 이판과 사판은 그 어느 한쪽이라도 없어서는 안 되는 상호관계를 갖고 있다. 이판승이 없으면 부처님의 지혜 광명이 이어질 수 없고, 사판승이 없으면 가람伽藍이 존속할 수 없다. 그래서 청허淸虛·부휴浮休·벽암碧巖·백곡百谷스님 등 대사들은 이판과 사판을 겸했다.

그러나 조선 시대 척불斥佛이 고조되자 나중에는 이판승이나 사판승이나 스님이 된다는 것은 마지막 신분 계층이 된다는 것을 의미했다. 조선이 불교를 배척하고 유교儒敎를 국교로 세우면서 스님은 성안에 드나드는 것조차 금지되었다. 때문에 이판이 되었건 사판이 되었건 스님으로서 마지막이 되는 것을 의미했다. 그래서 서로 믿고 의지할 수밖에 없는 처지에 놓이게 되었다. 숭유배불崇儒排佛정책으로 인간대접 받기가 힘들었던 시대였는데 그래서 이판·사판은 마지막 끝장을 의미하는 뜻으로 변질되고 지금과 같은 막다른 데 몰려서 어찌해 볼 수 없는 상황이라는 말로 전해졌다.

왕이려이
王耳驢耳

王:임금 **왕** 耳:귀 **이** 驢:당나귀 **려** 耳:귀 **이**

'임금님 귀는 당나귀 귀'라는 말로, 신라 경문왕에 얽힌 고사에서 유래했다.
세상에 비밀을 유지하는 것이 얼마나 어려운 것인지를 깨우쳐주는 말이다.

문헌 : 《삼국유사三國遺事》

신라 제48대 경문왕景文王(재위 861~875)은 이름이 응렴膺廉이며, 나이 18세에 국선國仙 화랑이 되었다. 아찬 계명啓明 아들이며, 어머니는 광화光和 부인이었다.

국선이 된 응렴은 사방을 두루 돌아다니며 물정을 파악했다.

그에게 헌강왕憲康王이 물었다.

"응렴은 전국을 돌아보면서 무슨 좋은 일을 보았는가?"

"예, 행실이 바른 세 사람을 보았습니다."

"그래? 어디 자세히 이야기해보아라!"

"지위가 높은 사람이 겸손하여 백성의 밑에 있는 것처럼 처신하는 것이 그 첫째요, 세력이 있고 부자이면서 옷차림이 검소한 이가 둘째였으며, 귀하고 세력이 있는데도 위세를 보이지 않는 이가 그 셋째였습니다."

그 말에 왕은 그의 어진 품성을 알아보고 말했다.

"내게 두 딸이 있는데 너의 시중을 들게 해도 되겠는가?"

"네, 그 일은 중대사重大事이니 집에 가서 부모와 상의한 후 말씀드리겠습니다."

응렴이 물러 나와 가족과 상의했다.

가족들은 맏공주는 얼굴이 초라하고 못생겼으니 예쁘고 아름다운 둘째 공주를 맞는 것이 좋겠다고 했다.

그때 흥륜사興輪寺의 한 스님이 응렴을 찾아와 물었다.

"왕께서 공주를 아내로 주고자 한다는데 사실이오?"

"예, 그렇습니다."

"그럼 어느 공주를 선택하려 하시오?"

"부모님께서 둘째 공주에게 장가들라 해서 그렇게 하려 합니다."

"아니오. 맏공주에게 장가들면 세 가지 좋은 일이 있을 것이오."

"알겠습니다. 스님의 말씀에 따르겠습니다."

그렇게 해서 응렴은 맏공주에게 장가를 가게 되었다.

얼마 후 왕이 병을 얻어 위독해지자 신하를 불러놓고 말했다.

"내게 왕자가 없으니 맏딸의 남편 응렴으로 하여금 왕위를 계승하도록 하라."

그리하여 왕위의 승계식이 끝나자 그 스님이 경문왕이 된 응렴을 찾아와 아뢰었다.

"이제 제가 전에 아뢰었던 세 가지 좋은 일을 다 이룰 수 있게 되었습니다. 첫째는 맏공주에게 장가듦으로써 왕위에 오른 것이고, 둘째는 전에 흠모했던 둘째 공주에게도 장가들 수 있게 되었으며, 셋째는 못생긴 맏공주에게 장가듦으로써 왕과 왕비에게 기쁨을 드렸으니 그 또한 좋은 일 아닙니까?"

왕은 그 자리에서 스님에게 대덕大德이라는 벼슬과 함께 금 130냥을 내렸다. 경문왕이 왕위에 오르자 놀라운 일이 거듭 생겼다.

그 하나는 밤마다 왕이 기거하는 방에 뱀들이 모여드는 것이었다.

내인들이 놀라 쫓아내자 왕이 말했다.

"뱀은 나의 친구이니 쫓아내지 말라."

그러고는 뱀처럼 혀를 널름거리며 잤다.

또 하나는 왕위에 오르자마자 귀가 갑자기 길어져서 당나귀의 귀처럼 된 사건이었다. 왕후와 궁인들은 이를 알지 못했으나 복두장(幞頭匠: 관을 만드는 장인) 한 사람만은 이 일을 알고 있었다.

복두장은 비밀을 발설할 수 없었다. 그래서 평생토록 자기만 간직하고 있다가 죽음이 다가오자 마침내 참지 못하고 도림사道林寺의 대나무 숲 속 아무도 없는 곳에 들어가 외쳤다.

"임금님 귀는 당나귀 귀, 임금님 귀는 당나귀 귀……."

그 뒤로 바람이 불면 도림사의 대나무 숲에서는 그 목소리가 그대로 울려 나왔다.

놀란 왕은 대나무들을 베어내고 대신 산수유를 심게 했다. 그랬더니 그 뒤로는 바람이 불면 이런 소리가 났다.

"임금님 귀는 기다랗다! 임금님 귀는 기다랗다!"

자린고비
玼吝高鯡

玼: 흉자 吝:아낄 린 高: 높을 고 鯡: 고기새끼 비

옥의 티까지 아끼는 고비라는 말로, 돈이나 물질을 지나치게 아끼는 구두쇠를 이른다. 마른 생선을 걸어놓고 쳐다보며 밥을 먹을 정도로 아끼는 꼼꼼쟁이를 말한다.

문헌 : 《한국인의 해학諧謔》

자린고비는 인색하기 짝이 없는 인물이다.

그는 충주忠州에 살았다고 하는데 부모 제사 때마다 쓰는 지방紙榜을 매년 새 종이에 쓰는 것이 아까워서 한 번 쓴 지방을 기름에 절여 두었다가 매년 같은 지방을 썼다고 한다. '자린'은 '기름에 절인 종이'에서 '절인'의 소리만 취한 가차假借자이고 '고비考妣'는 돌아가신 부모님을 가리킨다는 말로도 전해지고 있다. 그래서 자린고비는 기름에 절인 지방紙榜을 가리키는 것으로 보기도 한다. 지방에 따라 '자리꼽재기'라고 도 한다. 그와 관련된 많은 우스갯소리는 여러 가지로 전해지고 있다.

그는 어느 집에 끼니때마다 먹는 반찬 사는 돈이 아까워 굴비 자반을 하나 사다가 천장에 매달아 놓고(고비高鯡) 쳐다보며 밥을 먹었다. 그런데 아들놈이 연거푸 두 번 쳐다보니까 철썩하고 등을 때리며 말했다.

"이 자식아! 짜게 먹으면 아까운 물까지 없어지잖아!"

한번은 손님 접대를 하는데 밥상에 김치 한 통을 포기째 내놓으니 모

두 젓가락으로 건드려만 보고 그냥 두었다. 그래서 '잘하면 겨울까지 나겠구나.'하고 생각하고 있는데 한 뱃심 좋은 사람이 칼을 뽑더니 썩썩 썰어 마구 집어먹었다. 그걸 본 그는 그 날로 화병이 나서 드러눕게 되었는데 여러 날 만에야 일어났다.

또 어떤 사람이 어떻게 하면 잘살 수 있느냐고 물으니, 그는 답을 가르쳐 주겠다며 그 사람을 산으로 끌고 올라갔다. 그리고 높은 벼랑에 서 있는 소나무 위로 올라가 가지를 잡고 매달리라고 했다. 그래서 시키는 대로하니 다음엔 손을 놓으라고 했다.

"아니, 나보고 죽으라는 말이요?"

그가 화를 내자 자린고비가 말했다.

"바로 그거요. 돈이 생기거든 지금 나뭇가지를 잡고 있듯이 꼭 쥐고 절대 쓰지 말란 말이오. 그것이 부자가 되는 비결이오."

우리 속담에 어질지 않은 사람을 미워하면 더욱더 어질지 못한 사람이 되므로 마땅히 잘 타일러서 가르치는 것이 좋다(人而不仁疾之己甚亂也인이불인질지이심난야)고 했다. 지방에 따라 자린을 자인慈仁으로 쓰기도 하는데 교훈적인 의미는 대체적으로 시대상과 맞물려 여러 가지로 회자되고 있다.

안성제기
安城製器

安:편안 **안** 城:성 **성** 製:지을 **제** 器:그릇 **기**

안성에서 만든 그릇이라는 말로 순수한 우리말 '안성맞춤'을 성어한 것이다.
어떤 일이나 제품이 훌륭하게 잘 되었음을 뜻한다.

문헌 : 《국사대사전國史大事典》

안성安城은 고래로부터 유기鍮器를
만들어 오던 고장으로 안성유기하면 견고하
고 정교하여 전국에서 환영받았다.

그로부터 물건이 견고하거나 일이 되어
가는 가장 중요한 기틀인 사기事機가 확실
한 일 또는 뜻하지 않았던 일이 잘 들어맞
을 때 '안성맞춤'이라고 했다.

안성 박물관에 소장된 문헌에는 '안성맛침', '안성맞침', '안성맞춤'등
으로 나와 있으나 지금은 '안성맞춤'으로 통용되고 있다.

안성에 전해지는 속요俗謠는 안성 사람들의 기질을 잘 표현해주고 있
으며, 안성과 안성제기를 노랫말 속에 잘 담아내고 있다.

'경기안성京畿安城 큰아기 유기鍮器장사로 나간다. 한닙팔어 두닙팔어 파는 것
이 자미라. / 경기안성 아기 숟가락 장사로 나간다. 은동걸이 반수저에 깍기
숫갈이 격格이라. / 경기안성 반복자半福字 연엽주발蓮葉周鉢은 시집가는 새아씨

발에 마침이다. / 안성유지安城油紙는 시집가는 새아씨의 빗집(梳入·소입)감에
마침이라.'

안성이라는 지명은 고려초에 붙여진 이름이라고 전한다. 고구려 때는
내혜홀奈兮忽, 신라 때는 백성군白城君이라 불렸다. 그런데 1914년 양성군
과 죽산군을 통합해서 오늘에 이르렀다. 통합전에는 충청도에 소속되어
있었으나 경기도로 편입된 것이다.

안성은 경상도와 전라도, 삼남의 물물이 통과하는 편안한 삶의 터라는
말로 편안 안安자를 썼다. 오래 전부터 유기그릇(놋그릇)을 만들어 왔는
데 유기그릇은 미리 만들어 두었던 것을 내다 파는 '장내기'와 주문을 받
아 만드는 '맞춤'이 있었다. 그런데 맞춤 그릇이 유난히 튼튼하고 모양새
가 뛰어나 부자들은 너도나도 맞춰서 썼다.

그러다보니 다른 그릇은 눈에 차지 않아 유기그릇은 꼭 안성 그릇만
찾게 되었다. 그래서 위에서 말한 대로 어떤 일이 제대로 잘 된 경우 안
성에서 맞춘 그릇처럼 마음에 쏙 든다는 뜻으로 '안성맞춤'이라 했다. 흔
히 안성유기는 주물을 부어서 만드는 것으로 생각하고 있는데 그것은 붓
백유기이고, 두드려서 만드는 것이 방짜유기다. 방짜유기는 만들기 어
려워 무형문화재로 남아 있고 소량만 생산되니 값이 비싸 비교적 대량생
산이 가능한 붓백유기가 주종을 이룬다.

일설에는 안성맞춤이 유기가 아닌 신발에서 유래했다고도 한다. 옛날
안성 지방에는 신발을 깁는 갖바치가 많이 살았는데 그들은 신발을 한곳에
서 만들어 파는 게 아니라 집집마다 돌아다니며 주문받아 만들었다. 그래
서 사람들은 자신의 발에 꼭 맞는 신발을 맞출 수 있었다. 그때부터 안성에
서 맞춘 신발은 꼭 맞아 안성맞춤이라는 말이 비롯되었다고도 한다.

아차실기
峨嗟失期

峨:산 이름 **아** 嗟:슬플 **차** 失:잃을 **실** 期:기회 **기**

잘못을 깨달았을 때 무의식적으로 나오는 탄식 소리와 때를 놓쳤다는 말로,
예언자 홍계관에게서 유래했다.

문헌 : 《대동기문大東奇聞》

조선 제13대 명종明宗때 홍계관洪契寬은 점괘로 앞날에 일어날 일
을 귀신같이 잘 맞혀서 유명했다.

그가 지금까지 남의 점괘만 뽑아 주다가 하루는 자기의 수명에 대하여
점괘를 보니 모년 모월 모일에 횡사할 운명이었다. 그래서 다시 살 수 있
는 복점卜을 찾아보니 바로 그 시각에 용상(龍床: 임금이 앉는 자리) 밑에 숨
어 있으면 죽음을 면할 수 있다는 점괘가 나왔다. 그는 자기 운명이 걸린
문제라 사실을 폐하께 알려 특별히 윤허를 득하고 그날이 되자 용상 밑에
숨어 있었다. 그때 마침 쥐 한 마리가 용상 앞을 지나다가 잡혔다. 왕은
홍계관의 점술을 시험해보고 싶어져서 용상 밑에 있는 그에게 물었다.

"지금 이곳을 지나가는 쥐가 있는데 모두 몇 마리인가?"

"예, 세 마리입니다."

왕은 쥐가 분명 한 마리가 지나가다가 잡혔는데 세 마리라고 하자 그
가 점괘를 잘 맞히지도 못하면서 용상 밑까지 차지하고 있는 것이 무엄

하다고 생각하여 형리에게 그를 끌어내 사형시키라고 했다.

"고얀 놈, 왕을 능멸해도 분수가 있지. 한 마리의 쥐가 지나갔는데 세 마리라고?"

홍계관은 사형장이 있는 당현堂峴 남쪽 한강 모래밭으로 끌려갔다. 그러나 그냥 그렇게 억울하게 죽을 수는 없었다. 그래서 형리에게 간곡하게 부탁했다.

"형을 잠시만 더 지연해 준다면 분명히 살아날 길이 있습니다. 하오니 제발 시간을 끌어 연장해 주십시오."

형리는 그의 말대로 상당한 시간을 지연시켜 형을 늦추어 주었다.

한편, 왕은 그를 형장으로 보내 놓고 아무래도 미심쩍어 그 쥐의 뱃속을 갈라보게 했다. 과연 뱃속에 새끼 두 마리가 들어 있어 어미 쥐까지 합치면 세 마리가 맞았다. 왕은 크게 감탄하고, 급히 형을 중지시키라 했다. 내시는 죽을 힘을 다하여 달려 당현 고개에 올라가 형장을 내려다보니 막 형을 집행하려고 칼을 번쩍 쳐드는 절박한 순간이었다. 그래서 큰소리로 고함을 치고 손을 흔들어 중지시키려 했다. 그러나 거리가 너무 멀어 소리를 듣지 못하고 그만 사형이 집행되고 말았다.

내시가 대궐로 돌아와서 임금에게 사실을 고했다. 임금은 크게 후회하여 '아차!'(峨嗟: 잘못을 깨달았을 때 갑자기 나오는 탄식 소리) 하고 탄식했다. 이런 연유로 당현을 아차현峨嗟峴이라고 하였는데 지금의 아차산변이 바로 그곳이다.

· 1부 한국 고사성어 속 유래와 인물 ·

이태성동
梨太成洞

梨:참배 **리** 太:클 **태** 成:이룰 **성** 洞:마을 **동**

배가 커서 이루어진 마을이라는 말로, 서울의 이태원동 지명에서 유래했다.
무엇이든지 하나의 특색이나 장점이 있으면 그것으로 성공하거나 유명해질
수 있다는 의미로 쓰인다.

문헌:《한국 지명地名이야기》

한국의 지명地名 중에는 배나무 리梨자가 들어가는 동네 이름이
많고, 또 배나무가 번성하는 동네는 대부분 살기 좋은 동네이다.

서울의 이태원梨太院도 그중의 하나다.

이태원은 배나무가 많고, 그 열매도 유난히 크고 탐스러워 클 태太자
를 써서 이태원이라 했다. 그러나 이태원에는 가슴 아픈 사연이 담겨 있
기도 하다.

1592년 임진왜란이 일어나자 수많
은 사람들이 목숨을 잃게 되었다. 그
리고 전 국토가 초토화되고 갖가지
문화재와 아름다운 금수강산이 불길
에 휩싸였다.

당시 이태원에는 운종사雲宗寺라는
절이 있었는데 수십 명의 여승女僧들
이 수도修道를 하고 있었다. 그런데

왜병들이 서울에 입성하여 그곳을 본거지로 삼게 되자 여승들에게 큰 수난이 일어나기 시작했다. 수도하는 스님에게 무도한 일본 병사들이 밥을 짓게 하는가 하면 아예 농락까지 했다. 이처럼 피비린내 나는 전쟁 통에 피해를 본 여승은 한둘이 아니었다. 특히 여자이기에 겪는 고통은 말할 수 없이 컸다.

평화롭던 마을 이태원에 불어닥친 왜란의 회오리는 너무나 큰 상처를 남겼다. 그러다가 이순신 장군이 해전에서 연전연승을 거두자 해로가 끊긴 왜군들이 허둥거리기 시작했다. 바로 그때 도요토미가 사망하게 되니 7년 왜란은 끝을 맺었다.

그런데 그 일본인들이 물러간 뒤 임신한 여승들이 속출했다. 시대의 비운을 떠안은 그 여승들 중에는 더러 자괴감에 빠져 스스로 목숨을 끊는 사람도 있었다. 그런 와중이라 계속해서 절에 머물러 있을 수도 없었다. 그들은 갈 곳이 없어 길거리에서 방황했다. 이를 보다 못한 관가에서는 흙으로 움막을 지어 추위에 떠는 여승들이 모여 살게 했다.

이런 사연 때문에 나중에 그곳 마을 이름을 다를 이異자와 아이밸 태胎자를 써 이태원異胎院이라고 부른 때도 있었는데, 다른 나라 사람의 아이를 배야했던 피해를 당한 여승들의 처지를 담아 이른 것이었다고 한다. 지금은 옛날의 운종사가 어디에 있었는지조차 알 수 없을 정도로 발전하여 국제적인 관광지가 되었다.

이태원에 외국어 간판이 번쩍거리고 있고 한국 최초의 다문화 사회의 발상지라는 평가를 듣는 것으로 보아 옛날의 그 이름값을 하는 것 때문이 아닌가 하는 생각이 들기도 한다.

고시레
高矢禮

高:높을 고 矢:살 시 禮:예도 예

고시에게 드리는 예. 단군시대에 농사짓는 법을 가르쳐 주는 고시에게 예를
차린다는 뜻이다. 농민들이 들녘에서 참을 먹거나 점심을 먹을 때 맨 처음 술
이나 밥을 주위에 던지며 외치는 말이다.

문헌 :《한국민속담韓國民俗談》

　　고시高矢라는 말은 단군檀君왕검이 나라를 세운 후 농사짓는 법과
화식火食하는 법을 가르치는 사람에게 내린 직책으로 지금의 농림부 장관
과 같은 직위였다.《신시본기神市本紀》의 기록에는 당시의 농민들은 고시
의 지시에 의하여 씨를 뿌려 농사짓는 법을 배웠다고 한다. 그래서 그 후
사람들은 그 공을 잊지 않기 위해서 일을 하다가 참을 먹거나 점심 식사
때 먼저 예를 갖추는 고사告祀를 지냈던 것을 오늘날의 고시례高矢禮라고
한다. 그런데 혹자는 음식에 따라온 귀신을 쫓고 들판에 있는 잡귀를 쫓
기 위한 것이라고 말한다. 이는 우리 선조들의 뜻을 잘못 알고 있는 것이
다. 어쨌든 그런 유래가 지금은 음식을 먹기 전에 먼저 떼서 던지며 '고시
례'하고 외치는 풍습이 되었고 나중에는 남의 집에서 음식을 가져와도 먼
저 한 쪽을 떼서 던지며 '고시례'하는 의례적인 관습으로 굳어진 것이다.
이는 중국 신화에서 농사를 주관하는 염제 신농神農씨보다 훨씬 앞선 일
이다.

　　더러는 이를 미신이라고 치부하는 경우도 있으나 우리 민족의 정체성

을 나타내 주는 귀중한 민속임을 인식하여야 할 것이다. 또 우리 선조들이 감나무에 까치밥을 남겨 놓아 자연과 더불어 친화적으로 나누고자 했던 심정적인 미덕도 같은 범주의 예라 할 것이다.

명절이나 제사의 차례상茶禮床을 올릴 때에 차 대신 술을 먼저 모사茅砂에 조금씩 세 번 따른 뒤 신주 앞에 올리는데, 이 또한 고시에게 예를 표했던 것처럼 조상님께 예를 표하는 행위다.

위에서 말한 차례茶禮 또한 우리 선조들이 술 대신 차茶를 조상께 올린 데서 비롯되었다. 차는 예로부터 탁월한 해독작용이 있다 하여 예물에서 가장 귀하게 여겨져 조선 시대의 혼례 필수 예물로 인정받아 왔다. 앞서 가신 선인들의 은혜에 대한 감사의 예禮를 이처럼 잊지 않고 표했던 것이 우리 민족이다. 그러니까 위의 이야기는 우리 선조들이 농사짓는 법을 가르쳐준 고시의 공을 감사히 여기는 마음에서였다. 지방에 따라 '고시레'나 '고수레' 등으로 쓰이기도 하지만 그 의미나 뜻은 개략적概略的으로 비슷하다.

묘항현령
猫項懸鈴

猫: 고양이 묘 項: 목 항 懸: 매달 현 鈴: 방울 령

고양이 목에 방울을 달다. 방법은 그럴 듯한데 전혀 실현 가능성이 없는 일을
일컫는다.

문헌 : 《순오지旬五志》

고양이(猫)에게 몹시 시달리는 쥐들이 생존을 위해 상의했다.

"고양이만 없다면 우리들의 생활도 부러울 것이 없을 텐데 꼭 우리들
의 먹을 것이 있을 만한 데에 고양이가 있어 늘 생명의 위협을 느끼며 살
수밖에 없습니다. 이에 대한 좋은 대책이 있으면 기탄없이 말해주시오."

그러자 한 쥐가 나서며 말했다.

"우리가 만약 고양이 목에 방울만 매달 수 있다면 그 소리를 듣고 도망
갈 수 있어 죽음을 피할 수 있을 것이오."

쥐들이 모두 좋은 의견이라고 뜨거운 박수갈채를 보냈다.

그때 늙은 쥐 한 마리가 천천히 말을 꺼냈다.

"자네 말이 옳네. 그렇게만 되면 두려울게 없겠지."

늙은 쥐는 좌중을 쭉 둘러보고 나서 다시 말을 이었다.

"그럼, 누가 고양이의 목에 방울을 달겠는가?"

그러자 쥐들은 고개를 숙이며 뿔뿔이 흩어졌다. 이 이야기가 나오는
《순오지旬五志》는 조선 시대 때 평론집이다.

효종孝宗 때 학자이며 비평가인 현묵자玄默子 홍만종洪萬宗(1643~1725)과 정철鄭澈, 송순宋純 등이 1678년 숙종 때 쓴 《십오지十五志》라고도 한다. 부록에는 130여 종의 속담俗談이 실려 있다. 고양이 목에 방울 달기는 바로 이 이야기 속에 실려 있다. 국립중앙도서관에 소장되어 있다.

· 1부 한국 고사성어 속 유래와 인물 ·

도이봉부
刀以逢父

刀:칼 **도** 以:써 **이** 逢:만날 **봉** 父:아비 **부**

부러진 칼로 인하여 아버지를 만나다. 유리왕이 태내에 있을 때 아버지 주몽을 이별했으나 훗날 부러진 칼을 증표로 만나게 된 고사에서 유래했다. 어떤 물건을 근거로 극적인 만남이 이루어지는 것을 말한다.

문헌 : 《삼국사기三國史記》

고구려 유리왕琉璃王(?~A.D.18)의 휘諱는 유리類利, 또는 유류儒留이며, 주몽朱蒙의 아들이다. 주몽은 고구려가 통치하던 비류국沸流國의 둘째 공주 소서노召西奴를 새 왕비로 맞아 비류沸流와 온조溫祚, 두 아들을 두었다. 유리왕이 태어나기 전에 아버지 주몽은 나라를 세우려고 남쪽으로 내려갔기 때문에 아버지의 얼굴을 한 번도 보지 못하였다.

유리도 소년 시절에 아버지 주몽처럼 활을 잘 쏘았다.

어느 날, 유리가 활쏘기 연습을 하다가 화살이 빗나가는 바람에 지나가던 여인의 물동이를 깨뜨렸다. 물을 흠뻑 뒤집어쓴 부인이 몹시 노하여 욕설을 퍼부었다.

"천하에 버릇없고, 아비 없는 후레자식 같으니라구……."

그 말을 들은 유리는 어머니에게 달려가 엎디어 울며 아버지가 누구냐고 물었다. 어머니 예씨禮氏는 그때까지 숨겨온 아버지에 대한 이야기를 자세히 들려주었다.

"너의 아버지는 일찍이 큰 뜻이 있으셔서 남쪽으로 내려가 지금 고구려를 세우신 주몽 왕이시다. 네 아버지가 떠날 때 나에게 말씀하기를 '이후 사내아이를 낳거든 증표가 될 물건을 소나무 밑 일곱 모난 돌 아래에 묻어두었으니, 그것을 가지고 찾아오게 하라'고 하시었느니라."

유리는 그날부터 산등성이와 골짜기를 헤매며 소나무 밑 일곱 모난 돌을 찾았으나 찾을 수가 없었다.

그러던 어느 날, 우연히 집 마루 기둥의 주춧돌을 보니 일곱 모로 다듬어져 있었다. 눈이 번쩍 뜨인 유리는 그 밑을 파 오매불망 찾고 있던 증표, 즉 도막난 칼인 분도分刀를 찾았다.

유리는 그 칼을 가슴에 품고 졸본卒本 땅으로 주몽을 찾아가 보여주었다. 주몽이 자신의 칼과 맞춰보니 딱 들어맞았다.

"네가 정녕 내 아들 유리로구나!"

주몽은 감격에 겨워 유리를 덥석 끌어안았다. 그리고 그날로 유리를 왕자로 삼았다. 유리의 나이 18세요, 고구려 건국 19년이었다. 그로부터 다섯 달이 지난 9월, 주몽은 갑자기 세상을 떠났다.

유리는 아버지를 이어 왕위에 오른 뒤 옆 나라 송양국末讓國의 딸을 왕비로 맞았다. 그리고 즉위한 지 3년 만에 골천鶻川에 이궁離宮을 짓는 등 나라의 면모를 새로이 일신했다. 그 후 왕비가 죽자 골천 사람의 딸 화희禾姬와 한인漢人의 딸 치희雉姬를 계실로 맞아들였다.

그 후 부왕을 계승하여 약탈을 일삼는 선비鮮卑와 부여의 대소왕帶素王 등 주위의 여러 나라를 정복하여 영토를 확장하였다.

토지간계
兎之肝計

兎:토끼 **토** 之:어조사 **지** 肝:간 **간** 計:꾀할 **계**

토끼 간의 계략. 즉 위기에 빠졌을 때 그럴듯한 계교로 모면하는 것을 뜻한다.

문헌 : 《삼국사기三國史記》

신라 제29대 태종무열왕 김춘추金春秋(604~661)가 왕위에 오르기 전 사간沙干 훈신訓信과 함께 고구려를 염탐하고자 갔을 때의 일이었다. 김춘추는 백제의 침입으로 대야성大耶城이 함락되고 사위인 품석品釋이 죽자 고구려와 연합하여 백제에 복수하고자 위험을 무릅쓰고 찾아갔다. 대매현代買縣에 이르니 그 고을의 사간沙干 두사지豆斯支가 선뜻 청포靑布삼백 보步를 기증했다. 김춘추는 고맙게 생각하여 그에 걸맞은 사례를 하고 고구려로 갔다.

고구려의 왕은 태대대로太大對盧 개금蓋金으로 하여금 그를 맞아들이게 하고 성대한 잔치를 베풀어 극진히 대접했다. 그때 고구려의 한 신하가 왕에게 은밀하게 아뢰었다.

"지금 신라의 사자는 우리나라의 형세를 염탐하러 온 것 같으니 그를 죽여 후환이 없도록 하소서."

그 말을 들은 왕은 엉뚱한 질문으로 김춘추를 시험했다.

"지금 신라에서 차지하고 있는 마목현痲木峴은 죽령竹嶺과 함께 본래 우리나라의 땅이었다. 만약 이를 돌려주지 않으면 돌아가지 못하게 하겠다."

이에 춘추가 정중히 대답했다.

"하오나 나라의 땅을 한낱 신하인 제가 마음대로 할 수 없으므로 명령을 받들 수가 없습니다."

고구려 왕은 크게 노하여 그를 죽이고자 옥에 가두었다. 김춘추는 앞서 두사지가 준 청포를 비밀리에 왕의 총애를 받는 신하 선도해先道解에게 선사하니, 그가 성찬을 마련하여 함께 술을 마셨다. 선도해는 술이 취하자 김춘추에게 넌지시 말했다.

"그대는 일찍이 거북과 토끼의 이야기를 듣지 못했소? 옛날에 동해 용왕의 딸이 병이 들어 앓아눕자 의원의 말이 토끼의 간을 약으로 써야만 치료할 수 있을 것이라 했소. 그런데 바다 가운데는 토끼가 없으므로 어떻게 할 도리가 없었는데, 한 거북이 용왕에게 아뢰었소.

'제가 능히 토끼의 간을 구해 오겠습니다.'

그러고는 육지로 올라가서 토끼를 만나 말했소.

'바다 가운데 한 섬이 있는데 샘물이 맑고, 숲도 무성하며, 좋은 과실도 많이 열리고, 춥지도 덥지도 않고, 매나 독수리와 같은 것들도 침범할 수 없는 낙원이다. 때문에 그곳으로 가면 근심 걱정 없이 편안하게 살 수 있을 것이다.'

거북의 꾀에 넘어간 토끼가 거북의 등을 타고 바다 가운데로 가니 그제야 거북이 말했소.

'미안하다. 사실은 지금 용왕의 따님이 병이 들어 앓고 있는데 꼭 너의 간을 먹어야만 낫는다고 해서 너를 데리고 가는 것이다.'

하니, 토끼가 큰 낭패라는 듯 말했소. '아차! 그러면 진즉 이야기하

· 1부 한국 고사성어 속 유래와 인물 ·

지……. 나는 신명神明의 후예라서 평상시에는 오장을 꺼내어 공기가 맑고 청량한 바위 밑에 놓아두는데 오늘은 네 말을 듣고 급히 오느라 그만 간을 그대로 두고 왔구나.

누가 가져가기 전에 빨리 다시 가서 가져와야겠다. 그러니 나를 다시 그곳으로 데려다 주려무나.'

거북은 그 말을 그대로 믿고 다시 토끼를 태우고 육지로 돌아오니, 토끼는 풀숲으로 뛰어들어가면서 말했소.

'참으로 어리석은 거북아, 간 없이 사는 놈이 어디 있느냐?' 하니, 거북은 아무 말도 못하고 돌아갔다는 이야기이오. 어떻소? 재미있지 않소?"

김춘추는 그 비유의 뜻을 깨닫고 고구려왕에게 말했다.

"마목현과 죽령은 본래 대국의 땅이므로 신이 귀국하면 우리 임금에게 고하여 꼭 돌려 드리도록 하겠습니다."

왕은 기뻐하며 그렇게 하라고 김춘추를 방면해 주었다.

위기를 모면하고 신라로 돌아온 김춘추는 당나라로부터 군사 원조를 얻어 내어 김유신과 함께 백제와 고구려를 쳐 삼국 통일의 대업을 이룩했다.

관명승진
觀命昇進

觀:볼 관 命:목숨 명 昇:오를 승 進:나아갈 진

관명의 승진이라는 말로, 숙종 때 호조판서를 지낸 이관명의 승진에서 유래
했다. 공적인 일을 소신껏 추진하여 인정받고 성공함으로써 고속 승진하는
경우를 이른다.

문헌 : 《국조인물지國朝人物志》

조선 숙종肅宗때 당하관(정3품) 이관명李觀命(1661~1733)이 어명으로
영남에 내려가 백성들의 실태를 살피고 돌아왔다.

"수의어사 이관명 알현이오."

옥좌에 정좌한 숙종은 용안에 희색이 만면하여 그를 맞았다.

"얼마나 객고가 많았는가? 그래, 백성들을 직접 살펴본 소회는 어떠한
고?"

"상감마마께서 정사를 바르게 펴신 덕택에 지방 관리들도 모두 백성들
을 잘 보살펴 주고 있었습니다. 다만 통영에 있는 섬 하나가 후궁의 땅
으로 되어 있사온데, 그곳 백성들에게 부과하는 공물이 너무 많아 원성
이 자자하였기로 감히 아뢰옵니다."

숙종은 후궁의 땅이라는 데 크게 노하였다.

"과인이 조그만 섬 하나를 후궁에게 주었기로서니 그것을 탓하여 감히
나를 비방하다니……!"

숙종이 주먹으로 앞에 놓여 있는 상을 내려치니 박살이 나고 말았다.

갑자기 궐내의 분위기가 싸늘해졌다. 그러나 관명은 조금도 굽히지 않고 목소리를 가다듬어 아뢰었다.

"소신이 예전에 경연에 참여하올 때에는 전하께서 이러지 않으셨사옵니다. 그런데 소신이 외지에 나가 있던 동안에 전하의 성정이 이처럼 과격해지셨으니 이는 전하께 올바르게 간쟁諫爭하는 사람이 없었기 때문일 것입니다. 하오니 모든 신하들을 파직시키옵소서."

그는 서슴지 않고 자기가 생각한 바를 그대로 아뢰었다.

그러자 숙종은 시립侍立하고 있는 승지에게 명하였다.

"승지는 전교를 쓸 준비를 하라."

신하들은 관명에게 큰 벌이 내려질 것으로 알고 숨을 죽였다.

"전 수의어사 이관명에게 부제학을 제수한다."

숙종의 분부에 승지는 깜짝 놀라 붓끝이 움직이지 않았다. 너무도 생각 밖의 일이었다. 주위에 함께 있던 신하들도 서로 바라보기만 할 뿐 왜 그런 교지를 내리는 것인지 도무지 짐작을 할 수가 없었다.

숙종이 다시 명했다.

"승지, 나의 말을 다 썼는가?"

"예!"

"그럼 다시 부제학 이관명에게 홍문제학을 제수한다고 쓰라."

괴이하게 여기는 것은 승지만이 아니었다. 만조백관이 웅성거렸다. 숙종은 잇달아 명을 내렸다.

"홍문제학 이관명에게 예조참판을 제수한다."

숙종은 이관명의 관작을 한자리에서 세 번이나 높이어 정경正卿으로 삼았다.

"경의 간언으로 이제 과인의 잘못을 알았소. 하여 경을 예조참판에 제수하는 것이오. 앞으로도 그런 자세로 짐의 잘못을 바로잡아 나라를 태평하게 하시오.”

이 고사를 두고 후세 사람들은 갑자기 고속 승진하는 것을 관명승진이라 했다.

그는 훗날 예조판서를 거쳐 이조판서, 우의정, 좌의정을 지냈다.

저서에 《병산집屛山集》이 있다.

재롱십희
才弄十喜

才:재주 재 弄:희롱 롱 十:열 십 喜:기쁠 희

할아버지 할머니가 어린 손자 손녀들에게 심성교육을 할 때 시키는 열 가지 재
롱을 이르는 말로, 아이들의 잠재의식 속에 깊이 심어 주는 기본 교육이었다.

문헌 : 《빛나는 겨레의 얼》

　　재롱십희才弄十喜의 유래는 정확하지 않지만 아기를 키운 어른들
은 누구나 해 보던 놀이다. 할머니와 할아버지로부터 으레 들은 말인데
아쉽게도 지금은 사라져가고 있다.

　　첫째. '부라부라弗亞弗亞', 또는 '재롱재롱才弄才弄'은 할머니가 어린아이
의 허리를 붙잡고 좌우로 갸우뚱갸우뚱 흔들면서 어르는 말이다. 이 말
에는 하늘에서 땅으로 내려오는, 즉 하늘이 점지해준 귀한 아이라는 뜻
이 담겨 있다.

　　그리고 이제 땅에 내려왔으니 전후좌우로 종횡무진 기운차게 살다가
다시 하늘로 올라가라는 기원을 담고 있는 노랫말이다. 다른 말로 부라
질이라고도 한다.

　　둘째. '시상시상侍想侍想'은 고개를 앞뒤로 끄덕끄덕하면서 어린아이의
흥을 돋우어주는 행동이다. 흔히 세상세상世上世上이라고도 하는데, 이는
이 세상에 태어나게 해 주심을 감사하며 이왕에 태어났으니 두 발을 땅에
딛고 서서 하늘을 이고 당당하게 살아가라는 축복의 뜻이 담긴 말이다.

셋째, '도리도리道理道理'는 머리를 좌우로 흔들면서 웃음을 자아내게 하는 재롱으로 흔히 '도리질'이라고도 한다.

이는 길을 갈 때 좌우를 살피면서 똑바로 가야 한다는 뜻과 더불어 사람의 도리道理를 다하여 살라는 인간 교육이기도 하다. 아이들의 운동신경을 촉진시킴과 동시에 신진대사를 원활하게 도와준다.

장차 어른이 되어 사람의 도리를 지키며 인간답게 살아가라는 협동의 미학을 담고 있다.

넷째, '지암지암持闇持闇'은 다섯 손가락을 쥐었다 폈다 하는 동작이다. 이는 이 세상에 왔으니 모든 일을 손에 쥐고 자유자재로 통제하며 한세상 보람 있게 살아 보라는 암시이다. 또 삶은 결국 가지고가는 것이 없다는 공수래공수거空手來空手去의 이치가 담겨 있는 말이기도 하다. 잠잠이나 잼잼이라고도 한다.

다섯째, '곤지곤지坤地坤地'는 어린이에게 왼손을 펴게 하고 오른손 집게손가락 끝을 댔다 뗐다 하게 하는 행동이다. 왼쪽 손바닥은 땅이 되고, 오른쪽 손가락은 하늘이 되는 이치를 띠고 있다. 천지간에 인간으로 태어났으니 만물을 주관하고 조화를 이루며, 완성된 인격을 갖추어 삶을 아름답게 펼쳐가라는 의미를 담고 있다.

여섯째, '섬마섬마西摩西摩'는 어린아이로 하여금 일어서게 하는 행동이다. 지방에 따라서는 꼬두꼬두라고 이르기도 한다. 부모의 부축을 받고 있다가 이제부터는 스스로 서서 자기의 길을 가라는 가르침이다. 아기를 방바닥이나 손바닥에 올려놓고 어르면서 이제 세상에 태어났으니 두 발로 서서 세계를 아우르는 기상을 품으라고 가르치는 행동이다.

일곱째, '어비어비業非業非'는 '아비'라고도 하는데, 자모엄부慈母嚴父의 뜻이 담긴 말이다. 살아가면서 군君사師부父 외에 하늘의 큰 뜻을 귀중하게 여기고, 큰일을 할 때마다 낳아주신 부모와 가르쳐주신 스승, 그리고 국가를 생각하면서 하늘에 경건한 뜻을 두고 살아가라는 암시이다.

여덟째, '아함아함亞含亞含'은 손바닥으로 입을 막았다 떼었다 하면서 소리를 내는 행동이다. 두 손을 모아 잡으면 아亞자와 같은 형상이 되는데 이는 자만심을 갖지 말고 겸손하게 살라는 당부이다.

즉 당당하게 긍정적으로 살되 큰소리로 세상을 어지럽히지 말라는 뜻으로 입을 막는 것이다. 강과 약을 조절하고, 나아감과 들어감을 지극하게 하라는 뜻이기도 하다.

아홉째, '짝짜꿍짝짜꿍作作弓作作弓'은 두 손바닥을 마주치면서 소리를 내는 행동으로, 네가 내는 소리는 이렇게 작은 것이니 착하게 살라는 음양의 이치를 알려주는 의미를 담고 있다.

요람에서 벗어나 홀로서기에 이르면 또 다른 상대를 만나 가정을 꾸림으로써 세상은 혼자가 아니라 짝과 더불어 살아가는 것이라는 가르침이기도 하다.

열 번째, '질라라비 훨훨의支娜河備活活議'는 팔을 양쪽으로 펼치고 날개를 치듯 춤추는 행동을 말한다. 큰 꿈을 품고 독수리같이 우주공간을 날아 뜻을 이루라는 희망의 뜻이 담겨 있다.

비록 두 발은 땅에 딛고 서 있지만 마음에 품은 웅지는 세상을 다 아우르는 큰 뜻과 포부를 가지라는 말이다.

이외에도 '들강날강' 또는 '들랑날랑'이라는 재롱도 있는데 이는 다람쥐가 들어왔다 나갔다 하면서 단 것은 다 까먹고 쓴 것만 남겨놓아 늦게 오는 이에게 준다는 것으로 부지런하게 살아가라는 뜻이 담겨 있다.

이 재롱십희에는 어린 생명이 이 세상에 태어났으니 마음껏 누비다가 자손만대에 길이 남을 족적을 남기고 영면하라는 깊은 의미가 담겨 있다.

이외에도 '까꿍까꿍'하고 아이들을 어르는 말이 있는데, 이는 각궁覺弓 즉 깨달을 '각'자에 활 '궁'자로 어서 커서 우주의 이치를 깨달아 사람의 도리를 하라는 뜻이다.

영국의 사학자 아놀드 토인비Arnold Joseph Toynbee는, 우리나라의 민족성을 이렇게 평하였다. '한민족의 흥망성쇠는 조상을 숭배하고, 전통을 존중하는 가운데 있었으며 그런 문화가 빛나고 번성할 때마다 신장되어 왔다.'고 했다.

사학자의 이야기가 아니더라도 우리 고유의 고귀한 문화와 전통을 계승하여 국운을 상승시키고 고래로부터 우리 조상들이 하늘을 받드는 천손민족天孫民族으로 우뚝 서기를 바라는 마음 간절하다.

재롱십희도 민족 유산 중의 하나임에 틀림없다. 그러므로 이 속에 담겨 있는 깊은 뜻을 아로새겨 전승시켜야 한다.

[2장]
인물
人物

1부 한국 고사성어 속 유래와 인물 中 2장 인물

韓國故事成語

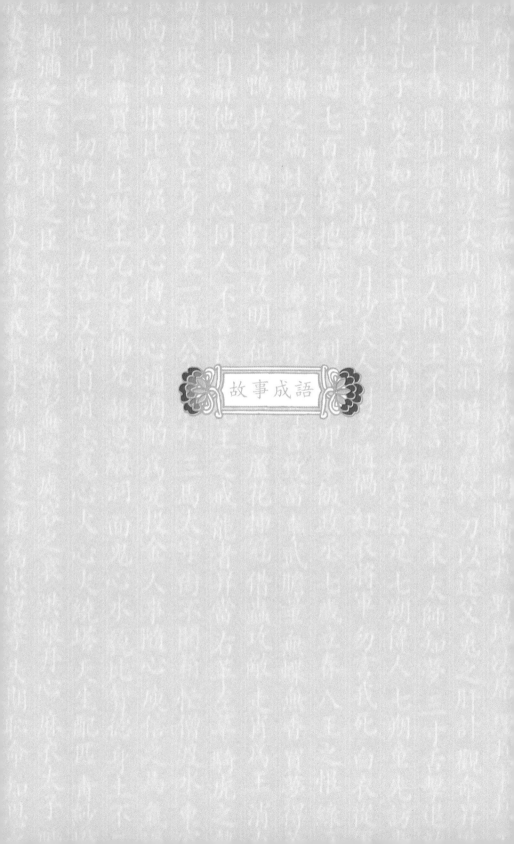

故事成語

국조단군 | 홍익인간
國祖檀君 | 弘益人間

나라 **국** 조상 **조** 향나무 **단** 임금 **군** | 클 **홍** 더할 **익** 사람 **인** 사이 **간**

국조단군은 우리나라를 세운 시조 단군왕검을 가리키는 말이다. 단군왕검이
아버지 환웅의 도움으로 아사달(평양)에 도읍을 정하고 나라 이름을 조선이라
했다. 이 조선이 바로 고조선, 즉 단군조선이다.
홍익인간은 건국이념이며 해방 후 교육이념이 되기도 했다.

문헌 : 《삼국유사三國遺事》

《삼국유사三國遺事》의 단군왕검檀君王儉 건국신화에 의하면 기원전
2333년, 천제天帝 환인桓因(제석천왕帝釋天王)의 아들 환웅桓雄이 땅으로 내려가
세상을 다스리고자 했다.

아버지가 아들의 뜻을 알고 태백太伯을 내려다보니 과연 인간이 살아
갈 만한 곳이므로 천부인天符印 세 개를 주며 내려가서 세상을 이롭게 하
라고 중국 북위北魏의 정사正史 《위서魏書》와 《단군고기檀君古記》에 밝히고
있다. 즉, 홍익인간弘益人間을 천명한 것이다.

이에 환웅은 3천 명의 무리를 거느리고 태백산太白山(지금의 묘향산) 신단
수神壇樹 밑으로 내려오니 그곳을 일러 신시神市라 하였다. 그는 풍백風伯
(바람), 우사雨師(비), 운사雲師(구름)를 거느리고 곡穀(농업), 명命(생명), 병病(질
병), 형刑(형벌), 선악善惡(도덕) 등 인간세상의 360여 가지 일을 주관하여 세
상을 다스리기 시작하였다.

그때 곰 한 마리와 호랑이 한 마리가 환웅에게 사람이 되기를 원하니
환웅이 신령스런 쑥 한 줌과 마늘 20개를 주며 말했다.

"너희들이 이것을 먹고 백 일 동안만 햇빛을 보지 않는다면 인간이 될 것이다."

그러자 곰은 인내심을 가지고 그 말대로 시행하여 삼·칠일(21일) 만에 여자의 몸으로 태어났으나, 호랑이는 그 기간을 참지 못하고 중간에 굴 밖으로 뛰쳐나가 햇빛을 보는 바람에 사람이 되지 못하였다.

여자가 된 곰, 웅녀熊女는 혼인할 상대가 없어 날마다 신단수神壇樹 밑에서 아기 갖기를 기원하였다. 이에 환웅이 사람으

로 변하여 웅녀와 결혼해서 아들을 낳으니 그가 바로 단군檀君(즉 단군왕검檀君王儉)이다.

단군은 아사달阿斯達, 지금의 평양성에 도읍을 정하고 국호를 조선朝鮮이라 하였다고 《세종실록지리지世宗實錄地理志》에 기술하였다. 때는 요堯임금 50년이었다. 이후 1500년간 나라를 다스리다가 주周나라 무왕武王이 즉위한 기묘년에 기자箕子를 조선왕에 봉하므로 단군은 구월산 장당경藏唐京으로 옮겼다가 뒤에 다시 아사달阿斯達로 옮기고, 거기서 산신山神이 되었는데 나이가 1,908세였다.

건국신화는 천지가 개벽한 후 음양이 생기고, 그 속에서 사람과 삼라만상이 발생하였으며, 하늘로부터 통치할 사람이 내려와 국가를 건설하고 다스린다는 것이 《단군고기檀君古記》이다.

단군 숭배사상은 고려와 조선 시대를 거쳐 대중화되었으며, 조선조 세종은 평양에 사당을 짓고 고구려 시조 동명성왕東明聖王과 단군檀君을 함께 모시고 국조國祖로 받들었다. 그리고 조선 후기에는 단군교와 대종교

· 1부 한국 고사성어 속 유래와 인물 ·

가 생겨났다.

'홍익인간'은 1949년 12월 31일 법률 제86호로 제정, 공포된 〈교육법〉 제1조에 우리나라 교육의 근본이념으로 삼았다. 당시 문교부는 '홍익인간은 우리나라 건국 이념이기는 하나 결코 편협하고 고루한 민족주의 이념의 표현이 아니라, 인류공영이라는 뜻으로 민주주의 기본정신과 완전히 부합되는 이념이다. 홍익인간은 우리 민족정신의 정수이며 일면 기독교의 박애정신, 유교의 인(仁), 그리고 불교의 자비심과도 상통되는 전 인류의 이상이기 때문이다.'라고 이유를 밝혔다.

왕불식언
王不食言

王:임금 왕 不:아닐 불 食:먹을 식 言:말씀 언

왕은 거짓말을 하면 안 된다. 책임 있는 사람은 말을 함부로 하지 말고, 한 번 말한 것은 꼭 실천해야 한다는 말이다.

문헌 : 《삼국사기三國史記》

고구려 제25대 평원왕平原王때 온달溫達(?~590)은 용모나 겉모습은 대단치 않게 보였으나 마음은 착하고 순박했다. 그는 집안이 매우 가난하여 동냥을 해다가 어머니를 봉양했다. 그는 평소 해진 적삼에 헌 신발 차림으로 다니면서도 항상 웃고 있어 사람들은 바보 온달溫達이라고 놀렸다.

한편, 평원왕의 어린 딸 평강공주平康公主는 울기를 잘해서 그때마다 왕이 농담으로 말했다.

"네가 울어서 내 귀를 시끄럽게 하니 커서도 분명 사대부의 아내 노릇은 못하겠구나. 그러니 바보 온달에게나 시집보내야겠다."

공주는 울 때마다 아버지로부터 들은 말이라 그 말을 잊지 않고 기억했다.

공주의 나이 16세가 되어 상부의 고 씨高氏에게 시집보내려고 하자 공주가 말했다.

"대왕께서는 저를 온달에게 시집보내겠다고 하셨는데, 오늘 무슨 까닭으로 말씀을 번복하십니까? 필부匹夫도 식언食言하면 아니 되는데 하물며

· 1부 한국 고사성어 속 유래와 인물 ·

대왕께서 그러하시다니요?"

왕이 딸의 말을 듣고 노하여 말했다.

"네가 내 말에 따르지 않는다면 내 딸로 인정하지 않겠으니 네 맘대로 갈 곳을 찾아가거라!"

그리하여 공주는 얼마간의 패물을 챙겨 온달의 집을 찾아갔다.

온달의 어머니는 장님이었다. 공주가 아들 있는 곳을 물으니 노모가 대답했다.

"내 아들은 가난하고 남루하여 귀인이 가까이할 사람이 못되오.

지금 당신의 향수 냄새를 맡아 보니 꽃 같은 향기가 보통이 아니고, 손을 잡아 보니 부드럽기가 솜 같으니 천하의 귀인임에 틀림없소.

누구의 속임수로 여기까지 온 것 같은데 내 자식은 굶주림을 참지 못해 느릅나무 껍질을 벗기러 산으로 가서 아직 돌아오지 않았소."

공주는 산으로 가서 온달을 만나 자기의 생각을 말했다. 그러자 온달이 성을 내며 피해버렸다.

"이는 분명 사람이 아니라 여우나 귀신임이 분명하다. 나에게 가까이 오지 말라."

공주는 다시 모자母子를 찾아가 자기가 찾아오게 된 사정을 자세히 털어놓았다. 온달이 머무적거리고 있자 어머니가 말했다.

"내 자식이 부족하고, 내 집 또한 몹시 가난해서 귀인께서 살기에 적당치 않으니 그냥 돌아가시오."

공주가 대답했다.

"옛사람의 말에 한 말 곡식도 방아를 찧을 수 있고, 한 자의 베도 꿰맬 수 있다고 했는데, 진실로 마음만 있다면 무슨 상관이 있겠습니까? 먹고 사는 것은 제가 가지고 온 패물로 마련하겠으니 걱정하지 마십시오."

그녀는 곧 금팔찌를 팔아 집과 우마, 가재도구들을 사들여 살림을 갖추었다. 그리고 온달에게 일렀다.

"무릇 남아라면 반드시 말을 잘 탈 줄 알아야 합니다. 그러니 오늘은 저잣거리에 나가 말을 사는데, 병들고 여위었더라도 반드시 국마國馬를 사 오십시오."

온달이 그 말대로 하자 공주는 열심히 거두어 말이 날로 살이 찌고 건강해졌다.

한편, 고구려에서는 매년 3월 3일에 낙랑의 언덕에서 사냥으로 잡은 돼지와 사슴으로 신神에게 제사를 지냈다. 그날이 되어 왕이 사냥을 나서게 되니 여러 신하와 군사들도 출동했다.

온달도 공주가 기른 말을 타고 참가했는데 말이 워낙 날쌔어서 그가 잡은 노획물이 제일 많았다. 그래서 왕 앞에 나아가 자기의 신분을 밝히고 상을 받았다. 그러나 왕은 그를 사위로 받아들이지 않았다.

그때 북주北周의 무제武帝가 군사를 일으켜 요동遼東을 치니, 왕은 군사를 이끌고 배산拜山에 나아가 전투를 벌였다. 이때 온달이 선봉이 되어 단번에 적군 수십여 명을 베니, 아군의 사기가 올라 크게 이겼다.

전공을 논할 때 모두들 온달의 공로가 제일이라고 하니 왕은 그제야 사위로 맞아들이고, 대형大兄이라는 작위를 주었다.

평원왕이 죽고 영양왕嬰陽王이 즉위하자 온달이 아뢰었다.

"지금 신라가 우리 한북漢北의 땅을 갈라 자기네의 군과 현으로 만들었는바 백성이 원통히 여겨 분노하고 있습니다. 바라건대 신에게 군사를 주신다면 반드시 우리 땅을 되찾아오겠습니다."

왕이 기뻐하며 허락했다.

온달은 계립현鷄立峴과 죽령竹嶺 서쪽의 땅을 모두 회복시키지 못하면 돌아오지 않겠다고 맹세하고 떠났다. 그러나 아차산성阿且山城(서울 워커힐 뒷산) 아래에서 신라 군사와 싸우다 날아오는 화살에 맞아 전사했다. 그래서 그를 장사지내려 하는데 관이 움직이지 않았으므로 공주가 와서 관을 어루만지며 위로했다.

"장군! 이제 큰일을 마치셨으니 돌아가 편히 쉬십시오."

그제야 관이 들려 장사를 지낼 수 있었다.

지위가 높을수록 정직하여 모범이 되어야 하고, 약속은 어떤 경우라도 꼭 지켜야 한다는 이 말은 약속을 식은 죽 먹듯이 어기는 정치인들에게 더욱 요구되는 말이다.

견훤지말
甄萱之末

甄: 질그릇 견 萱: 원추리 훤 之: 어조사 지 末: 끝 말

견훤의 종말이라는 뜻으로 후백제의 왕 견훤이 자식에게 축출된 고사에서 유래했다. 화려한 생애의 끝에 비참한 종말을 맞게 됨을 비유한다.

문헌: 《삼국사기三國史記 · 한국역사韓國歷史 이야기》

견훤甄萱(867~936)은 신라 상주尙州 가은현加恩縣에서 태어났다. 본래의 성은 이씨李氏였으나 뒤에 견씨甄氏로 바꾸었다. 아버지 아자개阿慈介는 원래 농부였는데 나중에 견훤의 후광으로 장군이 되었다.

견훤이 태어나 강보 속에 있을 때 아버지가 밭에 나가자 어머니는 밥을 지어 오느라고 아이를 숲 속에 두었는데, 그 사이 견훤이 배가 고파 울자 호랑이가 와서 젖을 주니 사람들이 그 이야기를 듣고 장차 큰 인물이 될 것이라고 했다.

견훤이 장성하니 과연 체격과 용모가 장대하고 기이하며 지략이 남달리 뛰어나 보통 사람이 아니었다. 그는 뜻을 세우고 종군하여 서남해의 방술병防戍兵으로 나가 있었는데, 잠잘 때도 무기를 베고 적을 경계함에 소홀함이 없이 언제나 모범이 되었다. 그런 철저한 경계로 빈틈이 없자 적은 그런 소식을 듣고 물러났으며 그 공로로 신라의 비장裨將이 되었다.

견훤의 지위가 높아지고 그를 따르는 무리가 그에게 충성할 때 신라의 정세는 어지럽기 그지없었다.

· 1부 한국 고사성어 속 유래와 인물 ·

진성여왕眞聖女王 6년, 아첨꾼들이 정권을 마음대로 농락하니, 기강이 해이해지고, 기근이 들어 백성들은 굶주려 먹을 것을 찾아 헤매었으며, 도둑 떼들이 벌 떼처럼 일어났다.

이에 견훤은 나라를 세울 야심을 품고 사람을 모아 서라벌의 서남쪽 주州와 현縣을 공격하니 그가 가는 곳마다 호응하는 사람이 많아 한 달 만에 무리가 5천 명에 달했다. 그러자 그는 완산주(完山州: 전주全州)를 점령하여 스스로 후백제 왕으로 등극하니 때는 신라 효공왕孝恭王 4년이었다. 관제를 정비하는 한편, 중국의 오월국과 국교를 맺고, 후고구려의 궁예 弓裔와 세력을 다투며 판도를 확장해나갔다.

견훤이 기병 3천을 거느리고 조물성曹物城을 침공하자 고려의 태조 왕건 王建이 정병을 거느리고 와서 격전을 벌였으나 승부를 결정하지 못했다.

태조가 평화를 유지하자는 서신을 보내 화친을 청하고 자신의 동생 왕 신王信을 볼모로 보내니, 견훤 역시 외조카 진호眞虎를 보내 서로 볼모를 교환했다.

그런데 고려에 보낸 진호가 갑자기 죽자, 견훤은 태조가 일부러 죽였을 거라고 의심하여 왕신을 옥에 가두고, 지난해에 보낸 준마를 돌려달라 하니 태조는 왕신의 신변에 문제가 생길 것을 염려하여 즉시 돌려주었다.

신라 경애왕景哀王4년 9월, 견훤이 근품성을 쳐서 불태우고, 신라의 고을부를 습격하니 경애왕이 고려의 태조에게 구원을 요청하므로 태조가 군사를 일으켜 원조에 나섰다.

그러자 견훤은 서둘러 신라의 서라벌로 쳐들어갔다. 그때 경애왕은 포석정鮑石亭에서 술을 마시며 유흥을 즐기다가 적이 들이닥치자 부인과 더불어 성남城南의 별궁으로 피신했다. 견훤은 군사를 풀어 닥치는 대로 약탈케 하고, 별궁에서 경애왕을 죽인 후 경애왕의 동생 김부金傅로 하여금 왕위를 계승케 했다. 이 왕이 신라 마지막 왕 경순왕敬順王이다. 그리고 또 다른 동생 효렴孝廉과 재상 영경英景및 왕의 자녀와 궁녀 등 많은 볼모를 잡아 돌아갔다.

이에 고려의 태조가 정예 기병 5천을 이끌고 공산公山 아래에서 견훤과 크게 싸웠는데, 태조의 장수 김낙金樂과 신숭겸申崇謙이 패배하여 죽고, 태조는 겨우 몸만 도망쳤다. 견훤은 승세를 타고 대목군大木郡을 빼앗았다.

경순왕敬順王 6년, 견훤의 부하 공직龔直(?~939)이 견훤의 사치와 무질서를 보고 실망하여 고려 태조에게 투항했다. 지략이 뛰어나고 용감했던 공직이 고려로 가버리자 화가 난 견훤은 공직의 두 아들과 딸 하나를 잡아 다리의 힘줄을 끊어 버렸다. 9월에는 견훤이 일길찬 상귀相貴에게 수군을 주어 고려의 예성강에서 염주·백주·정주의 배 1백 척을 불태우고, 저산도猪山島의 말 3백 필을 잡아 오게 했다.

신라 경순왕 8년 정월, 견훤은 운주에 고려의 태조가 주둔해 있다는 말을 듣고 곧장 군사 5천 명을 뽑아 쳐들어갔다. 그러자 고려의 장군 검필黔弼은 견훤이 진을 치기도 전에 공격하여 3천여 명을 베어 죽이니, 웅진 이북의 30여 성의 성주와 견훤의 술사 종훈宗訓과 의사 훈겸訓謙, 용장 상달尙達·최필催弼 등도 태조에게 투항했다. 견훤은 아내가 많아 아들을 10명이나 두었다. 그중에 넷째 아들 금강金剛이 키가 크고, 지혜가 많았으므로 특별히 사랑하여 왕위를 물려주려고 했다. 그러자 그 형 신검神劍·양검良劍·용검龍劍 등이 시기했다. 그때 양검은 강주도독, 용검은 무주도독으로 있었으며, 신검이 홀로 견훤의 곁에 있었다.

신라 경순왕 9년 3월, 신검은 파진찬 신덕新德·영순英順 등과 함께 견훤을 금산사金山寺에 가두고, 금강을 죽였으며, 스스로 대왕이라 칭하고 나라를 장악했다. 견훤은 신검에 의해 금산사에서 석 달 동안 갇혀 있다가 막내아들 능예能乂와 딸 쇠복衰福·애첩 고비姑比 등을 데리고 금성으로 도망쳤다. 그리고 사람을 고려 태조에게 보내 만나기를 청하니, 태조가 기뻐하며 장군 유검필庾黔弼·만세萬歲 등을 보내 위로하고 데려왔다. 그리고 견훤의 나이가 자신보다 10년이나 위이므로 상보尙父·尙甫로 삼고, 양주楊州를 식읍으로, 금·비단·병풍·금침·남녀 종 각 40여 명과 궁중의 말 10필을 주었다. 견훤이 태조에게 말했다.

"노신이 전하께 몸을 의탁한 것은 전하의 위력에 힘입어 역자逆子를 베자는 것이니, 청컨대 강한 군사를 빌려주시어 불효자 신검을 멸하게 해준다면 신은 죽어도 여한이 없겠습니다."

태조는 936년 9월에 친히 3군을 거느리고 일선군一善郡에서 일리천을 사이에 두고 신검과 대치했다. 장군 공훤公萱에게 기병 2만과 보병 3천을 주어 신검을 공격하게 했다. 그 결과 신검은 두 아우와 장군 부달富達·소달小達·능환能奐 등 40여 명과 함께 항복했다.

종전 후 태조는 군사재판에서 신검이 부하들의 협박으로 어쩔 수 없이 그리된 것이라고 용서를 구하므로 죽음만은 면케 해주었다.

그 소식을 들은 견훤은 울화로 등창이 생겼고 황산黃山의 한 사찰에서 쓸쓸하게 생을 마쳤다. 자신이 세운 나라를 스스로 멸망하게 한 비운의 왕이 된 심정은 어떠했을까.

태사지몽
太師知夢

太:클 태 師:스승 사 知:알 지 夢:꿈 몽

큰 스승 '지몽知夢'이라는 말로, 고려 초기 별을 보고 점을 쳐서 왕들의 총애를 받았던 최지몽을 가리키는 말이다. 어떠한 일에 정통한 사람을 비유하여 쓴다.

문헌 : 《한국오천년야사韓國五千年野史》

전라도 영암靈巖 태생 최총진崔聰進(907~987)은 어려서부터 밤마다 별을 쳐다보고 혼자 웃기도 하고, 울기도 했다. 그런 그를 보고 사람들은 별에 홀렸다는 둥, 혹은 미쳤다는 둥 수군댔다. 그러나 그는 낮에는 서당에서 공부를 열심히 해서 선생을 감동시키기도 했다.

그는 커감에 따라 천문학天文學에 정통했고, 어려운 주역周易도 줄줄 외웠다. 게다가 점술占術에도 능해 그의 예언은 백발백중이었다.

어느 날, 삼한三韓을 통합하려는 큰 뜻을 품고 있던 고려의 태조 왕건王建이 이상한 꿈을 꾸었다. 그래서 해몽을 잘하는 사람을 찾던 중 전라도에 별을 보고 꿈을 해몽하는 점성술사가 있다는 말을 듣게 되었다. 바로 최총진이었다.

"사흘 안으로 그를 불러오너라."

왕명을 받은 사자가 기마를 달려 그의 집에 당도하니 며칠 전에 어디로 간다는 말도 없이 집을 나간 채 돌아오지 않는다고 했다.

바로 그 시각, 최총진은 이미 송도에 도착해서 대궐의 수문장에게 급

·1부 한국 고사성어 속 유래와 인물·

히 왕을 알현하게 해 달라고 청하고 있었다.

"저는 전라도 영암에 사는 최총진이라는 사람입니다. 폐하께서 꿈을 꾸시고 그 해몽을 기다리신다는 점괘가 나와 이렇게 급히 왔습니다."

"오늘은 늦었으니 내일 오너라."

"아닙니다. 오늘 밤 안으로 뵈어야 합니다. 지금 저를 그냥 되돌려보내신다면 나리께서는 틀림없이 벌을 받게 될 것입니다."

"뭐? 그럼, 기다려 봐라."

잠시 후 황급히 돌아온 수문장은 최총진을 공손히 맞아들였다.

"아까는 결례했습니다. 도령께서 너무 어려 보이는지라……."

그는 곧바로 왕 앞으로 안내되었다.

"허어, 네가 점을 잘 친다는 그 최모崔某냐? 그런데 어떻게 이렇게 찾아오게 되었느냐?"

"네, 사흘 전에 별을 보고 폐하께서 부르실 것을 알았습니다."

"오, 그래? 먼 길을 이렇게 빨리 와 주어서 고맙구나. 꿈은 아주 간단하다. 그러나 하도 흉한 꿈 같아서 궁금하구나! 내가 어떤 산중으로 사냥을 나갔는데 도중에 나도 모르게 이 대궐보다 큰 벌집에 들어가버렸다. 그래서 깜짝 놀라 깼는데……, 내가 벌집을 쑤셨으니 무슨 난亂이라도 있을 흉조가 아닌지 걱정이로다."

"폐하! 천하제일로 대길할 징조입니다."

"어떤 뜻에서 대길인지, 해몽을 해보아라."

"보통 사람이 벌집을 뒤집어쓰면 흉몽입니다만 폐하께서는 왕王씨이시고 또 실제로 왕이십니다. 그런 왕께서 벌집에 들어가셨으니 벌들이 놀라서도 왕! 감격해서도 왕! 하고 일시에 날지 않겠습니까. 즉 왕중왕王中王의 꿈이오니 머지않아서 삼국 통일의 위업을 성취하게 되실 것입니다."

왕건은 그 말을 듣고는 손뼉을 치며 기뻐했다.

"너는 해몽이 그리 명쾌하니 오늘부터는 이름을 지몽知夢이라고 고쳐라."

"네, 황공하옵니다."

이래서 최총진은 지몽이라는 이름까지 하사받는 영광을 얻었다. 그 뒤로 왕은 18살밖에 안된 최지몽을 항상 측근에 두고 총애했다. 후에 그의 해몽대로 왕건이 삼한을 통일해서 명실공히 왕중왕이 되자, 최지몽에게는 금중고문禁中顧問이라는 지위가 내려졌다.

그리고 왕건에 이어 혜종惠宗 때는 사천관司天官으로 있으면서 천기를 보아 왕의 위험을 알렸으며, 정종定宗 때에는 밀주사기密奏事機로 승진되어 왕실을 지켰다. 그리고 경종景宗 5년에는 변란의 징조를 예언했다.

"객성客星이 제좌성帝座星을 범했습니다. 이는 옥좌를 탐하는 자가 있다는 징조이오니 경계를 엄중히 하여 환란을 예방하옵소서."

얼마 후 과연 왕승王承등이 모반을 일으켰으나 사전에 예견하고 있었던 터라 곧 진압할 수 있었다.

왕은 그 공을 치하하여 어의御衣와 금대金帶를 하사했고, 그 후 성종成宗 2년에는 좌집정左執政, 치리공신致理功臣이 되었다.

고려 건국 초기부터 여러 왕에게 별점으로 봉사하여 높은 지위에까지 오른 최지몽은 부모가 팔십 노경이라 부모에게 봉양을 하겠다는 뜻을 밝히고 사직원을 올렸다. 그러나 왕은 허락하지 않았다.

"그럼, 조정 출근은 면제할 테니 내사문하성內史門下省(최고 의정기관)에서 자유롭게 일하시오."

그런데 성종 6년에는 병을 얻어 자리에 눕게 되었다.

"지몽이 죽으면 별을 잃게 되는 셈이니 어찌 슬프지 않으랴."

왕은 이렇게 탄식하며 시의侍醫를 보내서 돌보아 주게 하고, 말 두 필을 내렸다. 그리고 또 귀법사歸法寺와 해안사海岸寺 두 절에서 스님 2천 명으로 하여금 수복을 비는 성대한 제祭도 올려 주었다.

그 후 최지몽이 세상을 뜨자 관직을 태사太師로 높이고, 성종묘정星宗廟庭에 신주를 모시게 했다.

삼촌설격퇴적
三寸舌擊退敵

三:석 삼 寸:치 촌 舌:혀 설 擊:칠 격 退:물러갈 퇴 敵:원수 적

세 치 혀로 적을 물리치다. 거란이 80만 대군을 이끌고 고려에 쳐들어왔을 때 서희가 이론으로 따져 물리친 고사에서 유래했다. 웅변의 중요함을 이르는 말이다.

문헌 : 《고려사절요高麗史節要 · 이야기 한국사韓國史》

거란契丹은 고려 건국 2년 전인 916년 중국 북쪽에 생성된 나라로, 발해渤海를 멸하여 동단국(東丹國: 동쪽 글안)을 세우고, 또 진晉나라를 합쳐서 국호를 대요大遼라 했다.

고려 태조太祖는 거란을 오랑캐로 여겨 거란에서 보낸 사신 30명을 귀양 보내고, 선물로 보낸 낙타 50필도 굶겨 죽여버렸다. 그것은 거란이 무도한 나라임을 백성들에게 알리고, 거란에게 망한 발해의 유민을 받아들여 고구려의 옛 땅을 되찾으려는 뜻에서였다.

그런데 송宋나라를 쳐서 중국을 통일하려던 거란은 고려의 제4대 광종光宗이 송나라와 국교를 맺자 제6대 성종成宗 12년에 요동을 지키고 있던 소손녕蕭遜寧으로 하여금 80만의 군사를 거느리고 압록강을 건너 고려를 치게 했다.

그러자 고려에서는 993년 윤서안尹庶顏을 선봉장으로 내세웠으나 청진강 싸움에서 패하여 포로가 되고 말았다. 이에 고려는 시종 박양유朴良柔를 상군사上軍使로, 내사시랑內史侍郎 서희徐熙(942~998)를 중군사中軍使로,

문화시랑 최량崔亮을 하군사로 임명해서, 오랑캐를 막도록 조치하였다.

왕은 안북부安北部까지 나가 장수들을 독려하는 한편, 예부소경禮部少卿 이몽전李蒙戰을 사신으로 임명하여 적진으로 들여보냈다. 그래서 적진의 정황을 살피고 온 이몽전이 말했다.

"적장의 말이 고려가 압록강까지 나온 것은 거란 땅을 침범한 것이 아니냐고 하였습니다."

왕은 서희 등 장군들과 중신을 모아놓고 대책을 의논하였다.

"적장은 누구이고, 병력은 얼마나 되는고?"

왕의 얼굴에는 수심이 가득했다.

"적장은 소손녕이고, 80만은 되리라고 생각하옵니다."

"저들 거란은 송나라를 쳐서 중원中原을 통일하는 데 목적이 있을 것이오. 그런데 우리 고려가 송나라와 국교를 맺고 있으니 우리를 먼저 쳐서 송과 손을 끊게 하겠다는 심산이 아니겠소? 따라서 송과 손을 끊으면 물러가겠다고 했다는데 사실이오?"

박양유朴良柔가 나서서 말했다.

"신의 생각으로는 발해의 옛 땅 대동강 이북을 떼어 주면서 화평책을 써야 할 줄 압니다."

이에 서희徐熙가 반대를 하고 나섰다.

"태조 대왕께서 고구려의 옛 땅을 되찾으시려는 큰 뜻으로 확장해 놓으신 것을 쉽사리 적의 손에 넘겨주어서는 안 됩니다. 비록 거란이 강한 나라라 할지라도 싸우지도 않고 국토를 빼앗긴다는 것은 우리 고려의 수치입니다. 신이 이 일을 반드시 해결하겠습니다."

서희의 자신 있고 강경한 태도에 좌중은 잠잠해졌다. 이지백李知白이 말했다.

"신도 중군사의 의견에 찬성합니다. 싸우지도 않고 국토를 내준다는 것은 태조 대왕께 큰 죄가 된다고 생각합니다."

이렇게 고려의 조정에서는 결론을 내리지 못하고 우왕좌왕하는 사이 거란군 진영에서는 사신 이몽전이 다녀간 지 한 달이 지나도 소식이 없으므로 드디어 안융진安戎鎭을 공격하게 되었다.

거란군은 벌판 싸움엔 능하였으나 험준한 산이 우뚝우뚝 솟은 고려 땅에서는 어떻게 공격을 해야 좋을지 지지부진했다.

적장 소손녕은 당황하여 고려로 사람을 보냈다.

"귀국의 대신을 우리 진으로 보내면 서로 회담을 한 뒤에 적절한 결정을 내리겠소이다."

그러나 거란군의 진중으로 가겠다고 나서는 사람이 없었다.

그때 서희가 나서며 말했다.

"신이 어리석고 부족하오나 적진에 들어가 담판을 짓겠나이다."

"장군이 간다면 과인도 안심하겠소. 그러나 중군사의 중책은 누가 담당한단 말이오?"

"폐하! 중군사나 상군사가 없어도 반드시 적을 물리치겠습니다. 만약 목적을 이루지 못하면 신은 다시 돌아오지 않겠사오니 만수무강하소서."

서희는 적진을 향하여 말을 달렸다.

소손녕의 군막으로 인도된 서희는 소손녕과 마주 앉았다.

소손녕은 점잔을 빼며 위협적인 어투로 입을 열었다.

"장군! 고려국은 신라 땅을 근거로 건국된 나라임에 틀림없소. 그리고 우리 거란은 옛 고구려 땅에서 일어난 나라임이 확실하오. 그런데 귀국이 우리 거란의 영토인 옛날 고구려 땅을 침범했소. 그리고 귀국은 국경

· 1부 한국 고사성어 속 유래와 인물 ·

이 우리나라와 연접해 있는데도 불구하고 우리나라를 적대시하고 멀리 바다를 건너 송나라와 국교를 맺고 있소, 내가 군사를 거느리고 온 이유도 여기에 있소. 그러므로 첫째, 귀국에서 즉시 우리 영토인 옛 고구려 땅을 내놓고 조공을 바칠 것이며, 둘째 송나라와 단교를 하면 군사를 돌이키겠으나 그렇지 않으면 80만 대군을 이끌고 대동강을 건너 개경을 공격할 것이니 이에 대한 장군의 의견을 말하시오."

서희는 정신을 바짝 차리고 조목조목 따지며 설득했다.

"우리 고려가 신라에서 일어났다고 장군은 말하지만, 그게 아니라 우리나라는 분명히 고구려의 후신이오. 때문에 국호도 고구려를 줄여 고려라고 하였소. 국경 문제를 말한다면 거란의 동경부까지가 모두 우리 고려의 영토가 되어야 함이 마땅하거늘 어째서 우리나라가 침범하였다고 하시오? 그리고 우리가 귀국에 조공을 못한 것은 압록강 연안의 여진족 때문에 길이 막혀서 그런 것이었소. 이제라도 여진족을 쫓아버리고 압록강 이남의 땅을 돌려준다면 조공을 하겠소."

소손녕이 말했다.

"우리 황제께서는 귀국을 치려고 하는 게 아니라 귀국이 송나라와 국교를 맺고 우리나라를 오랑캐처럼 여기기 때문에 이렇게 군사를 움직인 것이오. 그러면 우리가 군사를 일으켜 송을 친다면 귀국에서는 어떻게 하겠소?"

"남의 나라를 먼저 쳐들어간 일이 없는 우리가 어찌 다른 나라의 싸움에 끼어들겠소? 우리 민족은 예부터 평화를 즐기는 순박하고 온후한 민족이오."

이렇게 논리 정연한 서희의 말에 할 말을 잃은 소손녕은 회담의 내용을 자기 나라 황제에게 보고하여 그 회답을 서희에게 전하였다.

"우리 황제께서 말씀하시기를, 고려국은 압록강 이남의 땅에 성을 쌓아 공로(貢路: 조공을 바치러 다니는 길)를 개척하여 매년 사신을 보내고 서로 교통하겠다면 군사를 회군시키라고 했소. 그리하겠소?"

"좋소. 그리하겠소."

이렇게 해서 강동 6주 300리 지역을 넘겨받고 우리 영토가 압록강변 위까지 올라가게 되었다.

중군사 서희 장군은 세 치의 짧은 혀 하나로 소손녕이 거느린 80만 대군을 물리쳤다.

이를 두고 후세 사람들은 '삼촌설 격퇴적三寸舌擊退敵' 또는 '서희담판徐熙談判'이라 이르게 되었다.

· 1부 한국 고사성어 속 유래와 인물 ·

해동공자
海東孔子

海:바다 해 東:동녘 동 孔:심히 공 子:아들 자

고려 시대의 문인 최충의 별호로서, 문장과 학문을 비롯하여 다방면으로 뛰어난 사람을 이른다.

문헌 : 《해동공자최충소고海東孔子崔沖小考》

고려 제11대 문종文宗때 최충崔沖(984~1068)은 자가 호연浩然, 본관은 해주海州로, 현종顯宗·덕종德宗·문종文宗 삼대에 걸쳐 벼슬에 올랐으며 의결기관의 최고 수장인 문하시중門下侍中을 지냈다. 그는 문장과 글씨에 뛰어나 해동공자海東孔子라 추앙받았다.

1047년 문하시중으로 있을 때는 법률관들에게 율령律令을 가르쳐 고려 형법刑法의 기틀을 만들기도 했다. 또 1050년에는 서북면 병마사가 되어 흉년에 부역에 시달리는 백성들의 부역을 면제시켜 주기도 했으며, 동여진족東女眞族의 변경침입에 강경책을 쓰기도 했는데 퇴임한 후에는 후진 양성으로 여생을 보냈다.

그가 송악산松嶽山 아래에 사숙을 열고 우매한 백성들을 교육하고자 학당을 여니 글을 배우려는 사람들이 구름처럼 모여들

었다. 그래서 학도들을 위해 새로 아홉 개의 글방을 더 지으니, 이는 각각 공부하는 내용에 따라 구분한 것으로, 최충의 구재학당九齋學堂이라 불렸다.

당시의 일반적인 교육은 문학 방면에만 중점을 두어 과거 시험에 합격하기 위한 공부만을 시키고 있었다. 그러나 구재학당은 그런 폐단에서 벗어나 여러 방면의 인격을 닦는 데 힘썼다. 그러니까 인격도야라는 확실한 교육 목표를 가지고 교육을 했던 것이다.

또한 학습의 효율성을 높이기 위하여 무더운 여름에는 조용한 절방을 빌려서 공부를 시켰다. 때로는 고관이나 유명한 선비들을 초청하여, 초에다 금을 긋고 그곳까지 촛불이 타는 사이에 시를 읊도록 하는 각촉부시회刻燭賦詩會를 개최하기도 하였다.

구재학당은 날로 번창하여 누구에게나 선망의 대상이 되었다. 그곳에서 배운 사람들이 인품도 훌륭하고, 과거 시험에 급제하는 숫자도 많아지자 유학자儒學者들도 다투어 그와 같은 사숙私塾(글방)을 차렸다. 그러니까 사숙은 일종의 사립 학교였고, 사숙을 차린 사람들은 높은 벼슬을 지낸 사람이거나 학문적으로 유명한 사람들이었다.

당시 사숙은 전국적으로 11개소나 되었으며, 사학을 12공도公徒라 불렸는데, 그 중 '문헌공도文憲公徒'라 불리는 최충의 학당이 가장 대표적이고 유명했다. 12공도는 나중에 유학 중심의 단체가 되어 안향安珦에게 계승되었고, 안향은 섬학전贍學錢이라는 육영 재단을 설치하여 학문 발달과 인격 도야에 크게 이바지했다.

이에 반하여 공립 교육기관인 관학官學은 매우 부진하였다. 국가 시책에 따라 불교에 너무 치우친 나머지 최고의 교육기관인 국자감國子監마저 제구실을 하지 못했고, 거란 등 외적의 침입이 잦아 교육기관이 많이 파괴되었기 때문이었다.

　최충의 이러한 시도는 큰 반향을 불러일으켰다. 그래서 그가 살았을 때는 물론이고, 세상을 떠난 다음까지도 인기가 이어져 문헌공도는 날로 번창하였다. 《고려사》에는 우리나라의 최초의 학교는 최충에 의해서 이루어졌다고 기록되어 있다.

　최충은 자연히 많은 사람들로부터 존경을 받았고, 그 문하에서 공부한 사람들이 그를 기려 해동공자海東孔子라 불렀다.

당금여석
當金如石

當:마땅 당 金:돈 금 如:같을 여 石:돌 석

황금 보기를 돌같이 한다는 말로, 아버지의 유훈을 끝까지 지킨 고려의 충신
최영 장군의 이야기에서 유래했다. 재물을 탐하지 말라는 뜻.

문헌:《태조실록太祖實錄 · 한국명인전韓國名人傳》

고려 말의 장군 최영崔瑩(1316~1388)은 본관은 동주東州요, 시호는
무민武愍이다. 키가 크고 힘이 센 그는 1358년 오예포吾乂浦에 침입한 왜
적과 대적하여 왜선 400여 척을 격파했다. 또 1361년에는 홍건적紅巾賊 4
만이 서경(西京: 평양)을 공격하여 개경開京에까지 이르자 이를 격퇴시켰으
며, 1363년엔 흥왕사興王寺의 변을 진압하여 좌명일등공신佐命一等功臣이
되었다.

1376년 우왕 2년에 왜적이 삼남지방(三南地方: 충청도, 전라도, 경상도)에 쳐들
어와 양민을 괴롭히자 홍산鴻山에서 맞싸워 크게 무찔렀다. 그러자 패하
여 쫓겨간 왜구들은 최영을 백수최만호白首崔萬戶라 하여 그의 옆에도 얼
씬하지 않았다. 이 밖에도 크고 작은 난을 모두 평정하여 나라를 안정시
켰다.

그가 이렇게 명장이 된 데에는 그의 아버지 최원직崔元直의 유언을 따
랐기 때문이었다. 최원직은 사헌규정司憲糾正으로 있으면서 관리들을 규
찰하고 풍속을 교정하는 일을 맡아 했다.

최영이 열여섯 살 때 아버지가 세상을 하직하며 이렇게 유언했다.

"너는 마땅히 황금 보기를 돌과 같이 하라當金如石."

최영은 그 유언을 작은 나무쪽에 써서 허리에 차고 다니면서 평생토록 실천했다. 그는 일국의 제일가는 장수임에도 불구하고 집은 흙벽으로 비좁고 초라해도 아무 불평 없이 살았다. 그리고 오직 나라를 위하는 일에만 몰두하여 싸움에 임하면 싸움마다 모두 승리를 거두었다.

그런 그도 요승 신돈辛旽의 참소로 좌천되었다가 공민왕 20년에 신돈이 처형되자 다시 찬성사贊成事가 되었다.

1388년 최영은 명나라 철령위鐵嶺衛문제를 계기로 요동정벌을 주장하여 그 계획이 서자 팔도도통사가 되어 우왕禑王과 함께 평양에 진출하였는데, 이때 이성계李成桂가 위화도에서 회군하는 바람에 뜻을 이루지 못했다.

그 후 이성계 일파에 의해 고봉(고양)에 유배되었다가 죽임을 당하였다. 그때 그의 나이 일흔셋이었다. 처형당하면서도 말씨나 얼굴빛이 전혀 흔들리지 않았다 한다. 죽는 날에 개경 사람들이 모두 시장을 닫았으며, 멀고 가까운 지역의 사람들이 그 소식을 듣고는 길거리의 아이들과 시골 여인네까지도 모두 눈물을 흘렸다 한다. 시신이 길가에 버려지자, 길가는 사람들이 모두 말에서 내렸으며 도당都堂에서는 쌀·콩·베·종이를 부의로 보냈다.

그는 막강한 병권을 잡고 있었지만 사사로운 부탁은 한마디도 들어주지 않았다. 오로지 옳은 것만을 가려서 받아들인 귀인이었다. 신라의 백결百結선생과 조선의 황희黃喜정승과 더불어 3대의인三大義人으로 꼽힌다.

기부기자 | 부전자전
其父其子 | 父傳子傳

그 **기** 아비 **부** 그 **기** 아들 **자** | 아비 **부** 전할 **전** 아들 **자** 전할 **전**

그 아버지에 그 아들이라는 말로, 조선 초 무기 제조 기술자인 최무선과 그의
아들 해산 부자에게서 유래했다. 아버지와 아들이 닮았음을 비유하는 말이다.

문헌: 《세종실록世宗實錄》

고려 말, 최무선崔茂宣(1325~1395)은 병법兵法을 익혀 무기의 중요
성을 알고 1377년(우왕 3년) 조정에 화통도감火㷁都監을 설치케 주청하여 화
약과 화포火砲·신포信砲·화통火㷁등 각종 화기를 만들어 진포鎭浦에서 왜선
500여 척을 격파했다.

그런데 1389년 왜군의 침입이 잦아들자 화통도감火㷁都監을 폐지하자
는 여론이 비등했다. 유지비가 많이 든다는 것이 이유였다.

그것은 최무선을 시기하는 무리들의 모함에 지나지 않는 억지였다. 사
실 화포는 해전에서 그 위력을 여지없이 보였으나 실제로는 뭍에서 더
필요한 무기였다.

여론에 밀린 창왕昌王이 마침내 화통도감을 없애버리자 최무선은 하늘
을 올려다보며 탄식했다.

"내 나이 이제 육십, 화약과 함께 살아온 일생이 결코 후회스럽지는 않
지만 그 기술이 여기서 끝나지 않을까 염려스럽구나."

그는 화약 제조에 몰두하다가 늦게서야 아내를 맞는 바람에 아들이 겨

· 1부 한국 고사성어 속 유래와 인물 ·

우 열 살밖에 안 되었다. 그는 어린 아들에게라도 화약 제조의 비밀을 전하리라 결심했다.

1392년 7월, 고려는 5백 년 역사의 막을 내리고 조선이 개국 되자 태조 이성계李成桂는 그의 공을 인정하여 검교참찬문하부사檢校參贊門下府事를 제수하였다. 그리고 최무선에게 무기 만드는 관청을 맡도록 했으나 그는 몸이 쇠약해졌다는 이유로 사양했다.

1395년 3월, 최무선은 자신의 생명이 다했음을 느끼자, 원元나라 이원李元에게 배운 화약 제조술을 한층 더 발전시켜 저술한 《화약수련법火藥修鍊法》과 《화포법火砲法》을 아들 해산海山(1380~1443)에게 주며 당부했다.

"이 책을 열심히 읽고 연구하여 화약 만드는 법은 물론이고, 내가 발명한 대포보다도 더 강한 무기를 만들어내도록 하여라. 대포는 옮기기가 불편한 게 흠이니 그 점도 개선하도록 하여라."

그는 이 말을 유언으로 남기고 죽었다.

그리고 5년이 지난 1400년, 태조太祖 때부터 충신 권근權近이 태종太宗에게 아뢰었다.

"장차 왜구의 침입이 염려됩니다. 고려 때에도 그들이 극성을 부렸으나 그때는 최무선의 대포가 있어 물리칠 수 있었습니다. 하오니 그 아들에게 아버지의 뜻을 잇게 하여 대포와 같은 위력 있는 무기를 생산하도록 어명을 내리시옵소서."

권근의 추천으로 해산은 20세의 나이로 무기를 다루는 군기감軍器監의 관리가 되었다. 해산은 아버지 이름을 헛되지 않게 하기 위해 뼈를 깎는 노력을 기울였다. 보람이 있어 1407년, 전에 비해 두 배나 폭발력이 강한 화약을 만들어내는 데 성공하였으며, 기술자만도 33명이나 길러 내는 성과를 이루었다.

해산은 그것으로 그치지 않았다. 1409년에는 사방을 방패로 막은 바퀴 달린 수레식 대포, 즉 화차火車를 발명했다. 그로써 적진 속으로 들어가 공격할 수가 있어 파괴력이 훨씬 높아졌다.

화차 덕분에 오랑캐와 왜구를 물리치자 사람들은 그에 대한 칭찬을 아끼지 않았다.

"그 아버지에 그 아들이구먼其父其子."

2년 뒤, 최해산은 완구碗口라는 새로운 대포를 발명했다. 밥그릇처럼 생겼다고 해서 그런 이름이 붙여졌다. 크기는 대, 중, 소의 세 종류였는데, 그 위력이 대단해서 집채나 성문이 단번에 날아갈 정도였다. 이런 최해산의 노력이 인정을 받아 태종은 그에게 정4품 군기감승軍器監丞의 직책을 내렸다.

실제 그의 공은 엄청났다. 그가 처음 관직에 몸을 담았을 때는 화약이 겨우 4근 4냥밖에 없었으나 나중에는 1천5백 배가 넘는 6천9백 근으로 늘어났다. 대포도 2백 문이 채 안 되었으나 그가 군기감으로 일한 뒤에는 1만 3천5백 문으로 증가되었다. 또 포병도 1만 명으로 불어났으며, 어마어마하게 큰 무기고도 건립되었다.

최해산이 죽은 뒤 1471년에는 그가 생시에 그렇게 바라던 화약 제조공장인 '화약감조청'이 세워졌으며, 정이오鄭以吾라는 사람은 〈화약고기火藥古記〉라는 글을 지어 최무선의 공을 역사에 길이 남도록 하였다.

여시여시
汝是汝是

汝:너 여 是:옳을 시

너의 말이 옳고, 너의 말도 옳다. 즉 사람의 일은 두루두루 따지면 모두 나름대로의 타당성이 있다는 뜻이다.

문헌 : 《한국인물지韓國人物志》

황희黃喜(1363~1452)는 고려 말에서 조선 초기 때 사람으로 본관은 장수長水이고, 호는 방촌厖村이다. 그는 각 부서의 수장首長을 거쳐 영의정을 18년간이나 역임하였다. 재임 시에 농사의 개량, 예법의 개정, 천첩賤妾 소생의 천역賤役면제 등 많은 제도를 개선한 명재상名宰相이었다.

그는 고려가 망하자 두문동杜門洞에 들어가 은거했으나 태조의 간청으로 1394년 성균관 학관과 문예춘추관·경기 도사都事를 맡아보면서 역대 왕을 보좌했다.

그는 평소 위엄이 있으면서도 인품이 원만하고 청렴했다. 부리부리한 눈에 날카로운 눈썹, 그리고 수염이 잘 어울렸다. 마음이 너그러워 집에서 일하는 하인들도 백성이니 사람으로서의 대우를 해주어야 한다는 생각을 가지고 있었다. 그에게 얽힌 일화가 있다.

어느 날 그가 편지를 한 통 써 두었는데 하인의 아이가 그 위에다 오줌을 누어버렸다. 그러나 그는 화를 내지 않고 불문에 부쳤다.

또 한 번은 그가 술을 마시고 있는데 어린 하인 아이가 흙 묻은 맨발로 들어와 술안주를 맨손으로 집어 먹다가 그의 발을 밟았다.

"어이쿠! 아프다!"

여느 사람 같으면 불호령이 떨어질 만하건만 그가 내뱉은 말은 이것이 전부였다.

그리고 어느 날에는 여자 하인 둘이 서로 싸우다가 한 하인이 찾아와서 상대방이 이러이러하게 잘못을 하고도 덤빈다고 하소연했다. 이야기를 다 듣고 나서 그가 말했다.

"그래, 네가 옳다."

이르는 말을 듣고 이번에는 같이 싸웠던 하인이 달려와서 이러저러해서 자기가 옳다고 주장했다. 이에 황희가 또 말했다.

"그렇다면 너도 옳다."

옆에서 이 말을 듣고 있던 조카가 한마디 했다.

"숙부께서는 그런 판결이 어디 있습니까? 너는 그러하고 너는 이러하니 네가 옳고 네가 잘못했다라고 해야 옳지 않겠습니까?"

그러자 황희가 말했다.

"그래, 너의 말도 옳구나!"

그는 매사를 여시여시汝是汝是로 일관하니 주관이 분명치 않은 것처럼 느껴지지만 이는 그의 생각이 너그럽고, 인격이 원만하기 때문에 가능한 일이었다.

· 1부 한국 고사성어 속 유래와 인물 ·

칠삭위인 | 칠삭동
七朔偉人 | 七朔童

일곱 **칠** 달 **삭** 훌륭할 **위** 사람 **인** | 일곱 **칠** 달 **삭** 아이 **동**

일곱 달 만에 태어난 큰 인물이란 말로, 한명회에게서 유래했다. 태어날 때에는 부족해도 나중에 잘 되는 경우를 일컫는다.

문헌 : 《추강생화秋江冷話 · 해동잡록海東雜錄》

조선 제7대 세조에서 제9대 성종成宗에 이르기까지 영화를 누렸던 한명회韓明澮(1415~1487)는 본관이 청주淸州, 호는 압구정狎鷗亭이며, 시호는 충성忠成이다. 그는 칠삭동이七朔童로 태어났으나 일등공신을 네 번, 영의정을 두 번, 국구(國舅: 임금의 장인. 예종 비 장순왕후章順王后와 성종 비 공혜왕후恭惠王后의 부친)를 두 번이나 지내는 화려한 삶을 살았다.

그는 안을 수도 없는 칠삭동이 미숙아로 태어난 데다가 부모까지 일찍 여의어 늙은 여종이 돌봐 길렀는데 뜻밖에 무럭무럭 잘 자랐다. 두뇌가 명석하여 글을 읽어 성취한 바 있었으나 과거에는 늘 실패하였다.

그 후 영통사靈通寺라는 절에 들어가 공부하는 동안 권람權擥(1416~1465)과 막역지우로 사귀며 수양대군首陽大君에게 접근했다.

문종文宗의 유명을 받드는 고명대신顧命大臣이었던 김종서金宗瑞를 불시에 습격하여 제거하는 계유정난을 기획하여 수양대군이 정권을 잡을 수 있게 해 군기녹사軍器錄事가 되었다. 그 후 수양대군이 세조世祖로 등극하자 우승지右承旨가 되어 성삼문成三問 등 사육신들이 주축이 된 단종 복위

운동을 저지했다. 그 공로로 도승지都承旨, 이조·병조판서, 상당부원군上
黨府阮君에 이어 우의정, 좌의정, 그리고 1446년에 영의정에까지 올랐다.

1468년 세조가 죽자 세조의 유교遺教에 따라 서정庶政을 결재하고 성종
2년에는 최항崔恒·신숙주 등과 함께 세조실록世祖實錄을 완성했다.

1453년에 단종端宗이 폐위될 때는 성삼문成三問, 박팽년朴彭年 등 사육신
을 참형하게 한 후, 일등공신이 되어 성종 때까지 기나긴 영화를 누렸다.

그러나 죽은 후에는 갑자사화甲子士禍 때, 연산군燕山君의 어머니 윤비尹
妃의 폐위에 가담했다 하여 부관참시(剖棺斬屍: 무덤을 파서 관을 쪼개어 목을 베는 극
형)를 당했다가 훗날 다시 복원되었다.

지금 서울 강남구의 압구정동이라는 이름은 그의 별장, 압구정자에서
유래했다.

·1부 한국 고사성어 속 유래와 인물·

선방귀객
先訪貴客

先:먼저 **선** 訪:꾀할 **방** 貴:귀할 **귀** 客:손 **객**

먼저 방문하는 사람이 귀한 손님이라는 말. 조선 중종의 비, 문정왕후가 간택 받은 일화에서 유래했다.

문헌 : 《국조보감國朝寶鑑 · 한국인韓國人의 지혜智慧》

조선 제11대 중종中宗(1488~1544)이 계비繼妃를 간택하고자 교지教旨를 내렸다.

간택揀擇하는 날, 파평 윤 씨 윤지임尹之任도 딸을 응모시키려 했으나 공교롭게도 병이 나서 꼼짝할 수가 없었다. 경쟁자는 파성군坡城君 파평 윤 씨 윤금손尹金孫의 딸이었고, 윤금손은 이미 판서까지 지낸 사람이었다. 윤지임은 자기의 불운을 한탄하며 점을 쳐보기로 했다.

한편, 점쟁이는 운세를 보니 귀한 손님이 찾아올 괘가 나오는지라 하인에게 내일 아침 맨 먼저 오는 손님은 귀한 손님(先訪貴客)이니, 잘 모시라고 일렀다.

다음 날 아침, 윤지임이 점쟁이를 찾아가니 융숭한 대접을 하며 딸의 사주를 보고 말했다.

"국모가 될 사주요, 그리고 당신은 부원군府院君이 될 것이요."

그때, 윤지임은 6품 별좌別坐자리에 있을 뿐이었다.

드디어 간택 일이 되었으나 윤 씨 딸의 사정을 전해 들은 왕은 간택 날을 연기해 참석하게 해 주었다.

이래서 윤지임의 딸이 마침내 중종의 계비繼妃가 되니, 그가 바로 지금 서울의 태릉에 묻혀 있는 문정왕후文定王后이다.

그 덕에 점쟁이는 후한 상을 받았고 점집은 문전성시를 이루었다. 이런 일이 있은 후로 일반 시장이나 가게에서도 첫 손님을 개시開始손님, 즉 선방귀객先訪貴客이라 하여 중요시하고 있다.

비슷한 말로 '마수걸이'가 있다. 시장의 물건 흥정 가격은 상황에 따라 달라지곤 했는데 그날 첫 거래를 어떻게 하느냐에 하루 장사의 운을 가늠하곤 했다. 따라서 첫 거래를 잘하려고 노력했는데 그것을 상인들은 '마수걸이'라고 불렀다.

문정왕후는 1남 4녀를 두었다. 그 아들이 명종明宗인데 12살밖에 되지 않아 8년간 수렴청정을 했다. 남동생은 을사사화를 주도한 윤원형尹元衡이다. 조선 시대의 국시였던 숭유배불崇儒排佛정책에 관계없이 불교의 중흥을 도모했고, 수렴청정을 그만두었음에도 불구하고 죽을 때까지 실질적 권력을 휘두르며 조정을 농단해 조선왕조실록에서 가장 혹독한 평가를 받은 왕후로 남게 되었다.

소학동자
小學童子

小:작을 **소** 學:배울 **학** 童:아이 **동** 子:아들 **자**

《소학》을 배우는 아이라는 뜻으로 행실이 바르고 도덕관이 확고하여 모든 면에서 타의 모범이 되는 사람을 일컫는다. 《소학》은 유교 사회의 도덕규범 중 기본적이고 필수적인 내용을 아동들에게 가르치기 위해 가려 뽑은 것이다.

문헌 : 《국조인물지國朝人物志》

조선 제9대 성종成宗때 생원시에 합격하여 성균관에 들어간 김굉필金宏弼(1454~1504)은 본관이 서흥瑞興이며, 한양에서 태어났다. 그는 김종직金宗直의 문하에서 《소학小學》을 배우고 깊은 감명을 받아 스스로를 소학동자小學童子라 일컬었다.

그는 정여창과 지기지우知己之友로 지내며 1480년에는 척불斥佛을 상소하기도 했는데, 평소 바깥출입을 할 때는 소학동자답게 항상 초립(草笠: 나이가 어린 남자가 쓰는 갓)을 쓰고 다녔다. 또 육경六經(시경·서경·역경·춘추·주례·예기) 연구에 전심전력했으며, 이理·기氣에 대한 성리학性理學에도 통달하여 문하에 조광조趙光祖·이장곤李長坤·김안국金安國등의 학자를 길러냈다.

그는 소학에 심취해서 평생토록 좌우명座右銘으로 가까이 하니, 그로부터 도덕관이 확고한 사람을 일컬어 소학동자라 했다.

광해군 2년, 대간과 성균관 및 각 도 유생들의 지속적인 상소에 의하여 이황李滉·이언적李彦迪·정여창鄭汝昌·조광조趙光祖등과 함께 오현인五賢人이라 일컬어져 문묘에 종사 되었다.

예이태교
禮以胎教

禮:예절 례 以:써(가지고) 이 胎:아이밸 태 敎:가르칠 교

예로써 태교를 하다. 현숙한 부인이 임신 중에 예에 따라서 태교를 하여 대학
자大學者로 키운 고사에서 유래했다.

문헌 :《율곡전서栗谷全書·연려실기술燃藜室記述》

율곡栗谷 이이李珥의 어머니 신사임당申師任堂(1504~1551)은 조선
제13대 명종明宗 때 강원도 강릉에서 신명화申命和의 둘째 딸로 태어났
다. 본관은 평산平山이며, 감찰 이원수李元秀와 열아홉 살에 결혼하여 사
남삼녀를 두었고, 사임당은 그녀의 호이다. 그녀는 효성이 지극하고, 인
품이 고결한 현모양처였다.

어려서부터 경문, 글씨, 그림, 문장, 침공(바느질, 자수) 등을 고루 공부하
여 각 분야에서 일가一家를 이루었다.

그녀가 일곱 살 때, 세종 대의 유명한 화가 안견安堅이 그린 몽유도원
도夢遊挑源圖와 적벽도赤壁圖를 보고 크게 영향을 받아 그림을 그리기 시작
했다. 그녀의 그림은 여성 특유의 섬세함과 정묘함으로 포도, 풀, 벌레
등을 잘 그려 새로운 화풍을 이루었다.

또, 그의 〈사친思親〉이라는 시에는 어린 시절을 그리워하는 애틋한 정
이 잘 드러나 있다.

천 리 먼 고향 만첩산 저 너머로 千里家山萬疊峰

뵈오러 가고파라, 꿈속에서일망정 歸心長在夢魂中

한송정 가에 외로이 떠오른 둥근 달 寒松亭畔雙輪月

경포대 앞에는 몰아치는 거센 바람 鏡浦臺前一陣風

지금도 모래톱엔 갈매기 놀겠지. 沙上白鷗恒聚散

바다 위엔 고깃배들 물결 따라 오고가는데 波頭漁艇每西東

언제나 고향길 다시 밟아 보려나 何時重踏臨瀛路

색동옷 입고 엄마 곁에서 바느질하던 때가 그립구나. 綵舞斑衣膝下縫

다음은 시문과 그림에 뛰어났던 신사임당이 38세에 지은 시로, 어린 율곡을 데리고 서울로 돌아오면서 강릉에 계시는 어머니를 그린 시이다.

학鶴의 머리 어머님을 임영 땅에 홀로 두고 慈親鶴髮在臨瀛

장안으로 나만 홀로 떠나는 이 마음 身向長安獨去情

뒤돌아 북촌을 아득히 바라보니 回首北村時一望

저문 산 푸른 숲엔 흰구름만 날아 앉네. 白雲飛下暮山靑

백발의 어머니를 학의 머리에 비유하여 홀로 계시게 한 자신의 가슴 속의 뜨거운 정을 그림속에서 보는듯 엿볼 수 있게 하는 애절한 글이다.

신사임당은 시댁에 돌아와서도 고향에 홀로 계시는 어머니 생각을 한 시도 놓지 못했다. 밤이면 어머니 계신 곳을 향하여 눈물 짓는가 하면 잠을 이루지 못하는 때가 많았다.

그러면서도 자녀 교육에는 온갖 정성을 다 기울였으며 시문과 서화, 자수에 힘썼다.

그녀가 이원수에게 출가하여 강릉 오죽헌에서 아들 이이를 임신했을 때, 검은 용이 품 안으로 들어오는 태몽을 꾸고 출산했으므로 처음에는 아들의 이름을 현용見龍이라 했다.

그녀는 임신했을 때 태교로 말은 고운 말로, 행동은 진중하게, 사악한 것은 보지도 듣지도 아니하고, 항상 마음은 온화하게, 몸가짐은 단정히 갖는 데 노력했다.

그런 중에서 채색화와 수묵화를 치면서 정신적인 자세를 바로했다.

율곡에게는 그런 어머니의 태내 교육과 시문을 지으시는 태도와 꿋꿋하게 사시는 생활이 그대로 산 스승이 되었다. 또 강릉 친정집을 생각하며 눈물지으시는 애틋한 마음을 보면서 정신적으로 튼튼하게 자랄 수 있었다.

이이가 뒷날 해동공자海東孔子라 칭송받은 것은 모두 사임당이 예이태교에서 힘입은 바 클 뿐만 아니라 어머니의 자애로움이 창호지에 먹물이 스며들듯 심정으로 이어진 것이라 해도 과언이 아닐 것이다.

· 1부 한국 고사성어 속 유래와 인물 ·

월사부인
月沙夫人

月:달 **월** 沙:모래 **사** 夫:아비 **부** 人:사람 **인**

월사月沙 이정귀李庭龜 대감의 부인을 이르는 말로, 남편의 지위가 높은데도 검소해서 타의 모범이 되는 부인을 이른다.

문헌 : 《해동명신록海東名臣錄 · 고금청담古今清談》

조선 제14대 선조宣祖의 첫째 공주인 정명공주(貞明公主: 1603~1685)댁에서 며느리를 맞아들이는 잔치가 벌어졌을 때의 이야기다.

대갓집 부인들이 저마다 권세와 호화스러움을 자랑하려고 많은 하인들을 거느리고, 갖은 패물과 의상을 갖추고서 아침 일찍부터 공주 댁으로 모여들었다.

"과연 공주댁의 잔치라서 다르구먼! 장관이야! 저것 좀 보아, 들어가는 부인들마다 모두 눈이 부시잖아!"

사람들은 그 호화로움에 놀라 벌린 입을 다물지 못했다.

"여보게! 이번 행차는 어느 댁 부인인가?"

"글쎄, 뉘 댁인가는 아직 모르겠네마는 점점 갈수록 태산이구먼! 얼마나 더 호사스러워지는지 자세히 좀 보세, 그려!"

그런데 잠시 후 아주 단출한 가마 하나가 당도했다. 그리고 가마에서 내려 집 안으로 들어가는 여인은 뜻밖에도 나이가 지긋한 부인으로 차림이 소탈했다.

"어허, 저 늙은이는 누구기에 저렇게 수수한 차림일까?"

"필시 어느 양반댁의 하인일 거야."

"예끼, 이 사람! 가마 타고 다니는 하인도 있나?"

"있을 수 있지. 중요한 심부름이면 주인댁 가마를 탈 수도 있지 않겠어?"

"그럴까? 허기사 지금까지는 저렇게 초라한 행색의 부인이 공주 댁으로 들어가는 일이 없었으니까……."

노부인은 수수한 무명옷에 별다른 몸치장도 하지 않고 있었다. 육간대청에서 요란스런 치마를 끌면서 호기를 떨던 부인들은 보잘것없는 노부인이 대문 안으로 들어서자 거들떠보지도 않고 자기네들끼리 수다를 떠느라 여념이 없었다.

그런데 그 노부인이 섬돌 위에 오르자 주인인 공주가 크게 반기면서 맨발로 뛰어 내려와서 영접을 하는 것이었다.

그제야 다른 부인들은 고개를 갸웃거리면서 수군거렸다.

"어느 집 노파인데 공주께서 저렇게 맨발로 내려가 맞으실까?"

"공주마마도 체통을 좀 차리셔야지. 우리가 들어올 때는 대청에도 안 나오시던 분이 저게 무슨 체모 없으신 행동이람?"

"그렇고 말구요, 공주라는 신분도 생각하셔야지. 원 딱하기도 하셔라. 맨발로 저게 무슨 꼴이실까?"

그러나 공주는 호사가들의 입방아를 아는지 모르는지 노부인을 윗자리에 모시고 극진한 예의로 음식을 대접하는 것이었다.

"오늘 이처럼 어려운 출타를 하셨는데 음식이 구미에 맞을지 모르겠습니다. 천천히 많이 드시지요."

"천만의 말씀을 다 하십니다. 평시에는 별로 나다니지 않았습니다만

· 1부 한국 고사성어 속 유래와 인물 ·

공주마마 댁 경사에야 어찌 오지 않을 수가 있겠습니까? 하여 오기는 했지만 너무나 융숭한 대접에 놀랄 뿐입니다."

노부인이 겸손하게 사례했다.

멀리 앉아서 그 부인의 행동거지를 깔보던 다른 젊은 부인들은 공연히 입을 삐쭉거렸다.

융숭한 대접을 받고 난 노부인은 잠시 공주와 담소를 즐기다가 자리에서 일어서며 말했다.

"그럼 이만 가봐야겠습니다. 오늘 너무 큰 환대를 받았습니다."

공주가 아쉬워하며 말했다.

"아직 해가 높다란데 왜 벌써 일어서세요? 더 노시다 가시지 않고……."

노부인이 고마움을 치사하면서 말했다.

"우리 집 도제조都提調(승문원·사역원 등 관청의 정일품 벼슬) 대감께서 새벽에 궐내로 들어가셨고, 이조판서 큰 아들이 정사政事로 나갔으며, 둘째 아들이 승지로 있는 것은 공주마마께서도 잘 아시지 않습니까? 이렇게 삼부자가 상감마마를 모시고 있다가 돌아올 시간이 되었으니 어서 가서 저녁을 차려야 합니다. 하오니 이만 하직을 하겠습니다."

그때까지 옷차림이 수수하여 어느 미관말직의 노모이거나 심부름 온 아녀자쯤으로 여기고 업신여기기까지 하던 젊은 부인들은 노부인의 뜻밖의 말에 그만 몸 둘 곳을 찾지 못하고 우왕좌왕했다.

"그러고 보니, 저 부인이 바로 그 월사月沙 이정귀李庭龜 대감의 부인이셨구나. 난 옷차림이 너무 소탈해서 어느 미관의 노모인 줄로만 알았지 뭐야."

"나도 몰랐네. 그런 줄 알았더라면 인사라도 올려 둘 것을……."

월사 부인이 돌아가자 젊은 부인들은 자기네의 지나쳤던 호사를 뉘우쳤다.

월사는 명明나라 경약經略 송응창宋應昌의 요청으로 경서經書를 강의할 정도로 박식한 학자였다.

그가 병조참지로 있을 때 1598년 명나라 병부주사兵部主事 정응태丁應泰가 '조선이 왜병을 끌어들여 명나라를 침범하려 한다'고 명나라 조정에 무고하였다. 이때 조선국의 〈변무주문辨誣奏文〉을 지어 명나라에 가 정응태가 무고했음을 밝혀 정응태를 명나라 조정에서 파면시키게 했다.

이정귀는 이처럼 국제간의 어려운 문제도 명쾌하게 해결했던 명신으로 글씨도 잘 썼을 뿐만 아니라 신흠申欽·장유張維·이식李植과 함께 문장가로도 이름이 높았다. 그는 중국의 촉蜀지방 태수가 죽자 아래와 같이 그의 비문을 써주었다.

'그의 아버지는 나라를 위해 충성으로 죽고, 또 아들은 효도를 다하여 죽으니, 마땅히 죽을 곳에서 죽었도다.'

비문을 본 촉지방 사람들이 크게 감동하여 사례로 비단 한 수레와 황금 백 냥을 주었다. 이 소문이 국내에까지 퍼지자 나라 안의 칭송이 자자했다. 그의 이런 행적에는 보이지 않게 뒤에서 내조한 그의 부인의 공이 컸다.

그래서 월사 부인의 공이 월사를 만들었다는 말로 월사부인月沙夫人이라고 일컬었던 것이다.

재다수화
財多隨禍

財:재물 재 多:많을 다 隨:따를 수 禍:재앙 화

재물을 지나치게 많이 가지면 화가 따른다. 재물을 많이 가지게 되면 도둑을
맞거나 남에게 떼이지 않을까 걱정이 된다는 뜻.

문헌: 《해동명신록海東名臣錄 · 인물한국사人物韓國史》

조선 제14대 선조宣祖 때 《토정비결土亭秘訣》이라는 예언서를 펴
낸 토정土亭 이지함李之菡1517~1578)은 한산韓山 이 씨이고, 시호는 문강文
康이다. 그는 한때 마포 산 중턱에 토굴을 파고 들어가 살며 이웃사람들
의 운세를 태세太歲와 월건月建과 일진日辰으로 따져 점을 쳐주거나 혼인날
을 잡아주었다.

목은牧隱 이색李穡의 후손인 그는 젊어서 제주도를 내왕하면서 장사를
했다. 그렇게 해서 곡식 수천 섬을 벌었으나 모두 가난한 사람들에게 나
누어 주고 자기는 청빈하게 지내면서 정처 없이 떠돌아다녀 토정土亭이
라 호를 붙였다.

그런 그가 뒤늦게 벼슬길에 들어 포천현감으로 부임할 때였다. 베옷에
짚신을 신고 관아에 출근한 그에게 관속들이 밥상을 차려 올리니 한참
들여다보다가 말했다.

"먹을 만한 것이 없구나."

관속들이 송구하여 머리를 조아리며 말했다.

"이 고을에는 특산품이 없어 반찬으로 먹을 만한 별미가 없습니다. 다시 차려 올리겠습니다."

하고는 진수성찬을 차려 올렸다. 그러나 그가 다시 말했다.

"먹을 만한 것이 없다니까……."

관속들이 두려워하여 어찌할 바를 모르고 쩔쩔매었다.

그러자 못마땅한 표정으로 말했다.

"우리나라 백성들이 고생하고 가난하게 사는 것은 앉아 놀기만 하면서 곡식을 축내는 벼슬아치들 때문이니라. 나는 잡곡밥 한 그릇과 거친 나물국 한 그릇이면 만족하니 그리 올리도록 하라."

그래서 거친 보리밥을 가져오자 그제야 맛있게 다 먹었다.

이튿날 고을의 관리들이 모두 모이는 행사가 있자 그는 나물죽을 끓이도록 하여 관리들에게 주었다. 그들은 하는 수 없이 먹긴 했는데 더러는 먹다가 토하고, 아예 입에 대지도 못하는 이도 있었다. 그러나 현감은 깨끗이 다 먹어 치웠다. 그 후 오래지 않아 이지함이 벼슬을 그만두고 귀향하려 하자 포천 고을 사람들이 모두들 안타까워했다.

그가 포천현감을 사직하고 1578년 아산현감으로 가게 되었다. 그는 그곳에 가자마자 걸인청乞人廳을 만들어 관내 노약자와 가난한 사람들과 걸인들 구호에 힘썼다. 그는 천문·지리·의약에 능했고, 많은 일화를 남긴 기인이기도 하다.

하루는 이지함의 아내가 그에게 간곡하게 말했다.

"양식이 다 떨어졌습니다. 어떻게 해결해 주실 수 없겠습니까?"

그는 웃으면서 대수롭지 않다는 듯이 말했다.

"그것이 어찌 어려운 일이겠소? 잠시만 기다리시오."

이지함은 하인에게 유기그릇 한 벌을 주면서 지시했다.

·1부 한국 고사성어 속 유래와 인물·

"장안의 큰 다리 밑에 가면 유기그릇을 사려고 하는 노파가 있을 것이니 그 노파에게 이 그릇을 팔고, 판 돈을 가지고 서소문 시장에 가서 은수저를 팔려는 사람을 찾아 그 은수저를 사도록 해라. 그런 뒤 그 은수저를 가지고 경기감영 앞에 가면 그 은수저와 똑같은 것을 잃어버려 그 은수저를 사려고 하는 사람이 있을 터이니, 그가 주는 대로 그 은수저를 팔아가지고 오너라."

그렇게 해서 하인이 돈 열닷 냥을 가지고 들어왔다. 이지함은 그중에서 다시 한 냥을 주면서 맨 처음 유기그릇을 사간 노파가 도로 물리려고 할 것이니 그 돈을 돌려주고, 유기그릇을 물려 오게 하였다. 그는 실제로 가보지 아니했는데도 일이 전개되는 상황을 정확하게 알아맞혔다.

아내는 크게 기뻐하였다. 그리고 한 번 더 신술을 부려주기를 소원하자 이지함이 말했다.

"이만하면 충분하오. 재물이 많으면 반드시 화가 따르는 법이니 더 욕심 부리지 마시오."

이와 같이 그는 물욕과 명예욕이 없어 평생토록 가난했으나 마음만은 풍요롭고 즐겁게 살았다.

홍의장군
紅衣將軍

紅:붉을 홍 衣:옷 의 將:장수 장 軍:군사 군

붉은 옷을 입고 싸우는 장군. 임진왜란 때 의병장 곽재우 장군이 항상 붉은
옷을 입고 용감하게 잘 싸우니 왜적들이 그를 두려워하여 홍의장군이라 부른
데서 연유했다. 용감한 장군을 이른다.

문헌 : 《국조인물지國朝人物志》

홍의장군이라는 별명으로 잘 알려진 임진왜란 때의 의병장 곽재
우郭再祐(1552~1617)는 본관이 현풍玄風이고, 호는 망우당忘憂堂이며 시호는
충익忠翼이다.

그는 선조 18년에 문과에 급제하였으나 왕의 뜻에 거슬린 글귀로 인하
여 파방罷榜되었다. 그때부터 벼슬에는 뜻이 없어 나이 40에도 짚신에 삿
갓을 쓰고 낚시를 즐겼다.

1592년, 임진왜란이 일어나자 의령에서 의병을 모으고, 가산을 군자금
으로 쓰면서 싸웠다. 처음 모인 의병은 70여 명으로 정진鼎津·함안咸安에
서 잘 싸워 혁혁한 전과를 올리자 의병들이 더 많이 모여들었다.

그는 전쟁에 나갈 때에는 항상 붉은 옷에 백마를 타고 앞장서서 지휘
하니 왜적들이 천강홍의장군天降紅衣將軍이라 부르며 두려워했다.

그해 10월에 있었던 김시민金時敏의 1차 진주성 싸움에 휘하의 의병을
보내서 수성하느라 지쳐있던 진주성 장병들의 사기를 끌어올려 대첩으
로 이끄는 데 크게 기여하였다.

그는 전쟁을 하며 기묘한 전술로 승리하곤 해서 여러 일화들이 전해지고 있다.

왜군 군선의 예상 경로를 예측하여 해로에 통나무를 띄워 적의 물자 보급을 막았다든지, 왜군이 늪지대를 건너기 위해 안전한 곳에다 깃발을 꽂아 그곳으로 지나게 하려는 계획을 간파하고 깃발을 늪지대에 바꿔 꼽아 늪에 빠지게 한 후 활로 쏘아 죽였다는 일화들은 유명하다.

한번은 보물이 들어 있을 것 같은 황금 상자에 벌을 담은 후 길가에 버려두었는데 이를 보물 상자로 착각한 왜군이 열었다가 벌에 쏘이기도 했다.

이외에도 이정표를 바꿔 적을 혼란에 빠뜨리는 기묘한 전술을 쓴다든지 다른 병사들에게도 붉은 옷을 입혀 곽재우를 왜적이 신출귀몰하게 느끼게 하는 교란작전을 구사해 나라를 지켜냈다.

1596년 잠시 휴전되어 벼슬을 받는데, 통제사 이순신 장군이 무고로 죄인이 되고, 광주 의병장 김덕령金德齡이 이몽학李夢鶴의 난에 휘말려 죽임을 당하자 이를 통탄하여 아래와 같은 상소문을 올리고 사직했다.

"고양이를 기르는 까닭은 쥐를 잡기 위해서인데, 이제 쥐 같은 왜적이 물러났으니 제가 할 일이 없게 되었으므로 그만 물러나겠습니다. 윤허하여 주소서!"

1597년, 정유재란이 발발하자 다시 나라의 부름을 받고 경상좌도방어사가 되어 화왕산성火旺山城을 굳게 지켜냈다. 7년간의 왜란이 끝나고 한성좌윤을 거쳐 함경도관찰사도 지냈지만 뜻이 받아들여지지 않자 퇴임한 후 시골에서 은거하며 일생을 마쳤다. 그는 뛰어난 장군이기도 했지만 필체가 웅건 활달했고, 시문에도 능했다.

물언아사 | 백의종군
勿言我死 | 白衣從軍

말 물 말씀 언 나 아 죽을 사 | 흰 백 옷 의 좇을 종 군사 군

물언아사는 나의 죽음을 알리지 말라. 즉 어떤 사실이 상대에게 알려지면 자신이 불리해지므로 그 사실을 숨기고자 할 때에 쓴다.
백의종군은 벼슬 없이 군대를 따라 싸움터로 가는 것으로, 모든 것을 버리고 가장 아래부터 시작하는 것을 의미할 때 쓴다.

문헌 : 《선조실록宣祖實錄 · 고금청담古今淸談》

민족의 성웅聖雄 이순신李舜臣은 본관이 덕수德水이고, 자는 여해汝諧이며, 시호는 충무忠武이다. 그는 무과에 급제하여 국가의 문서와 장부를 담당하고 말과 가마에 대한 일을 맡는 사복시주부司僕寺主簿를 거쳐 종4품 조산보만호造山堡萬戶와 정읍현감 등을 두루 거쳤다. 1591년 서애西厓 유성룡柳成龍이 그의 용감함과 재능을 알고 조정에 천거하여 전라좌도 수군절도사全羅左道水軍節度使가 되었다.

당시 조야에서는 왜란에 대비하지 않았는데, 장군만은 거북선을 만들고 군비 확충에 힘을 다했다. 1592년 임진왜란이 일어나자 거북선으로 옥포玉浦에서 적선 30여 척을 격파한 것을 비롯하여, 사천泗川에서 13척을, 당포唐浦에서 20여 척을, 당항포唐項浦에서 100여 척을 격파하여 자헌대부資憲大夫가 되었다. 그리고 7월 한산도閑山島에서 70여 척을, 부산釜山 앞바다에서 100여 척을 격침시키는 등 남해안 일대의 적군을 거의 소탕했다.

그의 능력을 높이 평가한 선조는 이순신을 삼도수군통제사三道水軍統制

· 1부 한국 고사성어 속 유래와 인물 ·

使로 승진시켰다. 그러자 상급자였던 원균元均이 그의 휘하에 들어가게 된 데 대하여 반감을 품고 그를 모함했다. 그로 인하여 서울로 압송되어 사형선고까지 받게 되었다. 그러나 다행히 정탁鄭琢의 변호와 그간의 전공이 참작되어 사면을 받고, 권율權慄의 휘하에서 백의종군(白衣從軍: 벼슬 없이 군대를 따라 싸움)하였다.

정유재란이 일어나자 원균이 배를 몰고 나가 싸웠으나 참패하고 말았다. 그러자 이순신은 다시 삼도수군통제사가 되어 원균이 싸우다가 남긴 12척의 배와 빈약한 병력으로 명량鳴梁해전에서 적선 133척과 싸워 31척을 격파했다. 그의 전략이 뛰어났음을 또다시 입증한 것이다. 또 명나라 원병과 합세하여, 노량露梁 앞바다에서 철수하는 왜선 500척과 싸워 200척을 불태웠다. 그때 불행하게도 적의 유탄에 가슴을 맞았다. 그러자 그는 병사들의 사기가 떨어질 것을 염려하여 이렇게 말했다.

"지금은 싸움이 위급한 상태다. 그러니 나의 죽음을 병사들에게 말하지 말라勿言我死."

당부를 마치자마자 숨을 거두니 조카 이완李莞이 그의 유언대로 장군의 전사 사실을 숨기고 여전히 용맹하게 싸워 많은 전과를 거두었다. 이순신 장군은 왜란 중에 싸움마다 승리했으며 적의 기세를 꺾어 제해권을 장악했고 위기에 처한 국가를 방어하는데 큰 공을 세웠다. 장군은 4형제중 셋째였는데 첫째가 희신羲臣, 둘째가 요신堯臣, 셋째가 순신舜臣, 넷째가 우신禹臣이었다. 이는 고대 중국 태평성대를 이뤘던 네 명의 황제들의 이름을 따온 것이었다. 장군은 차茶를 좋아하여 아들과 조카들 이름에 모두 초두艸변을 붙여 짓기도 하였다.

문장에도 능하여 시조와 《난중일기》 같은 좋은 글도 남겼다.

물위모과 | 칠백의총
勿謂母過 | 七百義塚

말 물 이를 위 어머니 모 허물 과 | 일곱 칠 일백 백 옳을 의 무덤 총

물위모과는 어머니의 허물을 말하니 차마 듣지 못하겠다는 말로, 상대편이
자기의 의사와 맞지 않는 말을 할 때를 비유하여 쓴다.

문헌 : 《대동기문大東奇聞 · 국조인물고》

조선 제14대 선조宣祖때 성리학자 조헌趙憲(1544~1592)은 백천 사람
으로 호는 중봉重峯, 시호는 문열文烈이며, 율곡 이이의 학문을 이어받았
다. 그는 효성이 지극하여 부모님을 모시고자 외직을 자청, 보은현감을
지냈다.

다섯 살 때 여러 아이들과 정자에서 천자문千字文을 읽고 있는데 벼슬
아치들이 떠들썩하게 지나가자 모든 아이들이 책을 덮고 구경하였으나
유독 조헌만이 홀로 책 읽기를 계속했다. 이를 본 훈장이 기특하게 여기
고 그 까닭을 묻자 그가 답했다.

"책을 읽을 때는 오로지 마음을 모아 책 읽는 데에만 집중하라는 아버
지의 말씀대로 한 것입니다."

그는 어릴 때부터 이렇게 부모님에 대한 공경이 남달랐다.

선조宣祖 때 일본 사신이 와 명나라를 치고자 길을 빌려 달라고, 즉 가
도공명假途攻明을 요청했다. 옥천에서 이 소식을 들은 그는 일본 사신을
처단할 것과, 왜란에 대비하여야 한다고 상소를 올렸으나 받아들여지지

· 1부 한국 고사성어 속 유래와 인물 ·

않았다. 그러자 그는 자신의 얼굴이 피투성이가 되도록 머리를 돌기둥에 쳤다.

이듬해에 임진왜란壬辰倭亂이 일어나자 옥천에서 의병 1,700명을 규합하고, 승장 영규靈圭가 이끄는 승병과 합세하여 청주淸州를 수복했다. 또 금산에서 전라도로 향하는 왜적을 맞아 영규와 아들 완기完基등 의병 700명과 함께 싸웠으나 중과부적으로 모두 장렬히 전사하였다. 후세 사람들은 그들을 기리는 칠백의총七百義塚을 만들어 숭앙하고 있다.

그는 어릴 때 어머니를 여의고 계모에게서 자랐다.

한 번은 외가에 가서 외할머니를 뵈었더니 외할머니가 등을 쓰다듬으며 말씀하셨다.

"어린 네가 계모에게서 학대를 받는다 하니 마음이 아프구나!"

그 말을 들은 조헌은 한동안 외가에 가는 발길을 끊었다. 그리고 오랜만에 외가에 가니 외할머니가 물었다.

"그동안 어찌하여 나에게 오지 아니했느냐?"

"어머니의 잘못을 말씀하시니 차마 듣기 거북하여 그랬습니다勿謂母過."

그 후 할머니는 다시는 그에게 계모의 허물을 말하지 않았다. 그는 계모한테도 효심이 이와 같았다.

그가 세상을 떠난 후 나라에서는 영의정領議政을 추증하고, 옥천에 표충사表忠祠를 지어 제사를 지내게 했다.

《국조인물고》에서는 '국가가 인재를 양육해 온 지 2백 년이 지나 선조 때에 이르러야 비로소 충효忠孝와 절의節義와 학문學問을 겸비한 선비가 한 사람 나왔는데, 중봉 선생重峯先生 조헌趙憲이 그분이다.'라고 적고 있다.

포요투강
抱腰投江

抱:안을 **포** 腰:허리 **요** 投:던질 **투** 江:강 **강**

허리를 붙잡고 강물에 뛰어들다. 임진왜란 때 진주성이 함락되자 왜장의 허리를 껴안고 강물에 몸을 던져 장렬하게 최후를 마친 논개의 고사에서 유래했다. 자신을 희생시켜 대의를 이루는 행동을 의미한다.

문헌 : 《호남삼강록湖南三綱錄》

조선 제14대 선조宣祖 때 진주의 관기官妓 논개論介(?~1592)는 성은 주朱씨이고, 장수長水 출신이며, 경상우도 병마절도사 최경회崔慶會의 애첩이었다. 1593년 임진왜란 중 진주성을 함락시킨 일본군이 진주 남강가의 촉석루矗石樓에서 축하연을 열자 그녀는 자원하여 참석, 만취된 왜장 게야무라 로쿠스케毛谷村六助를 껴안고 남강에 뛰어들어 순국했다.

후세 사람들은 그녀가 왜장을 끌어안고 투강했던 그 바위를 의암義岩이라 하고, 그 옆에 비석과 사당祠堂을 짓고 제사를 지내주었다.

또 그의 고향 장수에는 정문旌門을 세워 그를 기리게 했다.

거룩한 분노는 종교보다도 깊고
불붙는 정열은 사랑보다도 강하다.
아! 강낭콩꽃보다도 더 푸른 그 물결 위에
양귀비꽃보다도 더 붉은 그 마음 흘러라.

수주樹州 변영로卞榮魯는 논개를 찬양하여 이렇게 읊었다.

· 1부 한국 고사성어 속 유래와 인물 ·

아리땁던 그 아미娥眉 높게 흔들리우며
그 석류 속 같은 입술 '죽음'을 입 맞추었네!
아! 강낭콩꽃보다도 더 푸른 그 물결 위에
양귀비꽃보다도 더 붉은 그 마음 흘러라.

흐르는 강물은 길이길이 푸르르니
그대의 꽃다운 혼 어이 아니 붉으랴!
아! 강낭콩꽃보다도 더 푸른 그 물결 위에
양귀비꽃보다도 더 붉은 그 마음 흘러라.

한용운도 그녀의 죽음을 애도하는 시를 그녀의 묘비 앞에 바쳤다.

...
아아, 나는 그대도 없는 빈 무덤 같은 집을 그대의 집이라 부릅니다.
만일 이름뿐 아니라 그대의 집도 없으면 그대의 이름을 불러 볼 기회가 없는
까닭입니다.
나는 꽃을 사랑합니다마는 그대의 집에 피어 있는 꽃을 꺾을 수는 없습니다.
그대의 집에 있는 꽃을 꺾으려면 나의 창자가 먼저 꺾어지는 까닭입니다.
나는 꽃을 사랑합니다마는 그대의 집에 꽃을 심을 수는 없습니다.
그대의 집에 꽃을 심으려면 나의 가슴에 가시가 먼저 심어지는 까닭입니다.
...

살육과 약탈과 강간을 일삼던 왜군 병사들을 본 논개는 '오냐, 너희들
의 수장을 죽여주마' 결심하고 몸치장을 한 뒤 소복단장을 하고 진주성
을 점령하고 축배를 들고 있는 남강으로 가 왜장 게야무라 로쿠스케의
손길이 닿자 그를 껴안고 남강으로 뛰어들었다. 그녀는 조국을 사랑하는
불타는 정신으로 장렬히 투신한 것이다.

도정누란
到整累卵

到:이를 거꾸로 **도** 整:정제할 **정** 累:쌓을 **누** 卵:달걀 **란**

달걀을 거꾸로 쌓다. 사명당과 서산대사가 서로 도력을 겨룰 때 달걀을 거꾸
로 차곡차곡 쌓은 데서 유래했다. 불가능하다고 여겨지는 일을 해낼 때 이르
는 말이다.

문헌 : 《선조실록宣祖實錄 · 사명당전泗溟堂傳》

　　　　조선 제14대 선조宣祖 때 의병장 사명당四溟堂(유정惟政 1544~1610)은
13세 때 직지사直指寺에 들어가 중이 되고 1561년 승과僧科에 급제하였다.
　경론에 해박하여 설법에도 뛰어났으며 20살 때는 극락암極樂庵에서 강
론하여 많은 학인들을 감화시켰으며 칠불사七佛寺 아자방亞字房에서 수행
하는 등 도를 닦은 끝에 축지법을 익히자 혼자 생각했다.
　'묘향산에 도술 높은 서산대사西山大師(휴정休靜 1520~1604)라는 큰 스님이
계시다는데 그와 도력을 한번 겨뤄 봐야겠다. 만약 나의 도력이 모자라
면 그 스님을 스승으로 모시고 도를 더 닦아야지.'
　사명당은 이제 막 익힌 축지법을 이용하여 몇 걸음 만에 묘향산 입구
에 닿았다.
　서산대사는 사명당이 올 줄을 미리 알고 묘향산 골짜기의 물을 아래에
서 위로 거꾸로 흐르게 해 놓았다. 그 광경을 본 사명당은 큰 감동을 받
았다.
　'역시 도술이 뛰어난 스님이시군!'

사명당은 새 한 마리를 잡아 가지고 서산대사 앞에 가서 물었다.

"대사님, 제가 이 새를 어떻게 하리라고 생각하십니까?"

그러자 서산대사가 대문 문지방에 다리를 앞뒤로 걸치고 서서 되물었다.

"대사, 그럼 내가 지금 밖으로 나갈 것인지 안으로 들어갈 것인지 맞혀 보시오. 그러면 나도 맞히리다."

"그거야 나오시든지 들어가시든지 대사님의 마음에 달린 것 아니겠습니까? 그러나 대사님은 저를 맞으러 나오시는 길이니까 아마 나오시리라 생각합니다."

서산대사가 빙그레 웃으며 말했다.

"당신 역시 손안의 새를 죽이든 살리든 당신 마음이 아니겠소. 그러나 대사가 산목숨을 죽이지는 않을 것으로 아오."

"맞습니다. 스님께서 수수께끼 하나를 못 맞히게 하기 위해서 귀한 생명을 죽일 수는 없지요. 하하하."

사명당은 시원스럽게 웃고 나서 손안의 새를 날려 보냈다.

두 대사는 마루방에 마주 앉았다. 사명당은 냉수 한 그릇을 청한 다음 그 물에 가지고 온 바늘 백 쌈을 쏟았다. 그러자 바늘이 곧 먹음직스런 국수로 변했다.

"대사, 그 국수 맛이 참 좋을 것 같구려. 내가 먹어도 되겠소?"

서산대사는 순식간에 국수 한 그릇을 후루룩 마셔버리더니 곧바로 바늘 백 쌈을 뱉어냈다.

그러자 사명당은 준비해 온 달걀 백 개를 차례차례 괴어 올리기 시작했다.

"대사의 도력이 참으로 놀랍구려."

서산대사도 달걀 백 개를 가
져오도록 하더니 처음 한 개를
허공에 머물게 한 다음 그 아
래쪽으로 연이어 받쳐 내려가
면서 거꾸로 쌓는 것이었다.
분명히 서산대사의 재주가 더

뛰어났다. 그때 사명당이 오른손을 들자 하늘에 구름이 모여들어 금세
소나기가 쏟아졌다.

"대사의 도력도 참으로 놀랍군요. 허허허……."

말을 마친 서산대사는 내리는 빗줄기를 거꾸로 하늘로 솟아오르게 했
다. 땅에는 한 방울의 비도 떨어지지 않게 만든 것이다. 이번에도 사명
당이 진 셈이다.

"대사님, 제가 졌습니다. 이제부터 대사님의 제자가 되어 열심히 배우
겠습니다."

사명당은 큰절을 하고는 서산대사의 제자가 되었다.

서산대사 밑에서 도를 닦은 사명당은 임진왜란 때에 왜장 가토 기요마
사加藤清正와 세 번이나 만나 담판을 지었으며, 1604년 선조의 부름 받고
국서國書를 가지고 홀홀단신 일본에 건너가 도쿠가와 이에야스德川家康를
만났다.

도쿠가와 이에야스는 사명당을 시험해 볼 양으로 왜국의 시를 병풍에
적어 지나는 길에 진열해 놓고 자국의 문물이 번성함을 자랑하자, 사명
당은 '우리나라에서는 아이들도 외울 정도로 흔한 시'라며 모두 암송해
서 모작模作이라 했다. 기분이 나빠진 도쿠가와 이에야스는 사명당을 큰

·1부 한국 고사성어 속 유래와 인물·

쇠 방에 가두고 숯불을 피워 쇠 방을 달궈 데어 죽이려 하였으나 사명당은 '얼음 빙氷'자를 천장에 써 붙였다. 도쿠가와 이에야스가 다음날 방문을 열었더니 사명당의 수염과 눈썹에 고드름이 달려 있는 상태로 '추우니 불을 더 때 달라'고 말했다.

약이 바짝 오른 도쿠가와 이에야스는 무쇠 말을 벌겋게 달구어 놓고 이것을 타보라고 사명당에게 요구하자 사명당이 비를 오게 해서 무쇠 말을 식히고 더 나아가 비를 계속 쏟아지게 해서 왜국을 물에 잠기게 하자 도쿠가와 이에야스는 그제서야 시험을 그치고 사명당에게 예의를 갖추고 잘못을 시인했다. 일본의 관백關白 도쿠가와 이에야스가 화친을 희망하며 수신사修信使를 보내주기를 요구하여 결국 화친을 맺고 포로 3,500명을 데리고 돌아왔다. 선조는 사명당을 가의대부嘉義大夫의 품계를 내렸다. 1610년 8월, 67세로 입적했으며 시호는 자통홍제존자慈通弘濟尊者이다.

맥반정승
麥飯政丞

麥:보리 맥 飯:밥 반 政:정사 정 丞:도울 승

보리밥 정승이라는 말로, 조선 정종 때의 정승 김종수의 고사에서 유래했다. 사회적 신분이나 물질적으로 풍부한 사람이 근검절약하는 것을 비유하여 쓴다.

문헌 : 《정조실록正朝實錄 · 몽오집夢梧集》

조선 정조正朝 때의 정승 김종수金鍾秀(1728~1799)는 매우 청렴하고 강직한 사람이었다. 당시의 관습으로 지방관이 새로 임명되면 부임하기 전에 그 지역에 거주하고 있는 전직 대신들에게 인사를 하는 것이 예의였다.

김종수는 신임 지방관들이 찾아오면 허름한 베옷에 나막신을 끌고 나와서 반가이 맞이하며 인사를 받은 후에 굳이 붙들어 앉히고 밥 한 끼를 대접했다.

그러면 그들은 노재상老宰相이 권하는 것이라 사양을 못하고 황송해하며 밥상을 받게 되는데, 밥상에는 언제나 꽁보리밥에 김치 한 접시와 막걸리 한 잔이 전부였다.

지방관들로서는 지금까지 그렇게 험한 음식을 먹어 본 일이 없고, 또 장차 부임하면 호의호식할 터라 그런 음식이 목에 넘어갈 리 없었다.

그러나 겸상하고 있는 김 정승이 맛있게 먹는지라 억지로라도 아니 먹을 수가 없었다. 그러니 그들에게는 고역 중의 상고역이었다.

· 1부 한국 고사성어 속 유래와 인물 ·

김 정승은 그때마다 이렇게 말했다.

"어떤가? 이 밥 먹기가 어렵지? 자네가 부임하면 진수성찬이 기다리고 있을 것인데, 그때마다 이 밥상을 생각하게. 자네가 먹는 진수성찬은 보리밥도 제대로 못먹는 백성들의 피와 땀으로 이루어진 것인데 백성들을 먹여 살려야 할 자네들만 잘 먹어서야 되겠는가? 그러니 앞으로 부디 이 늙은이 말을 잊지 말고 선정을 베풀어 백성을 괴롭히지 말게."

그의 충고를 들은 지방관들은 큰 깨달음을 얻고 백성을 잘 보살폈다.

김종수는 본은 청풍淸風이고 호는 몽오夢梧 또는 진솔眞率이며 1780년 이조판서, 1789년 우의정, 1793년 좌의정을 엮임했으며 시호는 문충공文忠公이다. 《경연고사經筵故事》와 《역대명신주의歷代名臣奏議》가 있다.

칠세입춘
七歲立春

七:일곱 칠 歲:해 세 立:설 립 春:봄 춘

일곱 살에 입춘방을 쓰다. 즉 어려서부터 공부를 잘한다는 뜻. 글씨로 유명한
추사 김정희에게서 유래했다.

문헌:《대동기문大東奇聞》

추사秋史 김정희金正喜(1786~1856)는 조선 말기의 서예가로서 역대
명필들의 글씨 중 장점을 모아서 자신만의 독특한 서체, 즉 추사체秋史體
를 완성시켰다. 그는 벼슬을 이조참판까지 지냈고, 학문 연구에는 실사
구시實事求是가 중요함을 역설했다. 그는 유난히 호가 많은데 그중 대표적
인 것은 추사秋史, 완당阮堂, 예당禮堂, 시암詩庵, 과파果坡, 노과老果 등이다.
  그는 어렸을 때부터 글씨를 잘 써서 일곱 살 때 대문에 입춘대길立春大
吉이라는 입춘방을 써 붙였다. 그런데 마침 재상 채제공蔡濟恭이 지나다
가 그 글씨를 보고 그의 아버지 김노경金魯敬과는 사이가 좋지 못한데도
집 안으로 들어갔다. 김노경은 의외인지라 놀라 물었다.
  "대감이 어인 일이십니까?"
  "아, 대문에 붙어 있는 글씨가 너무 좋아 누가 썼는지 궁금해서 들렀소
이다. 대체 누구의 글씨입니까?"
  김노경이 아들이 쓴 글씨라고 하자 채제공이 말했다.
  "이 아이는 반드시 명필로 크게 될 것이오. 그러나 글씨의 대가가 되면

운명이 순조롭지 않을 터, 그러므로 글씨 공부는 그만두고 글공부에 힘쓰는 것이 좋을 것이오."

그러나 그의 글씨 공부는 멈추지 않았고, 글공부도 뛰어난 재질을 보였다. 나중에 김정희는 윤상도尹尚度의 옥사獄事에 연루되어 제주도에 귀양을 갔다가 8년 만에 돌아오는 역경을 겪었다.

그는 24세 때 아버지를 따라 북경北京에 간 적이 있었는데 그때 그곳에서 당대의 거유巨儒 완원阮元, 옹방강翁方綱등과 막역하게 사귀면서 그들의 필체를 연구, 그들의 장점을 모아 자기만의 독특한 서체를 체계화시켰다.

그의 글씨는 패기가 충천하며 필력이 힘차 감히 누구도 따를 수 없는 일가를 이루었다.

예서隷書·행서行書 외에 모든 서체에 뛰어났지만 그 중 예서와 행서는 새로운 경지를 개척하여 내외의 격찬을 받았으며, 조선 후기의 서예가들에게 큰 영향을 끼쳤다. 그러나 채제공의 말대로 글씨 탓이었는지 그의 일생은 순탄치 못했다. 벼슬도 이조참판에 그쳤고, 자손 또한 없었다.

그는 19세기 외척 세도 정치기에 태어나 정치에서 큰 활약은 못했지만 아마도 예술적인 분야에서는 조선 예술사의 마지막 천재라고 불러 마땅할 것이다. 조선의 고유문화를 꽃피운 진경眞景 시대의 세계화에 성공한 예술가일 뿐만 아니라, 진경 시대 학문 조류인 북학 사상을 본궤도에 진입시킴으로써 조선 사회의 변화 논리에 힘을 실어준 장본인이었고 그 결과로 그는 단순한 예술가·학자가 아니라 시대의 전환기를 산 신지식의 기수로 평가받고 있다.

팔왕지한 | 녹두장군
八王之恨 | 綠豆將軍

여덟 **팔** 임금 **왕** 어조사 **지** 한할 **한** | 푸를 **록(녹)** 콩 **두** 장수 **장** 군사 **군**

'팔왕'의 한이라는 말로, 동학란을 일으켰던 전봉준이 뜻을 이루지 못하고 죽은 데서 유래했다. 큰 뜻을 품었으나 타의에 의하여 그 뜻을 이루지 못했을 때 그를 안타까워하는 뜻으로 쓰인다.

문헌:《한국인명대사전韓國人名大事典·천도교창건사天道敎創建史》

녹두장군綠豆將軍이라는 별명을 가진 전봉준全琫準(1855~1895)은 호는 해몽海夢이고 본관은 천안이다. 동학혁명東學革命의 지도자로 전북 고창高敞 덕정德井에서 태어났으며 별명은 녹두장군綠豆將軍이다. 그는 귀가 녹두 알처럼 작고, 눈은 둥글며, 다부진 체구를 가지고 있었다.

1894년, 나라 안에서는 동학혁명이 일어나기 전부터 여러 가지 좋지 않은 현상이 이곳저곳에서 일어났다.

고종高宗 26년인 1889년에는 삼남 지방에 대흉년이 들고, 경기도 지방에는 대홍수가 일어났다. 또 함경도에서는 민란이 터졌으며, 함경도 고산, 영흥에서 일어난 반란의 불길은 흉년이라는 바람을 타고 전국으로 번졌다. 그 불길은 그해 10월 전라도 전주와 광양에까지 번져 온 나라가 술렁거렸다. 1890년에는 경상도 함창, 강원도 고성, 경상도 예천 등지로 꼬리를 물고 번져 갔다.

그런 와중에 전라도에서는 이상한 내용의 민요가 백성들의 입에서 입으로 전해지고 있었다.

새야 새야 파랑새야
녹두밭에 앉지 마라
녹두꽃이 떨어지면
청포 장수 울고 간다.

여기에서 파랑새는 팔왕새, 즉 팔왕八王은 전全자를 풀어 놓은 것이니, 녹두장군 전봉준을 가리키는 말이었다.

전봉준은 아버지 전창혁全彰赫이 민란의 주모자로 잡혀 처형된 뒤부터 사회 개혁에 뜻을 품었다. 그래서 30세 무렵에 동학東學에 입문, 고부古阜 접주接主로 임명되어 각지를 돌아다니며 은밀히 동지를 규합했다.

한편 1890년에 세상을 떠난 대왕대비 조 씨趙氏의 친척이 되는 고부군수 조병갑趙秉甲은 농민들의 고통은 아랑곳하지 않고 제 뱃속만 채우느라 과다한 세금을 징수하고 근거 없는 죄명을 씌워 재산을 갈취했다.

그는 태인 군수를 지낸 자기 아버지의 비각을 세우겠다며 농민들로부터 1천 냥을 거두어들였으며, 만석보萬石洑밑에 보洑를 만든다는 핑계로 700섬의 세금을 징수했다.

이러한 횡포에 농민들은 여러 차례에 걸쳐 상부에 진정을 했으나 조병갑은 들은 척도 하지 않았다. 농민들은 모이기만 하면 그에 대해서 불평을 늘어놓았다.

"굶어 죽으나 맞아 죽으나 죽기는 마찬가지인데 속 시원히 때려 부수고 죽읍시다."

분노한 전봉준과 농민들은 1894년 1월 관아를 습격하여 곡식을 강탈, 가난한 백성들에게 나눠 주었다(제1차 봉기). 그리고 만석보의 둑을 헐어버렸다. 이렇게 민심이 악화되자 뒤늦게 이 소식을 들은 조정에서는 조병갑 등 관리들을 처벌하고, 그동안의 일은 불문에 부친다는 확약을 함으로써 농민군을 해산시켰다. 그러나 새로 온 군수 이용태李容泰가 약속을 어기고 민란의 책임을 물어 동학교도들을 마구잡이로 잡아들이는 등 다시 탄압이 심해지자 격분한 전봉준은 곤봉과 죽창, 그리고 무기 창고에서 탈취한 창과 총을 가지고 항거하였다(제2차 봉기).

전봉준은 마침내 조직적인 대항을 하기 위해 동학교도들을 백산에 집결시켰다. 태인泰仁, 금구金溝, 부안扶安, 무장茂長에서 김개남金開男, 손화중孫化中 등이 동학군을 이끌고 속속 모여들었다.

어느덧 군사는 8천으로 늘고, 혁명의 불길은 마른 장작에 불이 붙듯 활활 타올라 정읍井邑, 고창高敞을 거쳐 영광靈光, 함평咸平에까지 번져 나갔다.

조정에서는 장위영壯衛營의 영관領官 홍계훈洪啓薰을 양호초토사兩湖招討使로 임명하여 관군 8백 명과 대포 2문, 기관포 2문을 주어 동학군을 토벌하라고 했으나 도교산 황토마루 싸움에서 동학군에게 전멸당하고 말았다.

겨우 목숨을 건진 홍계훈은 전주성으로 도망을 갔으나 그곳은 이미 동학군이 점령하고 있었다.

그러자 고종高宗은 직접 나서서 전봉준에게 휴전을 제의했다.

"스스로 무기를 거두고 해산하면 일체의 죄를 묻지 않겠노라."

전봉준은 동학군을 설득하여 모두 제 고향으로 돌아가게 했다. 전주성全州城을 점령한 지 10일 만의 일이었다.

동학군은 겨우 해산시켰으나 민심을 잃은 조정에서는 동학군이 점령했던 지역을 제대로 다스릴 수가 없었다. 그래서 전라도 53개 군에 집강

소執綱所라는 임시 행정기관을 설치, 전주에 총본부를 두어 전봉준으로 하여금 다스리게 했다. 그리되니 전라도, 충청도는 동학 세력이 지배하게 되었다.

동학운동은 신분 제도에 반대하고, 평등을 내세운 사회 개혁 운동이었기 때문에 쉽게 대중의 마음을 사로잡았던 것이다.

조정에서는 동학군을 진압하고자 청나라에 원군을 요청했고, 일본은 일본대로 자국민을 보호한다는 명분을 내세워 파병함으로써 결과적으로 청일전쟁을 촉발시키는 원인이 되었다.

그런데 일본이 조선에서 침략 행위를 계속하자 동학군은 일본군을 추방하기 위해 다시 봉기했다(제3차 동학농민운동). 그래서 논산의 웅치雄稚와 우금치牛金峙에서 치열한 접전을 벌였으나 처참하게 패배하고 말았다.

동학 농민군은 수적으로만 우세할 뿐 훈련을 받은 군인도 아니었고, 병기도 원시적이어서 신식무기로 무장한 일본군과 관군의 상대가 되지 않았다. 또한 정권 전복을 원치 않는 북접의 반발과 왕실을 부정하는 남접 내 급진파의 존재 역시 농민군의 내분을 불러왔다.

다음 《전봉준공초》는 전봉준이 체포된 후 다섯 차례 진행된 전봉준에 대한 법정신문기록이다.

서광범徐光範: 네 이름이 무엇이냐?

전봉준: 전봉준全琫準이다.

서: 전명숙全明淑이라는 자는 누구냐?

전: 명숙은 나의 자字다.

서: 전녹두全綠豆는 누구냐?

전: 사람들이 나를 그리 부른다.

서: 왜 난을 일으켰으냐?

전: 어찌하여 날보고 난을 일으켰다 하느냐? 작란作亂을 하는 것은 바로 왜놈에게 나라를 팔아먹고도 끄떡없는 부패한 너희 고관들이 아니냐?

서: 관아를 부수고 민병을 일으켜 죄 없는 양민을 죽게 한 것이 난이 아니고 무엇인가?

전: 일어난 것은 난이 아니라 백성의 원성이다. 민병을 일으킨 것은 기울어져 가는 나라를 구하고자 함이요, 백성의 삶에서 폭력을 제거코자 했을 따름이다.

서: 그리하면 지방의 방백수령을 혼내주면 됐지 왜 서울에 입성코자 했는가?

전: 국체를 무시하고 궁궐을 침범한 왜놈들을 응징코자 한 것이다.

서: 그럼 서울에 살고 있는 외국인을 다 내쫓고자 했는가?

전: 아니다. 외국인은 통상만 하면 되는 것이다. 헌데 왜놈들은 군대를 주둔시켜 나라를 집어삼키려 하고 있다는 것을 그대들은 아직도 모르고 있단 말이냐? 어찌 뿌리가 썩었는데 가지를 친다함이 의미가 있을쏜가?

서: 너는 동학東學의 괴수魁首냐?

전: 나는 의를 펴고자 일어났을 뿐이다. 동학의 괴수라 함은 가당치 않다.

서: 동학엔 왜 입당하였느냐?

전: 사람의 마음을 지키고[守心] 하늘님을 공경하는 것[敬天]을 가르치기 때문이다.

서: 동학의 주의主意가 무엇이냐?

전: 보국안민輔國安民이다.

서: 그렇다면 그대는 하늘님을 공경하는 것 보다는 보국안민이라는 정
　　치적 목적을 위해 동학이라는 조직을 이용한 것밖에 더 되느냐?

전: 동학은 본시 우리 해동 조선 땅에서 일어난 것이며 그 도학道學에 종
　　교와 정치의 구분이 있을 수 없다.

서: 송희옥宋憙玉의 기서奇書에 의하면 너의 재차 기포는 국태공國太公 대
　　원군과의 밀약에 의한 것이라는데 그것이 사실이냐?

전: 어찌 척양척왜가 대원군 한 사람의 주장일까 보냐? 그것은 만백성이
　　원하는 바이다. 내 창의문에 써있는 몇 구절로써 그런 억측을 일삼는
　　것은 참으로 가소로운 일이다. 대원군은 우리의 의거가 해산되기만
　　을 효유했을 뿐이다. 우리의 의거는 대원군과 하등의 관련도 없다.

서: 그럼 너도 허락을 최시형崔時亨으로부터 받았는가?

전: 진리를 펴는데 무슨 허락이 필요한가? 충의忠義란 본심本心이다. 그
　　대 발 등에 불이 떨어졌는데 그대는 그것을 허락을 받고 치우겠는
　　가?

―《전봉준공초全琫準供草》

　동학 혁명군은 처음엔 관리들의 탄압을 막고자 시작되었으나 나중에
는 일본군으로부터 나라를 지키고자 하는 투쟁으로 확대되었다.

주제별

한/韓
국/國
고/故
사/事
성/成
어/語

[3장]
지혜
智慧
·
지략
智略

韓國故事成語

故事成語

타금지단
拖錦之端

拖:끌 **타** 錦:비단 **금** 之:어조사 **지** 端:끝 **단**

비단의 끝머리를 끌다. 즉 일의 중요한 요점을 파악하여 전체를 해결한다는
뜻이다.

문헌 : 《매월당집梅月堂集 · 한국韓國의 인간상人間像》

조선 제6대 단종端宗 때 생육신의 한 사람이었고, 우리나라 최
초의 한문 소설 《금오신화金鰲新話》를 썼던 매월당梅月堂 김시습金時習
(1435~1493)은 본관이 강릉이고, 시호는 청간淸簡이다. 그는 재주가 출중하
여 세 살 때 시詩를 짓고, 다섯 살 때 중용中庸과 대학大學을 통달하여 신동
神童이라는 말을 들었다. 세종世宗은 다섯 살 된 그가 정말 소문처럼 총명
한지 궁금하여 직접 어전으로 불러 여러 가지를 물어 보기도 하고, 글을
짓게도 해 본 결과 과연 뛰어나다는 것을 알았다.

세종은 대단히 기뻐하며 상으로 비단 5필을 주면서 물었다.

"이 비단을 너 혼자서 가지고 갈 수 있겠느냐?"

"예, 그리할 수 있습니다."

어린 김시습은 서슴없이 대답하고 나서 비단을 모두 푼 다음 끝과 끝
을 연결하여 잡아 묶었다. 그러고는 한쪽 끝을 잡고 밖으로 나가니 나머
지 비단이 줄줄 딸려 갔다.

세종은 감탄했다.

"저것이 어찌 어린아이의 지혜란 말인가. 장차 큰 인물이 될 것이 틀림없다."

그는 삼각산 중흥사重興寺에서 공부를 하다가 수양대군首陽大君이 단종을 내몰고 왕위에 올랐다는 소식을 듣고 책을 불태워 버리고 머리를 깎고 중이 되어 방랑길을 떠났다. 1463년 효령대군孝寧大君의 권고로 불경 언해 사업에 관여하게 되어 내불당內佛堂에서 교정 일을 맡아 보기도 했다. 그는 탁월한 재능을 보였지만 1465년 경주 남산 금오산실金鰲山室을 짓고 입산했다.

김시습이 세 살 때 보리를 맷돌에 가는 것을 보고 다음과 같은 글을 지어 어른들을 놀라게 했다.

비는 아니 오는데 어디서 천둥소리가 나는가? 無雨雷聲何處動
누런 구름조각이 사방으로 흩어지도다. 黃雲片片四方分

그는 47세(1481년)에 환속하여 《독산원기禿山院記》를 썼으며 불교와 유교를 아우르는 사상으로 일세를 풍미했다. 또 어렸을 적 궁중에 불려갔던 일을 회상하며 다음과 같이 시로 읊기도 했다.

어린아이가 궁궐에 불려 갔을 때 少小趨金殿
세종 임금은 비단을 내리셨네. 英陵賜錦袍
지진사가 무릎에 올려놓고 知神呼上膝
지필묵을 내놓고 시를 쓰라 했네. 中使勸揮毫
글을 보고 이르길 영특한지고 하시며 競道眞英物
뛰어난 글재주꾼 났다고 좋아하셨네. 爭瞻出鳳毛
어찌 알았으랴. 집안이 기울면서 焉知家事替

· 2부 주제별 한국 고사성어 ·

굴러떨어져 쑥밭에서 늙을 줄이야. 零落老蓬蒿

시습은 언젠가 방랑길에서 우연히 한명회韓明澮가 쓴 시를 보게 되었다.

젊어서는 사직을 붙잡고 靑春扶社稷
늙어서는 강호에 묻힌다. 白首臥江湖

김시습은 그 시의 운韻을 바꾸어 써놓고 홀연히 가버렸다.

젊어서는 나라를 망치고 靑春亡社稷
늙어서는 세상을 더럽힌다. 白首汚江湖

그의 해학에 지나가는 사람마다 웃지 않는 이가 없었고 이후 사람들이 따라 읊었다고 한다.

상처한 후 재취하지 않았고 부여 홍산 무량사에서 사망했으며 그의 유언대로 절 옆에 묻었다가 3년 후에 파 보니 얼굴이 산 사람과 같았다 한다. 이를 본 사람들은 그가 큰 한을 품었다고 생각하고 둥근 돌 탑 부도浮屠를 세워주었다.

와이구명
蛙以求命

蛙:개구리 **와** 以:써 **이** 求:구할 **구** 命:목숨 **명**

개구리로 사람의 생명을 구하다. 즉 작은 것으로써 큰일을 해결하는 지혜로
운 행동을 말한다.

문헌 : 《고금청담古今淸談》

조선 제22대 정조正祖 때의 좌의정 김종수金鍾秀(1728~1799)는 본관
이 청풍淸風이고 호가 몽오夢梧, 시호는 문충文忠이다. 그가 당폐黨弊를 일
으킨 죄로 경상도 기장機張으로 귀양을 가서 그곳의 이방吏房 집에서 한
해 여름을 나게 되었다.

그가 하루는 시원한 나무 그늘에서 낮잠을 자는데 난데없이 독사 한
마리가 배 위로 기어올라 왔다. 사람들은 기겁을 했다. 본인을 깨우면
필경 몸을 움직일 테고, 그리되면 놀란 독사가 물게 될 것이 뻔했다.

모두들 어찌할 바를 몰라 쩔쩔매는데 이방의 어린 아들이 잽싸게 밖
으로 뛰어 나가더니 개구리 한 마리를 잡아 왔다. 그러고는 살금살금 뱀
곁으로 다가가 개구리를 던졌다.

개구리는 폴짝폴짝 뛰어 달아났다.

그것을 본 독사는 개구리를 잡아먹으려고 재빨리 김종수의 배 위에서
내려왔다. 어린아이의 지혜가 어른의 생명을 구해낸 와이구명蛙以求命이
었다.

불안돈목
佛眼豚目

佛:부처 불 眼:눈 안 豚:돼지 돈 目:눈 목

'부처님의 눈과 돼지의 눈'이라는 말로 세상 만물이 부처님의 눈으로 보면 다
부처님같이 보이고, 돼지의 눈으로 보면 다 돼지같이 보인다. 즉 사물은 보는
시각에 따라 평가가 달라질 수 있다는 뜻.

문헌 : 《조선금석총람朝鮮金石總覽》

　　무학無學대사(1327~1405)의 이름은 자초自超이고, 성은 박朴 씨이며,
문하시랑 인일仁一의 아들로, 무학은 호이다. 합천군 삼기三岐출신으로 18
세 때 소지선사小止禪師에 의해 중이 되고, 혜명국사慧明國師에게서 불법을
배웠으며, 진주鎭州의 길상사吉祥寺와 묘향산 금강굴金剛窟에서 수도修道했
다. 그 후 원나라 연경燕京에 유학하여 지공선사指空禪師에게서 가르침을
받은 후 1356년에 귀국했다.

　　1392년, 조선 개국 후 왕사王師가 되었으며, 태조 이성계李成桂에게 한
양漢陽을 수도로 정하라고 추천했다.

　　그는 조선 창업에 많은 기여를 한 까닭에 태조가 스승으로 대접하고
친구처럼 사귀었으며, 고굉지신股肱之臣으로 아끼었다.

　　태조가 도읍을 한양으로 옮기고 시국이 안정되어 모처럼 만조백관들
에게 잔치를 베풀 때 무학대사도 태조 곁에서 즐거이 동참하고 있었다.
한창 잔치가 무르익자 이성계는 좌중을 더욱 흥겹게 하려고 무학을 향해
서 농을 걸었다.

"대사, 오늘은 우리 파탈擺脫하고 피차 흉허물 없이 놀아 봅시다."

무학은 손을 합장合掌하며 말했다.

"성은이 망극하올 뿐입니다."

태조는 너털웃음을 웃으면서 넌지시 말했다.

"오늘 대사의 얼굴을 자세히 뜯어 보니 꼭 돼지같이 생겼소이다 그려."

이 말을 들은 좌중은 일시에 웃음바다를 이루었다. 무학은 어이없다는 듯 껄껄 웃고 나서 한마디했다.

"소승이 뵈옵기에 대왕께서는 꼭 부처님을 닮으셨습니다."

그러자 태조는 심드렁해서 말했다.

"아니, 나는 대사를 돼지에 비유했는데 대사는 나를 부처님이라 하시오? 오늘은 군신의 예를 떠나자 하지 않았소?"

무학은 너털웃음을 한참 웃고 난 다음 말을 이었다.

"그건 대왕께서 모르시는 말씀입니다. 무릇 세상 만물이 부처님 눈(佛眼)으로 보면 다 부처님같이 보이고 돼지의 눈(豚目)으로 보면 다 돼지같이만 보이는 법이지요."

그러자 사람들은 아연 긴장하여 태조의 눈치만 살폈다. 그러나 태조는 파안대소破顔大笑하며 말했다.

"하하하! 내가 졌소이다."

무학대사는 그 후 금강산 금장암金藏庵에서 입적하였다.

이언치부
耳言致富

耳:귀 **이** 言:말씀 **언** 致: 모을 **치** 富:부자 **부**

귓속말로 돈을 벌다. 흥선대원군의 고사에서 유래했다. 지위가 높은 사람에게 아부하여 원하는 것을 획득하는 경우를 이른다.

문헌 : 《매천야록梅泉野錄》

　　흥선대원군興宣大院君(1820~1898)은 이름이 이하응李昰應이고, 자는 시백時伯이며, 호는 석파石坡이다. 1843년 흥선군으로 봉해졌으며 정권을 잡기 전 안동 김씨의 세도 밑에서 살아남기 위하여 파락호破落戶 행세를 하며 궁도령宮道令으로 세월을 보냈다. 그러다가 후사가 없던 철종哲宗의 후임으로 자신의 둘째 아들 명복命福이 고종高宗(영조 5대손)으로 즉위하자 하루아침에 대원군大院君이 되었다. 그 후 섭정을 통하여 많은 개혁과 과감한 정치를 하여 그 치적이 컸다. 반면에 쇄국정책을 끝내 고집함으로써 나라를 국제적으로 고립시킨 것은 그의 실정이었다.

　　그는 외척外戚의 아성인 안동 김씨의 주류를 숙청하는 한편 당색을 초월하여 인재를 등용했다. 그리고 부패한 관리를 적발하여 파직시키고, 법률 제도의 확립을 통해 중앙집권 정치의 기강을 확립했다.

　　그가 권력이 집중되는 자리에 있게 되자 그에게 아첨하는 자가 한둘이 아니었다. 그중에 옛날 기방에서 대원군을 몹시 괴롭히던 안동 김씨 한 사람이 찾아와 발아래에 엎디어 그동안 잘못했노라고 싹싹 빌었다. 그러자 대원군은 그를 용서함은 물론이고, 뜻밖에도 소원을 말하라고 했다.

그는 기다렸다는 듯이 '소인이 매일 찾아뵙고 문안을 드릴 것이오니 그때마다 제가 대감님의 귀에 귓속말 세 마디씩만 하게 하여주십시오.' 했다.

대원군은 '그놈 별난 청을 다 하는구나'. 생각하고 쾌히 승낙하였다.

이튿날부터 그자는 꼭 운현궁에 손님이 많이 있을 때에만 들어와서 대원군에게 귓속말을 했다. 그러나 정작 별로 특별한 내용이 없었으므로 대원군이 적당히 대꾸하면 그자는 정색을 하며 말했다.

"안 됩니다. 그럴 수야 있습니까?"

또 어떤 때는 이렇게 말했다.

"최선을 다하여 분부 받들겠습니다."

그곳에 있던 여러 손님들은 그 광경을 보고 모두 깜짝 놀랐다. 당시 대원군 앞에서 감히 '안 됩니다.'라고 대답하는 사람이 없었기 때문에 주목을 받을 수밖에 없었다. 그래서 많은 사람들은 그를 대단한 사람으로 생각해서 그자와 가까이하고자 그 집은 문전성시門前成市를 이루었고, 얼마 안 되어 큰 부자가 되었다.

그자는 하찮은 벼슬아치보다는 치부를 하는 것이 훨씬 낫다고 생각하였으니, 대원군보다 한술 더 뜨는 농간弄奸꾼이었다.

그 후 대원군은 명성황후明成皇后와 권력다툼에서 실각하게 되었고, 1882년 임오군란으로 재집권했지만 청나라 개입으로 천진에 연행되었다가 친러정부가 성립되자 은퇴했다.

1907년 대원왕大院王에 추봉 되고 시호는 헌의獻懿이다.

이무담량
李武膽量

李:성 **이 武**:호반 **무 膽**:쓸개 **담 量**:헤아릴 **량**

'이무'의 배짱이라는 말로, 조선 효종시대의 송시열과 방어사 이무 사이에 있었던 고사에서 유래했다. 어떤 일이 잘못되었음을 알면서도 그를 인정하면 자신이 크게 불리해지므로 그대로 밀고 나가는 배짱을 말한다.

문헌 : 《고금청담古今淸談》

조선 시대, 주자학의 대가이며 좌의정을 지냈던 우암尤庵 송시열 宋時烈(1607~1689)이 은퇴하여 쉬고 있을 때였다.

그가 하루는 나귀를 타고 하인과 함께 주막에 들어갔다. 그때 새로운 임지로 부임하는 방어사防禦使 이무李武가 부하들을 이끌고 뒤따라 들어왔다.

"비켜라! 방어사 어른이시다."

큰소리로 외치며 우르르 들어오는 그들의 기세에 송 대감과 하인은 한쪽 구석으로 밀려났다. 화가 난 송 대감의 하인이 그들을 향해 소리쳤다.

"무엄하도다. 이 어른이 바로 송시열 대감이시다. 그런데 감히 무례하게 군단 말이냐?"

군졸들은 즉시 방어사 이무에게 하인의 말을 전하였다.

"큰일 났구나. 그 어른을 몰라보고 방자하게 굴었으니……."

방어사는 더럭 겁이 났다. 그러나 거기서 물러설 수는 없었다. 그는 잠시 궁리를 하다가 송 대감 앞으로 가서 방어사로서의 위엄을 갖추고 말하였다.

"노인은 누구시오?"

송 대감의 하인은 방어사의 거만한 태도에 어이가 없었다. 한낱 군관의 신분으로 좌의정을 지낸 어른에 대한 무례無禮가 이만저만이 아니었다.

"내가 바로 송시열이오."

"뭐? 당신이 송시열이라고? 허허, 나이만 든 게 아니라 망령까지 들었군."

"예끼, 이 사람! 젊은 사람이 무슨 말을 그렇게 험하게 하시오."

"그게 아니라면 노인은 겁도 없소? 감히 송시열 대감을 함부로 사칭하다니, 당신 단단히 혼 좀 나야 되겠소. 이 나라의 제일가는 어른을 희롱하다니……."

"그럼, 내가 거짓말을 하고 있다는 게요?"

"조용히 말할 때 물러가시오. 그렇게 아무 데서나 송 대감 어른을 사칭하고 돌아다니다가는 제 명에 죽지 못할 것이오. 아시겠소?"

송 대감은 어처구니없는 봉변을 당하고 군졸들에게 떠밀려 주막을 나왔다.

"대감님, 당장 관가에 알려서 저놈들을 혼내야 됩니다."

"그럴 거 없다. 그 방어사가 나를 알아보고도 모른 척한 것이 틀림없다. 내가 봉변을 당하긴 했지만 그 방어사의 기지와 배짱은 높이 살만하다. 후에 내가 긴히 써야 될 인물이니라."

송시열 대감은 봉변을 당하고도 흐뭇한 미소를 지으며 다른 주막으로 가서 머물렀다.

무접무향
無蝶無香

無 : 없을 **무** 蝶 : 나비 **접** 無 : 없을 **무** 香 : 향기 **향**

나비가 없음으로 미루어 향기가 없을 것이다. 선덕여왕이 어렸을 적 모란꽃
그림을 보고 향기가 없을 것이라고 예언한 고사에서 유래한 말로 어떤 일에
반드시 갖추어져야 할 요건이 없다면 그것은 완전한 것이 아니라는 뜻이다.

문헌 : 《삼국사기三國史記》

신라 제27대 선덕여왕善德女王(?~647)은 진평왕眞平王의 맏딸로서
본명은 김덕만德曼이고, 선덕善德은 시호이며, 호는 성조황고聖祖皇姑다.

그녀는 어려서부터 지혜가 많아 세 가지 앞일을 예측하여 적중시켰다.

그 첫 번째는 모란꽃에 관한 이야기다.

당唐나라 태종太宗이 진평왕에게 붉은색, 자주색, 흰색의 모란꽃 그림
과 그 씨앗 세 되를 보내오자 왕이 어린 덕만공주에게 보이자 그녀가 말
했다.

"이 꽃은 비록 아름다우나 틀림없이 향기가 없을 것입니다."

왕이 웃으면서 말했다.

"그것을 어떻게 알 수 있느냐?"

왕이 묻자 덕만이 대답했다.

"이 꽃 그림에 봉접蜂蝶(벌과 나비)이 없음으로 미루어 알았나이다.

대저 여자가 아름다우면 남자들이 따르고, 꽃에 향기가 있으면 봉접이
따르는 법 아닙니까? 그런데 이 꽃 그림은 아름답기는 하지만 봉접을 그

리지 않은 것으로 보아 향기가 없음이 분명하나이다."

그래서 그 씨앗을 뜰에 심게 했더니 과연 꽃은 탐스럽게 피었으나 향기가 없었다.

두 번째는 덕만공주가 화백회의和白會議에서 왕이 된 뒤 백제 군사를 물리친 이야기다.

날씨가 싸늘한 겨울에 영묘사(靈廟寺: 선덕여왕 때 경주에 창건한 절) 아래의 옥문지玉門池에 난데없는 개구리 떼가 모여들어 울어댔다.

그러자 사람들이 해괴한 일이라 생각하여 왕에게 보고하였다. 선덕여왕은 급히 각간 알천閼川과 필탄弼呑 등에게 군사 2천 명을 뽑아 서라벌의 서남변西南邊에 있는 옥문곡(玉門谷: 여자 생식기를 닮은 계곡)을 찾아가서 잠복해 있는 백제의 병사들을 섬멸하라고 명령했다.

두 각간이 왕명대로 찾아가니 한 작은 산 계곡에 과연 백제의 장군 우소于召가 군사 오백 명을 거느리고 독산성獨山城을 습격하려고 잠복해 있어 일망타진했다.

세 번째는 자기의 죽음을 미리 예언한 일이다.

여왕이 신하들에게 자신이 아무 해, 아무 달, 아무 날에 죽거든 낭산 남쪽 비탈의 도리천忉利天안에 묻어 달라고 당부했다. 그리고 그날이 되자 예언대로 세상을 떠났다. 신하들은 왕의 당부에 따라 장사를 지냈다.

그로부터 십여 년 뒤 문무대왕文武大王은 선덕여왕의 능 아래에다 사찰 사천왕사(四天王寺: 섬부주·승신주·우화주·구로주를 일컫는다)를 창건했다. 사람들은 불경에서 사천왕천四天王天은 수미산(須彌山: 세계의 중심에 있는 높은 산)의 중턱에 있고, 그 위에 도리천이 있다고 한 말을 상기하고, 그때서야 선덕여왕의 예언이 맞아 떨어짐을 알았다.

선덕여왕이 생존해 있을 때 신하들이 개구리에 관한 예언을 두고 어떻게 알 수 있었는지 묻자 선덕여왕이 설명했다.

"개구리의 불거져 나온 눈으로 병사를 의미하는 것을 알았고, 옥문玉門은 여근女根(여자 생식기)이고, 여자는 음과 양 중에 음에 속하며, 그 빛깔은 흰 것인바, 흰빛은 서쪽을 상징하는 것이므로 적의 병사가 서쪽에 있음을 알았고, 남근男根(남자 생식기)이 여근 속에 들어가면 반드시 죽는 법이니 그들을 쉽게 잡을 수 있을 것이라고 생각했다."

설명을 듣고 난 신하들은 모두 감탄해 마지 않았다.

선덕여왕은 분황사芬皇寺를 창건하고, 첨성대瞻星臺와 황룡사皇龍寺 9층탑 등을 건립했다.

김유신金庾信, 김춘추金春秋, 알천閼川 등의 보필로 선정을 베풀었다.

매몽득화
買夢得華

買 : 살 **매** 夢 : 꿈 **몽** 得 : 얻을 **득** 華 : 빛날 **화**

꿈을 팔아 영화를 얻는다는 말로, 신라 김유신의 누이동생 문희가 언니 보희의 꿈을 사서 태종무열왕의 왕후가 된 고사에서 유래했다. 대수롭지 않은 일로 큰 이득을 보는 것을 비유해서 쓴다.

문헌 : 《삼국유사三國遺事 · 신라사회新羅史》

신라의 김유신金庾信(595~673)은 가야국伽倻國 12대손으로 서현舒玄의 아들이다. 어머니는 만명부인萬明夫人으로 김유신의 정신적인 지주였다.

김유신에게는 보희寶姬와 문희文姬라는 두 명의 누이동생이 있었다.

어느 날, 보희가 꿈에 서악西岳의 선도산仙桃山에 올라가 소변을 보니 그 양이 엄청나 서라벌이 모두 오줌물에 잠겨버렸다. 그래서 동생 문희에게 그 꿈 이야기를 들려주자 문희는 대뜸 그 꿈을 자기에게 팔라고 졸라 비단옷감 한 벌을 주고 샀다.

그런 일이 있은 뒤 정월 어느 날, 김유신이 김춘추金春秋를 데리고 와서 자기 집 앞에서 공차기를 하고 놀았다. 그러다가 짐짓 공놀이 중에 춘추의 옷을 밟아 옷고름을 떼어놓고는 자기 집에서 일어난 일이니 들어가 꿰매자고 권했다. 춘추는 유신을 따라 들어갔다. 유신은 누이 보희에게 춘추의 옷고름을 달아주도록 권했다.

"오라버니, 남녀가 유별하온데 어찌 그런 일로 남의 남자를 가까이 하겠습니까?"

보희는 양갓집 처녀로서 책잡힐 것을 걱정하여 정중히 사양했다.

그러자 곁에 있던 문희가 자청하여 떨어진 옷고름을 달아주었다.

그것이 인연이 되어 문희는 춘추와 깊은 관계를 맺어 임신을 했고, 그 사실을 유신이 알게 되었다.

"시집도 안 간 처녀가 잉태를 하다니, 이는 우리 가문을 더럽힌 것으로 용납할 수 없는 일이다."

유신은 문희를 짐짓 크게 꾸짖으면서 불태워 죽이겠다고 소문을 퍼뜨렸다. 그리고 선덕여왕善德女王의 남산 행차에 맞추어 자기 집 뜰에다 장작과 섶을 쌓아놓고 불을 질러 연기가 치솟게 했다.

왕이 고을 복판에서 올라오는 연기를 보고 웬일이냐고 묻자 신하들이 아뢰었다.

"김유신 공의 누이가 시집도 가지 않았는데 임신하였기로 그 죄를 물어 화형에 처한다 하옵니다."

"그럼 임신시킨 남자는 누구라 하더냐?"

그러자 왕을 모시고 있던 김춘추의 얼굴색이 검게 변하면서 안절부절 못했다. 여왕은 조카 춘추의 소행임을 알고 꾸짖었다.

"네가 한 짓이로구나. 빨리 가서 구해주도록 해라."

일이 이렇게 되자 김춘추는 길일吉日을 택하여 문희와 혼례를 치를 수밖에 없었다.

선덕여왕이 승하하고 진덕여왕眞德女王에 이어 처음으로 진골 출신 김춘추가 왕위에 오르니 바로 태종무열왕太宗武烈王이다. 문희는 문명왕후文明王后가 되어 삼국 통일을 내조했고, 오남 오녀를 낳았으며 득화得華한 생활을 하였다. 꿈을 판 보희는 평범한 무명의 여성으로 일생을 마쳤다.

내심구압
耐心求鴨

耐:참을 **내** 心:마음 **심** 求:구할 **구** 鴨:오리 **압**

인내심이 오리를 구하다. 참을성의 중요함을 이르는 말로 조선 세종 때의 재상 윤회의 고사에서 유래했다.

문헌 : 《국조명신록國朝名臣錄》

조선 제4대 세종 때의 명신 윤회尹淮(1380~1436)는 어려서부터 경사經史에 통달하여 신동으로 불렸다. 그는 노비변도감奴婢辨都監에서 제십방第十房을 맡아 신속 정확하게 판결하여 주위의 주목을 받았다.

그가 어느 날 길을 가다가 날이 저물어 간신히 집을 찾아 하룻밤 자고 가기를 청했으나 주인은 냉정히 거절하고 들어가 버렸다.

윤회는 너무나 피곤한 나머지 그 집의 뜰 아래에 앉아 잠시 쉬고 있었다. 그런데 그 집 어린아이가 나와 진주 구슬을 가지고 놀다가 땅바닥에 떨어뜨리자 곁에 있던 거위가 그것을 날름 삼켜버렸다. 거위가 삼켜버린 것을 보지 못한 아이는 이리저리 찾다가 윤회의 얼굴을 빤히 쳐다보더니 얼른 안으로 들어가는 것이었다. 아이는 구슬을 윤회가 가져간 것으로 의심하는 눈치였다.

잠시 후, 쫓아 나온 주인이 다짜고짜 윤회를 범인으로 단정하고 진주 구슬을 내놓으라고 다그쳤다.

"방금 우리 아이가 가지고 나간 진주 구슬이 없어졌으니, 네 소행이 분명하렷다!"

그러고는 하인을 불러 윤회의 온몸을 뒤지게 했다. 그러나 진주 구슬이 발견되지 않자 그를 결박하고, 내일 아침에 관가로 끌고 가겠다고 했다. 윤회는 아무 저항 없이 묶이면서 주인에게 부탁했다.

"좋소. 구슬을 찾고 싶다면 저 거위도 내 곁에 묶어주시오."

주인이 그 이유를 물었으나 윤회는 그에 대해서는 대답하지 않고 하여튼 거위를 함께 있게 해달라고만 하였다. 별로 어려운 일도 아니고 해서 주인은 그렇게 했다.

다음 날 아침, 주인이 나오자 윤회는 거위가 눈 똥을 가리키며 헤쳐 보라고 했다. 주인이 이상히 여겨 헤쳐 보니 그 속에서 진주 구슬이 나오는 것이 아닌가! 깜짝 놀란 주인이 사과하며 말했다.

"어제는 왜 이야기를 하지 않았소? 그때 이야기했으면 이렇게 묶이는 고역을 치르지 않았을 텐데⋯⋯."

그러자 윤회가 대답했다.

"만약 내가 어제 거위가 진주 구슬을 먹었다고 말했다면 주인장께서는 빨리 그 사실을 확인해보고 싶은 나머지 저 거위의 배를 갈라 진주 구슬을 꺼냈을 것이 아니오. 그렇게 애꿎은 짐승을 죽게 하느니 내가 하룻밤을 고생하는 편이 낫다고 생각했던 거요."

그는 이처럼 사리 판단이 분명하고, 모든 생명을 소중히 여기며 특히 사람의 마음을 통찰해보는 안목이 높았다. 훗날 그는 관직에 올라 세종의 두터운 신임을 얻었다. 예문관 대제학을 역임하면서 인자한 마음씨로 어떤 일도 실수 없이 처리했다. 그는 주호酒豪로도 이름이 났는데 세종이 절주하라는 의미에서 하루에 술 석 잔씩만 마시라며 작은 잔을 하사하자 대장간에서 큰 사발로 늘려 연회 때마다 석 잔씩을 마셨다고 한다.

공수편매
共水騙賣

共:한가지 **공** 水:물 **수** 騙:속일 **편** 賣:팔 **매**

공공公共의 물을 속여서 팔다. 봉이 김 선달이 대동강 물을 판 고사에서 유래
한 말로, 남을 감쪽같이 속이는 행위를 이른다.

문헌:《한국해학소설집韓國諧謔小說集》

평양平壤 선교리에 봉이鳳伊 김선달金先達이라는 사람이 살았다.

그는 똑똑하고 재주가 많았지만 미천한 신분으로 태어났기 때문에 과
거를 볼 수가 없었다.

선달이라는 직위는 그를 부를 마땅한 호칭이 없자 그의 재주를 높이
평가한 주위의 사람들이 편의상 붙여준 것이었다.

김 선달은 자기가 아무리 노력을 해도 벼슬길에 들기는 어렵다고 생각
하고 하루하루를 선교리 동구 밖에 있는 능라도 주막집에서 소일했다.

그러던 어느 날, 화려한 비단옷 차림의 한양 사람들이 떼로 몰려와 평
양 거리를 쓸고 다닌다는 소문을 듣게 되었다. 알고 보니 그들은 평양의
특산물을 싸게 싹쓸이해다가 한양에서 비싸게 팔려는 투기꾼들이었다.
그들은 많은 돈을 전대에 차고 저잣거리를 휘젓고 다니면서 물건을 후려
치는 등 볼썽사납게 굴었다.

김 선달은 그들의 행위를 그대로 보고만 있을 수가 없었다. 그래서 그
들을 골탕먹일 좋은 방법이 없을까 골똘히 생각하면서 대동강가로 가는

156 · 2부 주제별 한국 고사성어 ·

데 홀연히 물장수들을 만나게 되었다. 순간적으로 좋은 생각이 떠오른 선달은 입가에 미소를 띄우며 모사를 꾸미기 시작했다. 그는 물장수들에게 말했다.

"우리 주막에 가서 대포나 한잔합시다."

"아니 선달님께서 어쩐 일로 술을 다 사십니까?"

"내 술은 술이 아닌가? 마셔 보게나, 아주 달콤할 테니……."

마침 출출하던 물장수들은 선뜻 김 선달을 따라나섰다. 술이 두어 순배 돌아가 입에 침이 돌자 선달이 제안을 했다.

"여보게들! 내가 재미있는 일을 한번 벌여 보려고 하는데 좀 도와주겠나?"

"좋지요! 무슨 일입니까?"

"내가 여러분들께 엽전 닷 냥씩을 나누어 줄 테니 그것을 가지고 있다가 대동강에서 물을 길어 갈 때마다 나에게 한 냥씩만 주고 가면 되네! 한 이삼일만 하면 될 게야."

"그까짓 일쯤이야 협조고 자시고가 어디 있겠습니까. 그렇게 해드리지요."

"자, 그럼 내일부터 내가 여차저차하면 당신들은 저차여차해주시오. 그럼 내 섭섭지 않게 인사는 하리다."

그러고는 모두에게 다섯 냥씩을 나누어 주었다.

다음날, 김 선달은 커다란 소쿠리를 챙겨 들고 물장수들이 대동강에서 물을 길어 마을로 나가는 길목에 자리를 잡고 앉았다. 물장수들은 약속대로 엽전을 한 냥씩 소쿠리에 던져 주고 갔다.

잠시 후, 한양의 양반 패거리들이 나타났다. 그들은 물장수들에게서 꼬박꼬박 엽전 한 냥씩을 받는 김 선달을 보고는 크게 놀랐다.

"아니, 영감은 지금 무슨 돈을 받고 있는 거요?"

"보면 모르시오? 물값이오, 물값! 내 강에서 물을 길어 가니까 물값을 받아야 할 것 아니오."

"아니, 저 대동강 물이 모두 당신 것이란 말이오?"

김 선달은 귀찮다는 듯 손을 휘휘 내저었다.

"허허! 그렇대두요. 남의 장사 방해하지 말고 저리들 가시오. 보아하니 한양에서 온 양반들 같은데 꽤나 답답들 하시구만!"

그렇게 하루를 지내고 다음날이 밝았다. 김 선달은 또다시 강가로 나가 어제처럼 돈을 받았다.

해가 중천에 떠오르자 한양 투기꾼들이 다시 몰려나왔다. 그때 물지게를 지고 오는 사람에게 김 선달이 말했다.

"자네는 밀린 돈이 열 냥인 거 알고 있지? 내일은 모두 가지고 와야 하네."

"네! 내일은 틀림없이 가져다 드리겠습니다."

그러자 투기꾼들은 김 선달에게 대동강 물을 팔라고 떼를 쓰기 시작했다. 김 선달은 못이기는 척 물러나며 말했다.

"내 자손 대대로 편히 먹고살 소중한 재산인데……. 하지만 어르신네들의 말씀이니 어쩔 수 없구려. 얼마면 사실 생각입니까?"

"2천 냥이면 어떻겠소?"

"2천 냥? 어디 셈을 한번 해봅시다. 하루에 오십 냥만 치더라도 열 흘이면 오백 냥, 그럼 한 달 열흘이면 본전을 모두 뽑는데……. 헤헤! 그걸로는 어림도 없소이다."

"노인장, 그러지 말고 우리들의 성의를 봐서 적당한 선에서 넘겨 주시오. 그럼 배를 올려 4천 냥 드리리다."

"안 되오. 정히 그러시다면 5천 냥을 당장 현금으로 내시오. 그전에는 아예 말도 꺼내지 마시고……!"

투기꾼들은 5천 냥이면 엄청난 돈인데도 망설이지 않고 선뜻 전대를 풀어 돈을 보이면서 매매를 해버리자고 서둘렀다. 물론 간단한 계약서도 썼다.

김 선달은 계약서에 도장을 찍고는 신이 나서 어쩔 줄을 몰라하는 그들을 두고 돈자루를 지고 잽싸게 사라져버렸다.

이튿날, 한양 양반 패거리들은 길목에 천막까지 치고 느긋하게 앉아서 돈을 받으려 했으나 돈을 내는 물장수는 하나도 없었다.

"아니, 왜 물값을 안 내는 거요?"

"물값이라니, 무슨 물값을 내라는 거요? 당신들 미쳤소?"

물장수들은 어이가 없다는 듯이 빤히 쳐다봤다.

"우리가 저 대동강을 샀단 말이오. 그러니 오늘부터는 물값을 우리에게 내고 가슈."

젊은 물장사가 나서며 빽하고 소리를 질렀다.

"허허, 이런 얼간이들을 보았나! 저 대동강 물이 누구의 것인데 누구한테 어떻게 샀다는 거요?"

그러자 투기꾼들은 계약서를 내밀면서 한사코 물값을 내라고 했다. 그러자 물장수가 말했다.

"쯧!쯧! 당신들이 속은 거요. 우리는 그 선달 영감이 여차저차하면 저차여차 해달라기에 그렇게 해준 것뿐이란 말이오."

그제야 한양 양반 패거리들은 땅을 치며 길길이 날뛰었으나 김 선달은 이미 물 판 돈 중에서 일부를 물장수들에게 나누어 주고 평양을 떠난 뒤였다.

가도공명 | 정명가도
假道攻明 | 征明假道

빌릴 **가** 길 **도** 칠 **공** 명나라 **명** | 칠 **정** 명나라 **명** 빌릴 **가** 길 **도**

길을 빌려서 명나라를 침공한다는 뜻으로, 일본이 우리나라에게 명나라를 치고자 하니 길을 내달라고 요구하고 그 핑계로 임진왜란을 일으킨 데서 유래했다. 어떤 명분을 내세워 터무니없는 것을 요구하는 것을 비유하여 쓴다.

문헌: 《동국기문東國奇問·한국인명사전韓國人名辭典》

　　왜구倭寇들은 삼국三國시대 때부터 조선 시대에 이르기까지 틈만 나면 현해탄을 건너와 약탈과 방화를 서슴지 않았다. 하여 조선에서는 합좌合坐(조선 시대 당상관들이 모여 중요한 일을 의논하던 일)하여 방어하였으나 나중에는 어쩔 수 없이 무역의 길을 열어주었다. 즉 세종世宗이 동래東萊 부산포釜山浦와 옹천甕川 제포堤浦, 그리고 울산의 염포鹽浦를 열어주어 왜구들의 노략질을 막아내려고 했지만 오히려 더 난동이 심해졌다. 그런 가운데 일본에서는 도요토미 히데요시豊臣秀吉가 백여 년간의 전국시대戰國時代를 평정, 60여 주를 통합하여 군사권을 쥐게 되자 호족세력들의 불만을 해외로 돌리고 국내를 안정시키기 위해 대륙 침략의 야욕을 품게 된 것이다. 그래서 대마도주對馬島主 종의지宗義智 현소玄蘇를 조선에 보내 명나라를 정복하고자 하니 길을 빌려 달라고 요청했다. 중국의 36계병법三十六計兵法 중에 제24계 가도벌괵假途伐虢과 같은 가도공명假道攻明 계책을 들고 나온 것이다.

　　그러자 조선에서는 황윤길黃允吉(西人)과 김성일金誠一(東人)을 1589년 일본을 탐지코자 통신사로 보냈는데 황윤길은 침략이 있을 것이라 하고 김성

·2부 주제별 한국 고사성어·

일은 반대 의견을 주장했다. 결국 조선은 일본의 협조 요청을 거절했고 도요토미는 정조령征朝令(조선을 정벌한다는 명령)을 내려서 선조 25년(1592년) 임진년 4월 14일, 가토 기요마사加藤淸正, 고니시 유키나가小西行長 등을 앞세워 20여만 군사로 침공하니, 바로 임진왜란壬辰倭亂이다. 4월 17일, 경상좌수사 박홍朴泓으로부터 왜군이 침공했다는 급보가 전해지자 조정에서는 신립申砬을 삼도도순변사三道都巡邊使로, 이일李鎰을 순변사巡邊使로, 김여물金汝岉을 종사관從事官으로 임명하여 침공에 대적케 하였다. 부산으로 상륙한 왜군은 세 길로 나누어 중로中路는 고니시 유키나가, 동로東路는 가토 기요마사, 서로西路는 구로다 나가사마黑田長政가 맡아 파죽지세로 북상하자 4월 30일, 선조는 결국 평양으로 몽진하는 수모를 겪어야 했다. 왜군은 상륙 20일 만인 5월 2일, 서울을 완전히 점령한 후 다시 북진을 계속하여 40일 만에 평양까지 함락시키니 선조는 다시 의주로 몽진해야 했다. 이때 처음으로 이순신李舜臣으로부터 옥포玉浦에서 승리했다는 소식이 전해왔고, 이어서 서천·당포·당항포, 한산도에서 거듭 승전보가 날아들었다. 그리고 종래에는 부산포에서 대승하여 제해권을 장악하기에 이르렀다. 한산도 대첩 때는 세계 해군 역사상 처음으로 일자진一字陣을 쳤다가 적이 몰려오면 학의 날개로 감싸는 학익진법鶴翼陣法을 써 왜군을 괴멸시키기도 했다. 이처럼 수군 이순신과 육군 조헌趙憲, 고경명高敬命, 곽재우郭再祐 등이 나서서 큰 공을 세웠으나 이순신은 노량해전에서 적의 유탄에 맞아 최후를 맞았다.

일본이 가도공명, 또는 정명가도征明假道라는 구실로 일으킨 7년간의 전쟁으로 조선은 국토가 황폐화되고, 수많은 인명 피해로 백성은 도탄에 빠졌으며, 정치·경제·문화·사회·사상 등 각 방면에 심각한 타격을 받았다.

노화삽관
蘆花揷冠

蘆:갈대 **로** 花:꽃 **화** 揷:꽃을 **삽** 冠:갓 **관**

모자에 갈대꽃을 꽂다. 고구려 때 미천왕을 옹립하는 거사에 찬성한다는 뜻
으로 갓에 갈대꽃을 꽂았던 고사에서 유래했다. 어떤 일에 대해서 비밀리에
찬성 여부를 확인하는 암호를 이른다.

문헌 : 《삼국사기三國史記권 제17》

　　서기 280년, 고구려의 제13대 서천왕西川王(재위 270~292) 11년,
만주 동북방에서 수렵 생활을 하던 숙신족肅愼族이 고구려 땅을 침범하
니, 많은 백성들이 죽고 재물을 약탈당했다. 그러자 서천왕은 아우 달고
達賈를 불러 간곡하게 명했다.

　　"네가 남달리 지략이 뛰어나고 용맹스러우니 숙신족을 물리치도록 하
라."

　　달고는 즉시 싸움터로 나가 숙신족의 대장을 죽이고, 단로성檀盧城과
그 외 여러 성을 빼앗았다.

　　왕은 그의 공을 높이 사 안국공安國公에 봉하고 양맥과 숙신 두 부락을
그에게 주었다. 백성들도 달고의 용맹을 침이 마르도록 칭송했다.

　　서천왕이 죽자 아들 봉상왕烽上王(재위 292~300 : 일명 치갈왕雉葛王)이 대를 이
어 제14대 왕이 되었다.

　　봉상왕은 천성이 오만하고 의심이 많았다. 그러한 그가 백성들의 존
경을 한몸에 받고 있는 달고를 내버려 둘 까닭이 없었다. 자기의 지위를

· 2부 주제별 한국 고사성어 ·

빼앗아 갈까 봐 지레 겁을 먹은 그는 군사를 풀어 숙부인 달고를 처치해 버렸다. 또 자신의 아우 돌고咄固에게도 역모를 도모했다는 누명을 씌워 사약을 내렸다. 그러자 돌고의 아들 을불乙弗은 자신의 목숨도 위태롭다고 생각하고 미리 도망을 쳤다.(을불은 을불리乙弗利, 우불憂弗이라고도 함)

봉상왕은 사치와 향락을 일삼으며 대궐을 크게 짓는 등 국력을 낭비함으로써 나라를 어렵게 몰아갔다.

대궐 공사가 끝나던 해에는 봉화산에서 귀신의 곡哭소리가 들린다는 등 민심이 흉흉해지고, 그해 겨울부터 이듬해 봄까지는 지진이 거듭되었으며, 설상가상으로 가뭄까지 겹쳤다. 자연히 흉년이 들고, 백성들은 굶주려 누렇게 붓는 부황으로 쓰러져갔다. 그런데도 봉상왕은 또다시 대궐을 수리하라고 명령했다. 백성이야 어떻게 되든 대궐이 웅장해야 왕의 위엄이 선다는 생각이었다.

한편, 을불은 궁궐에서 도망친 후 정처 없이 떠돌다가 수실촌이라는 마을에 이르렀다. 거기서 그는 살기 위한 궁여지책으로 한 부잣집의 머슴이 되었다가 나중에는 비류강에서 뱃사공이 되었다.

어느덧 6년이란 세월이 흘렀다.

조정에서는 국상國相 창조리倉助利를 비롯하여 조불祖弗, 소우蕭友 등의 신하들이 나라를 바로잡기로 뜻을 모았다.

"이제 백성들은 지칠 대로 지쳤소. 그러니 임금을 폐하고 돌고의 아드님 을불을 모셔다 새 임금으로 모십시다."

그래서 조불과 소우는 변장을 하고 을불을 찾아 나섰다. 그들이 우연히 비류강에 이르러 강을 건너고자 배를 탔는데 뱃사공이 을불, 바로 그 사람인 것을 발견했다. 그들은 을불에게 사정을 이야기하고 함께 도성으로 돌아와 은밀하게 기회를 노렸다.

그즈음, 봉상왕은 신하들을 데리고 후산으로 사냥을 나갔다. 창조리와 조불, 소우 세 사람은 그때를 틈타 거사를 행하기로 하고 여러 사람들에게 말했다.

"나와 뜻을 같이할 사람은 나처럼 하라."

그러고 나서 그가 갈대를 꺾어 관冠에 꽂으니, 여러 사람들이 모두 따라서 했다. 창조리는 모든 사람의 마음이 같은 것을 확인하고 드디어 왕을 폐하여 별실에 가두고 을불로 하여금 왕위에 오르게 하니 그가 바로 제15대 미천왕美川王(재위 300~331)이다.

미천왕은 호양왕好讓王이라고 하는데 성은 고高씨다.

302년 현도 군을 쳐 적 8,000명을 생포하고, 311년 서안평西安平을 점령하였으며, 314년 낙랑군과 대방군을 합병했다.

330년 요동의 모용慕容을 견제하며 고구려 영토확장에 큰 공을 세웠다. 능은 미천원美川原에 있다.

차충공적 | 주초위왕
借蟲攻敵 | 走肖爲王

빌릴 **차** 벌레 **충** 칠 **공** 원수 **적** | 달릴 **주** 닮을 **초** 할 **위** 임금 **왕**

벌레의 힘을 빌려 적을 공격하다. 조선 중종 때 수구파 남곤 등이 훈구파 조광조 등의 신진사류를 축출하고자 나뭇잎에 꿀로 글자를 써서 벌레로 하여금 파먹게 하여 이를 핑계로 모반, 정적을 축출한 고사에서 유래했다. 조자적공造字敵攻과 주초위왕走肖爲王도 같은 뜻이다.

문헌 : 《한국천년인물사韓國千年人物史》

　　기묘사화己卯士禍의 주역 남곤南袞(1471~1527)은 본관이 의령宜寧이고, 호는 지족당知足堂, 또는 지정止亭이다. 김종직金宗直의 문하에서 문명을 펼쳤으며 대제학을 거쳐 1523년 영의정에 이르렀다.

　　그는 문장文章이 뛰어나고 글씨도 잘 썼다. 그러나 훈구파勳舊派의 수장으로서 정권을 주도하기 위해 죄 없는 박경朴耕 등에게 모반죄를 씌워 죽이고, 그 공으로 신임을 얻어 이조판서에 올랐다.

　　남곤의 반대파인 조광조趙光祖(1482~1519)는 14세 때 희천熙川에 귀양 가 있던 김굉필金宏弼에게서 학문을 배웠다. 이때부터 성리학 연구에 힘써 훗날 김종직金宗直의 학통을 이어 사림파士林派의 영수가 되어 개혁을 주창하며 젊고 유능한 인재를 모아 신진파新進派를 형성했다. 그래서 남곤 일파와 대립하게 되었다. 사림파가 요직에 있게 되자 조광조는 훈구파勳舊派를 외직으로 몰아내고 전 공신의 사 분의 삼을 삭제하는 급진적인 개혁을 단행했다. 이 일은 훈구파의 결정적인 반발을 유발했다. 그래서 나중에는 신진사류新進士類를 무고하는 사태가 생기게 되었다.

그러자 남곤 일파는 조광조 등을 몰아내려고 같은 파 홍경주洪景舟의 딸이 중종의 후궁인 것을 이용하여 대궐 안 동산의 나뭇잎에 꿀로 '주초위왕走肖爲王'이라는 글자를 써 벌레들이 꿀을 바른 곳만을 갉아 먹게 해서 글자가 그대로 드러나게 만들었다. 그러고는 그 나뭇잎을 따서 중종에게 바쳐 조광조를 제거하게 했다. 주초는 조趙자를 파자破字한 것으로, '주초위왕'이란 말은 '조씨가 왕이 되려 한다.'는 뜻이었다. 조광조의 급진 정책에 회의를 느끼고 있던 중종의 뜻을 안 훈구 세력은 조광조를 제거하는 좋은 기회로 삼은 것이다.

조광조를 몰아내는 데 앞장섰던 사람들은 사림파로부터 소외된 남곤과, 공신 자격을 박탈당한 심정沈貞, 조광조의 탄핵으로 어려운 처지에 빠졌던 희빈 홍씨의 아버지 홍경주洪景舟 등이었다.

이들은 조광조가 왕권을 넘보고 있다고 주장하며 엄히 다스려야 한다고 상소했다.

이들의 상소가 잇따르자 중종은 사림 세력을 치죄하도록 했다. 그 결과 조광조, 김정金淨, 김구金絿, 김식金湜 등이 투옥되고 이로 인하여 기묘己卯년에 사화士禍가 발생했다.

조광조는 유교儒敎 이념으로 정치적인 교화敎化를 이루어 내 왕도정치를 실현하고자 훈구파를 외직으로 몰아내고 개혁을 단행했으나 그들의 모략적인 나뭇잎 하나로 인하여 투옥되고 그들의 끈질긴 공격으로 마침내 사사賜死되었다. 그는 다음과 같은 시(절명시絶命詩)를 남겼다.

임금 사랑하기를 부모 사랑하듯 하였고愛君如愛父(애군여애부)
나라를 집안처럼 걱정하였네.憂國如憂家(우국여우가)
저 하늘의 햇빛이 이내 붉은 속을 비추니白日臨下土(백일림하토)

밝은 빛이 이 속마음을 비추어주네昭昭照丹衷(소소조단충)

한편, 남곤은 만년에 자기의 잘못을 깨닫고 그로 인해 화를 입을까 두려워 자신의 저서를 모두 불태워버렸다. 그러나 결국 명종 13년에 관작과 시호를 삭탈削奪당했다. 문집에《지정집》과 저서에《유자광전柳子光傳》과《남악창수록南岳唱酬錄》등이 있다.

소력탈국
消力奪國

消:사라질 **소** 力:힘 **력** 奪:빼앗을 **탈** 國:나라 **국**

힘이 빠지게 한 다음 나라를 침공하여 빼앗다. 즉 적을 공격할 때 미리 상대의 힘을 쇠진하게 한 다음 침공하여 이긴다는 뜻.

문헌 : 《삼국사기三國史記 · 고금청담古今淸談》

백제의 제21대 개로왕蓋鹵王(재위 455~475)은 비유왕毗有王(?~455)의 장자로 비유왕 재위 29년에 즉위했다. 이름은 여경餘慶이고 초명은 경사慶司였다. 그는 아버지의 뒤를 이어 나라를 정비하고 부국강병을 위해 온 힘을 기울여 안정된 국정을 이끌었다.

472년 북위北魏와 협력하여 날로 뻗어나는 고구려를 견제하려 했으나 뜻을 이루지 못하였다.

개로왕은 평소 바둑을 무척 즐겨서 수가 높은 사람을 보면 아무나 궁중으로 불러들여 대국을 했다.

그 무렵, 백제는 고구려와 늘 사이가 좋지 않아 북위 등의 힘을 빌려 고구려의 세력을 막으려고 힘쓰고 있었다.

그러던 어느 날, 개로왕에게 도림道琳이라는 한 스님이 찾아왔다.

"소승은 고구려 승려인데 죄를 지어 백제로 도망오게 되었습니다. 듣잡건대 전하께서 바둑의 수가 높으시다고 하여 한 수 배우고 싶어 찾아왔습니다. 하오니 소승에게 한 수 가르쳐 주신다면 더없는 영광으로 알

· 2부 주제별 한국 고사성어 ·

겠습니다."

그는 고구려가 보낸 첩자로 백제의 국력을 염탐하러 온 자였다.

고구려의 장수왕長壽王은 자주 침범해오는 백제를 침탈하기 위해 고심하던 끝에 도림을 백제의 궁중으로 들여 보냈던 것이다.

개로왕은 그와 대국을 한 결과 도림의 수에 아주 매료되고 말았다. 그래서 빈객賓客으로 머물게 하며 매일같이 바둑을 두었다.

그러던 어느 날, 도림이 말했다.

"소승이 다른 나라 사람임에도 불구하고 분에 넘치는 대우待遇를 해 주시니 뭐라 감사의 말씀을 드려야 할지 모르겠습니다. 하여 귀국貴國을 위하여 소승이 느낀 바를 간언해도 괜찮겠습니까?"

"그래, 무슨 말이든지 해 보시오."

바둑을 두면서 가까워진 사이라 개로왕은 기꺼이 응낙하였다. 뿐만 아니라 나라만의 대소사에 대한 이야기도 스스럼없이 나누다 보니 국가의 기밀이 누설되어 내불르 훤히 들여다 보고 있었다. 그럼에도 아첨하는 말을 서슴지 않았다.

"귀국은 산이 험준하여 어느 나라든지 쉽게 침범을 하지 못할 것입니다. 이것은 하늘이 베푼 은덕입니다. 그러니 국가의 위엄을 드러내기 위하여 궁궐을 크게 지어 위엄을 나타내는 것이 좋을 듯하옵니다."

개로왕은 도림의 말을 받아들여 나라의 모든 장정들을 징발하여 돌을 나르고, 나무를 베어 마침내 위용이 당당한 궁궐을 세웠다. 궁궐이 완성되자 이번에는 낭비된 국고를 채우기 위하여 많은 세금을 거두어 들였다. 그 결과, 노역으로 지친 백성들이 굶주리게 되니 왕에 대한 원망이 하늘을 찔렀다.

그러자 도림은 고구려로 되돌아가서 장수왕에게 아뢰었다.

"지금이야말로 백제를 넘어뜨릴 절호의 기회입니다. 지금 백제의 백성들은 왕을 원망하지 않는 사람이 한 사람도 없습니다."

장수왕은 크게 기뻐하며 475년 군사를 일으켜 일제히 백제를 공격했다.

백제의 개로왕은 갑자기 적을 맞이하여 싸우려 했으나 국력이 이미 쇠퇴했기 때문에 어쩔 수가 없었다. 그때야 비로소 도림에게 속았음을 깨달았으나 때는 이미 늦어 있었다.

화근은 바둑이었다. 한낱 잡기인 놀이에 불과한 바둑에 빠져 야금야금 국력이 탕진되고, 어려움이 중첩되어 있는 때에 침공까지 당하여 어찌할 수가 없었다. 고구려 장수왕은 백제의 수도 한성漢城을 빼았고 영토의 일부까지 차지했다. 개로왕은 다급한 나머지 궁궐을 나와 도망쳤으나 고구려의 장수에게 잡혀 아차성阿且城으로 끌려가 살해되었다. 이들 장수들은 백제에서 죄를 짓고 고구려로 도망간 사람들이었다.

[4장]
성패
成敗
·
정치
政治
·
처세
處世

韓國故事成語

故事成語

자사타천
自辭他薦

自:스스로 **자** 辭:사양할 **사** 他:남 **타** 薦:천거할 **천**

자기는 사양하고 타인을 추천하다. 즉 자신에게 주어지는 좋은 일을 사양하고 더 훌륭한 다른 사람을 추천하는 경우를 이르는 말이다. 안유가 을파소를 천거한 데서 유래했다.

문헌 : 《삼국사기三國史記》

고구려 제9대 고국천왕故國川王(재위 179~197)은 이름이 남무男武이고, 신대왕新大王의 둘째 아들이다. 신대왕이 죽자 장자 발기拔奇의 사람됨됨이가 부족하므로 남무를 왕으로 삼으니 그가 바로 고국천왕이다.

어느 날, 고국천왕이 신하들에게 말했다.

"최근에 관작官爵을 덕행으로 행하지 아니해서 그 해가 백성들에게 미치고, 왕실을 어지럽게 했으니, 이는 과인이 정사에 밝지 못한 까닭이다. 하니 사부四部에서는 현량賢良한 사람을 기탄없이 천거하도록 하라."

이에 여러 신하들이 동부東部의 안유晏留를 천거하므로 왕이 그를 불러 국정을 맡기려 하자 안유가 말했다.

"신臣은 용렬 우매하므로 큰 정사에 참여하기는 부족하나이다. 서압록西鴨淥 좌물촌左勿村에 을파소乙巴素(?~203)라는 사람이 있사온데, 그는 유리왕琉璃王 때의 대신 을소乙素의 손자로서, 지략이 심대하오며 정의로운 사람이옵니다. 지금은 세상에서 알아보지 못하여 등용하지 않으므로 농사를 짓고 있나이다. 대왕께서 만약 국정을 잘 다스리고자 하신다면 그 사람이 적임자라 생각되옵나이다."

왕은 곧 사자를 파견, 을파소를 초빙하여 중외대부中畏大夫로 삼았다가 작위를 우태于台로 높여주며 말했다.

"과인이 왕업을 계승하였으나 덕망과 재량이 부족하여 아직 정사를 옳게 다스려 백성을 제도하지 못하고 있소이다. 선생은 재덕을 감추고 향촌에 파묻혀 있은 지 오래되었으나 지금 나를 버리지 아니하고 곧 와주니 기쁘고 다행한 일이며, 어찌 사직社稷과 백성의 행복이 아니리오, 청컨대 공의 가르침을 받고자 하오."

그러나 을파소는 받은 벼슬이 정사를 이끌기에는 부족하므로 공손히 사양했다.

"신이 불민한 탓으로 엄명을 받잡지 못하겠나이다. 원하옵건대 현량한 사람을 뽑아 더 높은 벼슬을 주어 대업을 성취하옵소서."

그제야 왕은 그 뜻을 알고 국상國相을 제수하여 정사를 맡도록 했다. 이에 구신舊臣들이 반대했으나 그를 끝까지 신임했다.

을파소가 왕에게서 물러 나와 사람들에게 말했다.

"선비는 때를 만나지 못하면 몸을 감추고, 때를 만나면 벼슬길로 나가는 것이 떳떳한 일이다. 지금 왕은 나를 후의로써 대우하니 어찌 다시 몸을 숨기리오."

그는 지극한 정성으로 왕을 받들고, 정교政敎를 밝게 하며, 상벌賞罰을 신중히 하고 진대법賑貸法을 실시하니, 민생이 안정되고 내외의 모든 일이 순조로웠다. 그러자 왕이 안유를 불러 말했다.

"만약 그대의 소개가 없었더라면 내가 을파소를 얻어 나라를 잘 다스리지 못했을 것이오. 지금 많은 공적이 나타남은 오로지 그대의 공로이니 참으로 고맙소."

하고 곧 그에게 대사자代射者벼슬을 주었다.

산상왕山上王7년 8월에 이르러 을파소가 죽으므로 온 나라 사람들은 그 공적을 추모하며 슬피 통곡했다.

이렇게 을파소와 안유가 서로 추천하는 것을 일러 자사타천自辭他薦, 즉 자신은 사양하고 대신 다른 사람을 추천하는 것을 이른다.

축심동인 | 불언장단
畜心同人 | 不言長短

짐승 **축** 마음 **심** 같을 **동** 사람 **인** | 아닐 **불** 말씀 **언** 길 **장** 짧을 **단**

축심동인은 동물의 마음도 사람의 마음과 같다. 나 아닌 다른 사람의 인권은
물론이고, 동물까지 존중하는 것을 의미한다.
불언장단은 남의 장점과 단점을 드러내 말하지 않는다는 뜻이다.

문헌 : 《지봉유설芝峰類設》

고려 말기에서 조선 세종世宗시대에 이르기까지 백성들의 존경을
받았던 문신 황희黃喜(1363~1452)는 본관이 장수長水이고, 호는 방촌厖村이
며, 시호는 익성翼成으로 영의정을 18년간이나 역임했다.

그가 젊었을 때 여행을 하다가 길에서 쉬고 있었는데 농부가 누런 소
와 검은 소 두 마리로 논을 갈고 있기에 물었다.

"두 마리 중 어느 소가 일을 더 잘하오?"

그러자 농부는 대답하지 않고 가까이 다가와 귀에 대고 속삭였다.

"저 소가 더 잘합니다."

황희는 그것을 괴이하게 여겨 어찌 귀에 대고 말하느냐고 물었더니 농
부가 답했다.

"짐승의 마음도 사람의 마음과 똑같습니다(축심동인畜心同人). 만약 잘하고
못 한다는 평을 직접 듣는다면 잘한다는 말을 들은 소는 기뻐하겠지만
못한다는 말을 들은 소는 기분이 좋지 않을 것입니다(불언장단不言長短)."

황희는 농부의 인품에 크게 감동하여 평생의 큰 교훈으로 삼았다.

176

화왕지계
花王之戒

花:꽃 **화** 王:임금 **왕** 之:갈 **지** 戒:경계 **계**

꽃왕의 가르침이라는 말로, 설총이 신문왕에게 들려준 고사에서 유래했다.
편안히 놀기만 좋아하지 말고 정신을 차리고 열심히 나랏일을 하라는 가르침
으로 쓰인다.

문헌 : 《삼국사기三國史記 열전 제6》

경주 설씨薛氏의 시조 설총薛聰은 신라 경덕왕 때 학자로 자는 총
지聰智이고 호는 빙월당氷月堂이며, 아버지는 당대의 거승 원효元曉, 어머
니는 요석공주瑤石公主였다.

그도 처음에는 자기의 아버지처럼 승려가 되었으나 후에 환속하여 스
스로 소성거사小性居士라 했으며 신라 십현十賢의 한사람이다.

설총은 강수强首·최치원崔致遠과 함께 신라 삼문장三文章의 한 사람으로,
경문經文과 문장에 능했다.

어느 날, 신문왕神文王이 설총에게 말했다.

"오늘은 비도 개고 바람도 선선하니 재미있는 이야기로 답답한 마음을
풀어봅시다. 그대는 기이한 이야기를 많이 알고 있을 터이니 나를 위해
좋은 이야기를 들려주시오."

왕의 물음에 설총이 말했다.

"예, 그렇게 하겠습니다. 온갖 꽃을 능가하는 화왕花王 목단(모란)이 처
음 우리나라에 들어왔을 때 푸른 비취색 장막을 둘러 보호해 주었더니

봄에 꽃을 피웠는데 그 용모가 온갖 꽃 중에서 가장 **빼어났습니다**. 이에 가까운 곳과 먼 곳에서 아름답고 고운 꽃들이 달려와 문안을 드렸습니다. 그중에 한 아리따운 꽃이 입가에 미소를 머금고 공손히 말했습니다.

'첩은 거울처럼 맑은 이슬로 목욕하고 사계절 신선한 청풍을 맞으며 뜻대로 사는 장미라 하옵니다. 대왕님의 높으신 덕을 전해 듣고 저의 향기로운 침소로 모시고자 하오니 부디 제 뜻을 거두어 주옵소서.'

그때 백발의 노파가 베옷에 가죽띠를 두르고, 구부러진 허리를 지팡이에 의지한 채 말했습니다.

'저는 성 밖의 큰길가에서 아래로는 창망한 들을 굽어보고, 위로는 산악 경치를 올려 보며 사는 백두옹(白頭翁: 할미꽃)이라 합니다.

제 생각으로 대왕께서 행복한 삶을 누리시기 위해서는 기름진 음식으로 배불리 먹고 차와 술로 정신을 맑게 한다 해도 반드시 독을 제거하는 약도 있어야 한다고 생각합니다. 또 비록 좋은 신발을 만드는 삼(麻)이 있다 하더라도 풀로 만든 신발도 버리지 않아야 합니다. 군자는 모름지기 모자라는 데 대비해야 하기 때문입니다.'

그때 옆에 있던 한 장수가 물었습니다.

'대왕께서는 장미 첩과 백발의 노파 중 누구를 취하고 누구를 버리시겠습니까?'

그러자 화왕이 말했습니다. '백두옹의 말에도 일리가 있으나 아름다운 장미 첩 또한 얻기 어려우니 이를 어찌함이 좋을까?'

이에 장수가 다시 말했습니다.

'저는 대왕께서 총명하셔서 옳은 도리를 아실 것으로 생각했는데 지금

· 2부 주제별 한국 고사성어 ·

보니 그것이 아닙니다. 무릇 만인지상萬人之上 즉 만인 위에 사람인 대왕
께서 간사하고 사특하고 아첨하는 자를 가까이하고, 정직한 사람을 멀리
하는 것은 옳지 않다고 생각합니다. 그런 까닭에 풍당馮唐은 90세로 머리
가 희도록 낭중 벼슬에 그쳤습니다.'

그러자 화왕이'내 잘못이다, 내 잘못이다.'라고 했답니다."

이야기를 다 듣고 난 신문왕이 말했다.

"그대의 우화에 진실로 깊은 뜻이 있으니, 글로 써서 임금 된 자의 계
戒로 삼으리라."

그리고 설총을 발탁하여 높은 벼슬을 주었다.

이 우화는 〈화왕계〉라고 전해지며 훗날 고려 시대 가전체假傳體 소설의
효시가 되었다. 가전체는 대개 우화寓話 · 의인화擬人化 수법을 써서 지은
짧은 전기체傳記體의 설화로서 사람들을 경계하고 권선勸善할 목적으로
쓰였다.

설총은 이두吏讀를 집대성해 중국 문자에 토를 달아 중국 학문을 익히
는 데 크게 공헌하였으며, 유학儒學과 국학國學의 발전에도 크게 기여하
였다. 한자로 쓰여진 구경九經에 처음으로 우리말로 토를 다는 구결口訣
로 강론하여 후학을 지도했다.

능자승당
能者昇當

能:능할 **능** 者:놈 **자** 昇:오를 **승** 當:마땅 **당**

능력 있는 자가 승진하는 것은 당연하다는 말로, 조선 성종 시대의 문장가 구
종직의 고사에서 유래했다.

문헌:《동국여지승람東國輿地勝覽 · 동문선東文選》

조선 제7대 세조世祖(1417~1468)의 큰아들 덕종德宗(추존명:1438~1457)
이 세자로 책봉된 후 갑자기 요절하여 둘째 아들 광光이 왕위에 오르니
바로 예종睿宗(재위 1468~1469)이다. 그런데 예종 또한 왕위에 오른 지 1년
만에 승하하니, 사람들은 세조가 단종을 죽이고 왕위를 찬탈했기 때문에
인과응보로 그의 아들들이 모두 요절한 것이라고 수군거렸다.

예종의 뒤를 이어 제9대 성종成宗(1547~1494)이 즉위하자, 세조의 왕비
정희왕후貞熹王后 윤 씨를 비롯하여 성종의 생모 소혜왕후昭惠王后와 비妃
공혜왕후恭惠王后 한 씨韓氏, 계비繼妃 정현왕후貞顯王后가 모두 살아 있어
궁중에는 과부 왕비가 셋이나 있게 되었다.

성종은 할머니와 두 어머니를 위하여 잔치를 벌이는 일이 많았다. 때
문에 궁중에서는 노랫소리와 장구 소리가 떠날 날이 없었다.

성종이 나이가 들어 성인이 되자 궁녀들은 왕의 사랑을 먼저 차지하려
고 은근히 교태를 부렸다. 성종은 술도 잘하고, 풍류 기질이 있었다. 또
유능한 선비를 아끼어 크게 쓸 줄도 알고, 해학도 즐겼다.

학문을 장려하기 위하여 세종 때 설립되었으나 세조 때 폐지되었던 집현전을 홍문관弘文館으로 개칭하여 임금의 자문기관으로 부활시켰다.

또《동국통감東國通鑑》,《동국여지승람東國輿地勝覽》,《동문선東文選》등을 편찬케 하였고, 나라의 기강이 되는《경국대전經國大典》도 완성시켰다. 그는 실력이 있는 사람을 극진히 우대하였다.

한번은 종묘에 제사를 지내는데 축관祝官으로 지명된 장령掌令이 축문祝文을 읽다가 모르는 글자가 나오자 당황하여 그냥 서 있었다.

성종은 어이가 없어 환궁하는 즉시 그를 무관으로 좌천시켜 버렸다. 언관들이 들고 일어나 문관을 무관으로 임명하는 것이 불가함을 말하자,

"축문도 제대로 못 읽는 사람이 무슨 문관이오?"

하고 일언지하에 묵살해 버렸다.

훗날 좌찬성을 지낸 문장가 구종직丘從直(1404~1477)이 처음으로 과거에 급제하여 교서관校書館 정자正字벼슬에 올라 경복궁 안에서 숙직을 하게 되었다. 시골 사람이 처음 궁 안으로 들어온지라 마침 시간도 한가해서 경회루 구경을 나갔다가 왕의 행차를 만나게 되었다. 어명 없이는 들어오지 못하는 곳에서 왕의 행차와 마주치자 구종직은 그 자리에 엎디어 대죄하였다. 성종이 그에게 말했다.

"너는 누군데 여기까지 들어왔느냐?"

"네, 시골에서 올라와 교서관의 말직에 있는 구종직이옵니다. 경회루 경치가 좋다 하기에 구경하러 들어왔습니다."

"노래를 할 줄 아느냐?"

"격양가擊壤歌를 조금 부를 줄 아옵니다만……."

"그래? 그럼 어디 한 번 불러보아라."

구종직은 농부들이 부르는 격양가를 열심히 불렀다. 그러자 성종은 흡

족해 하며 다시 물었다.

"경서經書를 읽을 줄 아느냐?"

"예, 알고 있습니다."

"무슨 경서를 잘 알고 있는고?"

"《춘추春秋》를 조금 알고 있습니다."

"어디 한번 외워보도록 하라."

구종직은 목소리를 가다듬어 《춘추 좌전》을 막힘없이 줄줄 외워 내려갔다.

성종은 마음이 흡족한 나머지 어주御酒까지 하사하며 칭찬하고, 다음 날로 구종직의 벼슬을 일약 부교리副校理로 승격시키니, 삼사(三司:사헌부·사 간원의 양사로 홍문관을 합한 속칭)에서는 반대하는 여론이 빗발치듯 하였다. 그 러자 성종이 언관들에게 말했다.

"경들이 급제한 지 얼마 안 되는 사람을 승진시켰다고 반대하는데 그 럼 어디 《춘추좌전》을 외울 수 있는 자 있거든 나와 보시오."

그러나 한 사람도 나서는 사람이 없자 성종은 구종직에게 외워보라고 하였다. 구종직은 전날과 같이 자신 있게 줄줄 외웠다. 성종이 말했다.

"경들도 과거에 급제했고 경력 또한 많은 사람들인데 어찌하여 경전 하나 제대로 외우지 못하면서 신진의 벼슬을 승격시켰다고 반대만 하 오? 무릇 관리는 실력이 가장 우선하는 능력 있는 자가 승진하는 것은 당연한 것이오(能者昇當). 경들도 공부를 좀 하도록 하시오."

성종의 파격적인 인사에 반대하던 신하들은 오히려 무안만 당하여 묵 묵부답이었다.

성종은 수렴청정으로 다져진 왕권이 흔들리지 않게 권력의 균형을 이 루었고 권신들의 세력을 견제하였으며, 사림士林세력을 끌어들여 유교사상儒教思想을 정착시켜 왕도정치를 실현했다.

권농치민勸農治民에 힘쓰면서 현명한 왕으로 세조 때 이룩한 초기의 문화가 개화되었다. 독서당讀書堂을 설치하고 향학鄕學에도 힘을 기울였다.

또, 종교적인 면에서는 배불排佛정책을 강화하여 화장火葬 풍습을 없애고, 승려들의 도성 출입을 금지시켰으며, 사대부 집안의 부녀가 비구니 되는 것도 금지시켰다. 6촌 이내의 결혼을 금하고 정치적으로는 도학정치道學政治의 기틀을 세워나갔다.

성종 당시 태평성대가 이뤄지자 성종 스스로도 퇴폐 풍조에 빠져 궁중을 빠져나가 규방을 출입하다가 숙의淑儀 윤씨가 그의 얼굴에 손톱자국을 내는 사건이 발생하여 폐비시키고 이듬해 사사賜死하여 비화가 있게 되었다.

이는 연산군 대에 이르러서 무오사화와 갑자사화를 일으키는 불씨가 되었다.

성종은 1494년 38세로 생을 마감했으며 능은 선릉이다.

우혁좌초
右革左草

右:오른 우 革:가죽 혁 左:왼 좌 草:풀 초

오른쪽은 가죽신이고, 왼쪽은 짚신이라는 말로, 오른발에는 가죽신, 왼발에
는 짚신을 신었다는 뜻이다. 선조 때 문인 백호白湖 임제林悌가 당파싸움을 비
판한 일화에서 유래했다. 인간의 양면성을 꼬집을 때 쓰인다.

문헌 : 《국조인물고國朝人物考》

백호白湖 임제林悌(1549~1587)는 선조宣祖 때의 대문장가로서 본관은
나주羅州이고 자는 자순子順, 호는 백호 또는 겸제謙薺이다. 그는 기억력
이 뛰어나 백가百家의 시를 하루에 천 마디를 외워 독보獨寶라고도 일컬어
졌다. 무관 벼슬인 절도사節度使 임진林晉의 아들로, 전라도 나주 회진에서
태어났다. 그의 집안은 대대로 시문詩文에 능통했으며, 뛰어난 무관도 많
이 배출하였다.

그중에는 선조 때 거북선 제작에 참여했던 임충서林忠恕, 이순신 장군
이 왜군을 맞아 어려움을 겪고 있을 때 군량미를 제공했던 임환林懽 등
걸출한 동량들이 많았다. 이런 가풍 속에 태어나 시재詩才에 뛰어났던 임
제는 소년 시절부터 면학에 힘썼다. 그리하여 1577년 알성문과에 급제
했는데 당시는 귀족들 사이에 동서東西의 권력 투쟁이 격렬하던 때였다.

그는 과거에 합격하기 전, 학자 우계牛溪 성혼成渾의 눈에 띄었다.

"자네는 어느 가문의 자제인가?"

명망 높은 학자에게 질문을 받았으니 예사 서생書生이었다면 감격하여

환심을 사려고 가문을 높여 말했겠지만 임제는 그런 것에 개의치 않고 겸손하게 말했다.

"네, 저는 이름 없는 평민의 자식입니다."

정의감이 강하고 지조가 곧았던 그는 성품이 그대로 드러나 종종 사람들을 놀라게 했다.

그가 예조정랑禮曹政郎으로 있을 때 동서東西로 갈라져 당파 싸움을 벌이는 것을 개탄하면서 벼슬을 버리고 명산대천名山大川을 주유하였다.

어느 날 그가 말을 타고 외출하는데 오른발에는 가죽신을 신고 왼발에는 짚신을 신는 것이었다. 말을 끄는 마부가 놀라서 물었다.

"주인(정랑) 나리, 가죽신과 짚신은 제짝이 아닌데, 어찌 그렇게 신으십니까? 혹시 취하신 것 아니십니까?"

버릇없는 아랫사람의 말에 크게 신경 쓰지 않는 듯 임제는 정색을 하며 말했다.

"모르는 소리 마라. 내가 말을 타고 가면 오른쪽에서 본 사람은 가죽신을 신었다고 할 것이고, 왼쪽에서 본 사람은 짚신을 신었다고 할 것이다. 그러니 누가 짝이 맞지 않는 신발을 신고 있다고 하겠느냐? 사람들은 그렇게 당장 눈에 보이는 대로만 생각하는데 그것이 잘못이 될 수도 있다는 것을 깨우쳐주기 위해서 그러느니라."

그는 평소 당파 싸움을 심히 개탄스럽게 생각했는데 권력을 쥔 양반들을 깨우쳐주고 싶어 그런 기행을 했던 것이다. 그러니까 당시 득세하고 있던 동인東人은 가죽신발로, 수세에 몰려 있던 서인西人은 짚신으로 비유했던 것이다.

그런 그가 교외에서 취흥에 빠져있는 젊은이들과 마주쳤다. 그들은 양반집 자제들답게 시작詩作을 즐기는 것을 보고 자기도 끼워 달라고 청했다.

　행색이 초라한 모습을 보고 교만한 젊은이들은 '시도 제대로 짓지 못할 텐데'하고 얕잡아 보면서 마지못해 받아들여 주었다.

　그는 싱글싱글 웃으며 '나는 무식하여 한시漢詩를 지을 줄 모르니 내가 지금부터 읊는 내용을 한자로 받아 적어 달라.'고 부탁했다.

　젊은이들은 임제가 읊어가는 내용을 한 자로 받아 적고 보니 뜻과 음률이 제대로 맞는 훌륭한 한시였다. 젊은이들은 놀라서 물었다.

　"혹시 저 유명한 백호 선생이 아니십니까?"

　그러나 그는 끝까지 자기 신분을 밝히지 않고 그들과 즐거운 한 때를 보냈다.

　임제는 호방한 기상의 문장가로 이름이 높아 이이李珥·양사언楊士彦 등이 그의 시문을 보고 칭찬을 아끼지 않았다.

　말을 하면 미치광이라 하고 出言世爲狂
　말을 아니 하면 어리석다고 하는 세상 緘口世云癡
　머리 곧추들고 가는 까닭을 所以掉頭去
　아는 이 어이 없으랴. 豈無知者知

　벼슬살이 맛이 초보다 시큼하고 찝찔함을 절감했던 백호는 머리들고 사는 까닭을 꼬챙이로 파듯 내면에 질문하고 있다.

　세상에 적신 잃은 사람도 있구나. 世有病心人

소를 타고 말에다 짐을 싣다니. 騎牛馬載去

능력에 맞추어 부리지 않으면서 用人旣違才

모진 채찍질만 사정이 없네. 鞭策不少恕

태항강산과 청니판 험한 산길에 太行之路 靑泥坂

말은 넘어지고 소는 딩구니 어찌할까. 馬蹶牛僨 將何助

아 건장한 소와 말 함께 쓰러졌으니 吁嗟嗟 健牛良馬一時疲

무엇에 짐을 싣고 어디에 태우려나 誰爲負也 誰爲馳

도대체 사리에 벗어난 현실을 보고 이를 그대로 볼 수 없는 안타까움을 시로 풀어내고 있다.

그가 임종할 때 자식들을 불러모아 놓고 말했다.

"사이四夷 팔만八蠻이 모두 자주의 나라가 되어 황제라 칭하는데, 유독惟獨 우리나라만이 중국에 매여 있으니 이 욕된 나라에 태어나서 어찌 죽음을 애석해하겠느냐. 그러니 내가 죽은 뒤 곡을 하지 말아라."

그는 39세의 짧은 생애를 살면서 《화사花史》, 《추성지秋城志》, 《백호집白湖集》, 《부벽루상영록浮碧樓觴詠錄》 등의 저서를 남겼다.

기호지세
騎虎之勢

騎:탈 **기** 虎:호랑이 **호** 之:어조사 **지** 勢:형세 **세**

호랑이를 탄 기세라는 뜻이다. 즉 이왕 시작했으면 끝까지 가는 데까지 갈 수밖에 없음을 이르는 말. 사람이 범의 등에 탔다면 내릴 수는 없고 가는 데까지 가 본다는 것이 기호지세이다.

문헌 : 《고려사절요高麗史節要 · 고금청담古今淸談》

고려 태조太祖 왕건王建(877~943)은 고려를 세운 제1대 왕으로 개성 부근 예성강 근처에서 태어났다. 그의 아버지는 금성태수金城太守 왕륭王隆이었으며 지방 사찬沙湌 호족으로 덕망이 높았으며, 어머니는 한 씨韓氏다. 985년 궁예弓裔의 세력이 확장 일로에 있자 왕륭은 송악의 궁예 예하로 들어가 금성태수가 되었다.

그 후 왕건이 성장하여 20세에 이르자 광주와 충주, 그리고 당성 등을 공략하여 성공하자 아찬阿湌이 되었다.

왕건은 예성강에서 훈련된 수군을 거느리고 후백제의 금성錦城(羅州)을 함락시키고 10여 고을을 평정하여 궁예의 영토가 확장되어 전라도와 경상도에 뻗쳤다.

견훤의 군대를 격파한 왕건이 어느 날 정주貞州를 지나다가 목이 말라 우물가에서 물을 긷고 있는 여인에게 물을 청했다.

· 2부 주제별 한국 고사성어 ·

그러자 여인은 물을 길은 다음 물바가지에 버들잎을 띄워 주었다. 급하게 마시지 말라는 배려였다. 그녀의 지혜가 마음에 든 왕건은 그날 밤 그녀의 집에 들어가 여인의 부모로부터 허락을 받은 다음 그녀와 정식으로 부부의 연을 맺었다. 이가 바로 토호土豪 천궁天弓의 딸 유 씨柳氏부인이었다.

당시 왕건은 궁예 밑에서 장군으로 있을 때였는데 궁예의 난행으로 민심이 이반되고 왕건의 연승으로 백성의 신망을 얻어 913년 시중侍中이 되었다. 왕건은 전장에서 쉴 새 없이 싸우다가 어느 날 문득 유 씨의 소식을 수소문하니 절에 들어가 수절하고 있다고 했다. 왕건은 먼저 가정을 안정시키는 일이 무엇보다 필요하다는 것을 느끼고 그녀를 불러올렸다.

그리고 개국을 이룬 후에는 그녀를 왕후로 맞으니 신혜왕후神惠王后가 되었다.

그 무렵, 궁예는 난폭한 행동으로 실정失政을 거듭하여 군왕으로서 자질을 의심받게 되었다. 그래서 부하 장수들이 왕건을 왕으로 추대하려 하자 왕건은 결정을 못 내리고 망설였다. 이를 눈치챈 유 씨 부인은 남편에게 상황이 긴박하게 돌아가는 기호지세騎虎之勢이니 장수들의 말대로 추대를 수락하라고 격려했다. 918년 왕건은 홍유洪儒·배현경裵玄慶·신숭겸申崇謙·복지겸卜智謙 등과 함께 고려高麗를 세우고 연호를 천수天授라 정하였다.

왕건은 고려를 세운 다음 관제官制를 개혁하여 국가의 토대를 닦고 융화정책·북진정책·숭불정책의 3대 건국이념을 정하고 북방을 튼튼하여 마침내 후삼국後三國을 통일하였다.

수나라 황제 양견楊堅의 부인 독고獨孤씨나 왕건의 부인 유 씨는 영리하여 사세 판단과 내조를 잘한 왕후이다.

과욕패가 | 패가망신
過慾敗家 | 敗家亡身
지나칠 **과** 욕심 **욕** 패할 **패** 집 **가** | 패할 **패** 집 **가** 망할 **망** 몸 **신**

욕심이 지나치면 집안을 망친다는 뜻이다. 즉 허망한 과욕은 자신을 망치게
하는 것은 물론 가족까지 잃게 한다. 과욕을 경계하라는 교훈이다.

문헌 : 《한국인의 지혜智慧 · 고금청담古今淸談》

조선 제16대 인조仁祖 때, 사헌부에 윤후길尹厚吉이라는 나졸이
있었다.

하루는 그가 옥문을 지키고 있는데 한 죄수가 자기를 풀어주면 평생
먹고살 만한 돈 삼천 냥을 주겠다고 제의했다. 생각해 보니 그 돈만 있
으면 고된 나졸 직을 그만두더라도 평생토록 배부르게 살 수 있을 것 같
아 뒷일은 생각하지 않고 그 죄인과 함께 달아났다.

하지만 이내 잡혀 사헌부에 끌려와 고문을 당한 끝에 범죄 사실을 고
백할 수밖에 없었다. 평생 편히 살려던 꿈이 수포로 돌아간 것은 물론이
고, 고문으로 얻은 상처로 거의 죽을 지경에 이르게 되었다.

가까스로 목숨을 유지하여 옥살이를 마치고 나오니 가족들은 물론 남
아 있는 것이라고는 아무것도 없었다.

과욕은 신세를 망치게 되고 끝내는 가족도 지키지 못하는 패가敗家의
어리석은 짓이라는 것을 깨우쳐주는 말이다.

서금일롱
書衾一籠

書:책 서 衾:이불 금 一:한 일 籠:농 롱

40여 년간 높은 벼슬에 있었던 사람의 재산이 책과 이불과 농 하나뿐이라는 말로, 청빈한 선비 정신을 가리킨다.

문헌 : 《고금청담古今清談》

고려 제34대 공민왕恭愍王 때 문과에 급제하여 보문각寶文閣 학사를 지낸 안성安省(1344~1421)은 호는 설천雪泉이고, 본관은 경기도 광주廣州이다.

그는 태어날 때부터 한쪽 눈이 작아서 작을 소少자와 눈 목目자, 즉 소목少目으로 불렸다. 어느 날 왕이 그의 이름을 보고 소少자와 목目자를 합쳐 성省이라고 작명하여 하사했다.

1380년 문과에 급제하여 보문각직학사寶文閣直學士를 거쳐 상주판관을 지냈다. 조선이 건국되자 대대로 고려에서 벼슬한 가문임에도 태종太宗 때까지 봉직하며 참찬參贊과 평안감사平壤監司를 지냈다.

그는 고려에서 조선까지 40년 동안 높은 벼슬을 했으나 재산이라곤 책과 이불과 장롱 하나뿐이었다. 그런데 그 농마저 부서지자 부인 송씨가 푸념을 했다.

"이제 수리할 종이도 없으니 무엇으로 고칠꼬?"

"허허! 무슨 새삼스런 걱정이오? 처음엔 그 농조차 없지 않았소?"

"남들은 10년만 벼슬해도 먹고 살 걱정을 안 한다는데 40년 벼슬에 이 꼴이라면 누가 곧이듣겠습니까?"

그는 그간 벼슬을 했으나 종이 한 장도 자기 것이 아니면 손대지 아니했다. 그야말로 책과 이불과 농 하나가 전 재산이었던 것이다.

조선 개국 후, 태조 2년 1393년 청백리에 뽑혀 송경유후松京留後에 임명되었다. 그러나 그는 '대대로 고려에 벼슬한 가문으로서 내가 어찌 다른 사람의 신하가 되어 송경에 가서 조상의 영혼을 대하랴!'하고 궁전 기둥에 머리를 부딪치며 통곡하였다. 그러자 주변 사람이 그를 죽이려 하자 태조는 '이런 신하를 죽이면 후세에 충성하는 선비가 없어진다'고 생각하여 죽이려는 좌우를 제지하고 그를 급히 붙들어 내보냈다 한다.

안성은 눈은 작았지만 티 없이 맑고 깨끗해 누구도 그에게 견줄 수 없는 백설이었다. 그래서 청백리로 길이길이 이름을 떨치게 되었다. 그의 시호는 사간思簡이고 용암서원龍巖書院에 제향 되었다.

공사무사
公事無私

公:공 公 事:일 사 無:없을 무 私:사 사

공적인 일에는 사적인 감정이나 정실이 없다. 즉 어떤 일을 함에 개인의 욕심
이 없이 공명정대해야 한다는 뜻이다.

문헌:《해동명신록海東名臣錄 · 한국인명대사전韓國人名大事典》

　　조선 제3대 태종太宗 때 대사헌(大司憲: 검찰총장) 고불古佛 맹사성孟思
誠(1359~1438)은 부하인 지평持平 박안신朴安信과 같이 태종의 부마駙馬인 조
대림趙大臨을 국문하면서 태종에게는 알리지 않았다. 그 일로 태종의 노
여움을 사게 되어 한주韓洲로 유배되었다. 그러나 영의정 성석린成石璘과
도승지 황희黃喜의 간곡한 해명으로 풀려나 이조판서를 지내고 우의정을
거쳐 좌의정에까지 올랐다.

　　그가 우의정으로 있을 때, 세종世宗이 친히《태종실록》을 보고자 하자
정중한 어조로 말했다.

　　"실록에 수록한 사실들은 먼 훗날 사람들에게 보이려는 기록입니다.
때문에 이를 보신다 하더라도 내용을 고칠 수는 없습니다. 그런데 전하
께서 이를 보신다면 후세의 임금들도 전하를 선례로 삼아 모두 보려고
할 것입니다. 그렇게 되면 사관史官들은 혹시 화를 입을까 두려워한 나머
지 본연의 임무를 제대로 수행할 수 없을 것입니다. 전하께서 그렇게 되
기를 바라시겠습니까? 공적인 일에 사적인 감정이 개입되면 아니 되니,

뒷사람들에게 사실과 신의를 전달할 수 있게 보시지 않는 것이 옳은 줄로 사료되옵니다."

세종은 고개를 끄덕이며 그의 올바른 충정을 높이 평가하여 벼슬을 영전시켜 주었다.

그는 황희黃喜와 함께 조선 초기의 문화를 이룩하는 데 크게 공헌을 했다. 그는 품성이 어질고 부드러웠으나 조정의 중요한 정사를 논의할 때에는 과단성이 있었다. 반면에 그는 효성이 지극하고 청렴하여 정승으로 있을 때에도 집의 지붕에서 빗물이 새고, 고향에 갈 때에도 남루한 차림으로 행차하여 그곳 수령이 그를 알아보지 못하고 야유하는 일도 있었다.

시문詩文과 음률音律에도 밝아 향악鄕樂을 정리하고, 악기를 직접 제작했으며《팔도지리지八道地理志》를 찬진撰進하였다.

사후에는 청백리淸白吏에 녹선錄選되었고, 효자정문孝子旌門도 세워졌다.

청백리는 고려 시대에는 염리廉吏라고도 칭하였는데 모든 관리들의 수범자垂範者로 이상적 관리에게 내리는 호칭이다. 삼국시대 이후 조선시대 때 관직 수행능력과 청렴·근검·도덕·경효·인의 등의 덕목을 겸비한

관직자를 의정부 육조의 2품 이상 당상관과 사헌부 사간원의 수장이 천거하고 임금의 재가를 얻어 의정부에서 뽑아 '청백리'라는 호칭이 주어진다. 조선에는 총 217명이 배출되었다. 맹사성, 황희, 최만리, 이현보, 이황, 이원익, 김장생, 이항복 등이 대표적 청백리 호칭을 받았던 사람들이다.

삼마태수
三馬太守

三:석 **삼** 馬:말 **마** 太:클 **태** 守:지킬 **수**

세 마리의 말만 가진 태수라는 말로, 숙종 때 사람 송흠에게서 유래했다. 청 백리를 가리키는 말이다.

문헌 : 《고사성어 대사전故事成語大事典》

조선 시대에는 고을 수령首領이 임기를 마친 다음 다른 부임지赴 任地로 떠날 때에는 고을에서 감사의 표시로 좋은 말 여덟 마리를 바치는 관례가 있었다.

그런데 중종 때 송흠宋欽(1459~1547)은 담양부사潭陽府使로 있다가 장흥부 사長興府使로 부임해 갈 때 세 마리의 말만 받았다. 그 세 마리 말 중 한 필은 본인이 탈 말이었고, 나머지 두 필은 어머니와 아내가 탈 말이었 다. 그래서 사람들은 그를 삼마태수三馬太守라 불렀다. 그는 그처럼 청렴 하기도 했지만, 연산군燕山君의 학정이 심할 때에는 물러나 후진들에게 경서經書를 가르치며 조용히 지낸 처세가이기도 했다.

이와 흡사한 이야기로 《고려사高麗史》 권 121 열전 34에 최석崔奭에 대 한 이야기가 있다.

고려 충렬왕 때 최석崔奭은 어렸을 때 이름은 최석崔錫이라 했는데 청렴 한 관리였다. 그때에도 역시 임기가 끝나는 부사에게는 일곱 필의 말을 주도록 되어 있었다. 그러나 승평昇平(지금의 순천)부사였던 그는 임기를 마치고 떠날 때 일곱 필의 말을 받지 않았을 뿐 아니라, 애초 그에게 주려던 말이 새끼를 낳아 여덟 필이 되자 그 망아지까지도 그곳 백성들에게 돌려주었다. 이에 고을 사람들이 그의 뜻을 기려 비를 세우니 바로 팔마비八馬卑다.

지금도 순천에서는 '팔마의 고장'이라 하여 청백리의 자부심이 대단하다.

상불개상
尚不開箱

尚:아직 **상** 不:아니 **불** 開:열 **개** 箱:상자 **상**

아직 상자를 열지 않았다는 말로, 숙종 때 한 청렴한 선비의 삶에서 유래했다. 곧고 깨끗하며, 고고한 사람을 이른다.

문헌 : 《금계필담錦溪筆談》

조선 제19대 숙종肅宗(재위 1674~1720)이 정월 대보름날 밤에 남산의 가난한 선비들을 생각해서 약밥 한 상자를 가져오게 한 다음 말했다.

"이것을 가지고 남산골에 가서 굶주림이 가장 심한 사람에게 전하여 주도록 하라."

어명을 받은 내관內官은 남산골에 가서 이리저리 찾아다니다가 한집을 살펴보니 집이 반쯤은 헐어지고, 뜰에는 눈이 소복이 쌓여 있는데 사람의 발자국이 없었다. 그래서 희미한 등잔 불빛이 새어나오는 문 뒤에 귀를 대고 들어보니 아낙네의 힘없는 소리가 들렸다.

"따뜻한 물이라도 한 모금 마시면 좋으련만……."

그러자 역시 힘이 없는 남자의 목소리도 들려왔다.

"구들에 불기가 끊어진 지도 사흘이 지났으니 어디서 따뜻한 물을 구하겠소?"

내관은 이 집이 가장 가난한 집이라 생각하고, 그 약밥 상자를 창문을 열고 밀어 넣어 주었다.

그리고 여러 해가 지난 정월 대보름날, 숙종은 옛일을 생각하며 혼잣말로 중얼거렸다.

"내가 보낸 약밥을 받은 사람들이 어떻게 사는지 궁금하구나!"

그러자 옆에 있던 홍문관 이서우李瑞雨(1633~?)가 말했다.

"전하! 소신이 그때 그 약밥을 받았었나이다. 신은 그때 추위와 굶주림을 견디지 못하여 아내와 함께 죽을 지경에 이르렀는데 갑자기 창문으로 약밥 한 상자가 들어왔습니다. 그 약밥을 물에 말아 아내와 함께 여러 날을 연명하여 죽지 아니하고 살아날 수 있었나이다."

"오! 그런 일이 있었는가? 그럼 그 약밥 상자 속에 다른 물건은 들어 있지 않았던가?"

"예, 은덩이 하나가 함께 들어 있었나이다."

"그것이면 한 재산으로 족했을 것인데?"

"네에! 신은 그것이 어디의 누가 보냈는지 모르는 까닭으로 지금까지 상자를 열지 않고 그대로 보관해두고 있나이다."

숙종은 사경을 헤매는 가난 속에서도 함부로 남의 재산은 취하지 않은 이서우의 청렴함에 감탄하고, 그를 특별히 공조 참판으로 승진시켰다.

그는 시문에 뛰어나고 글씨도 잘 써 문주사文珠寺 풍담대사비楓潭大師碑를 썼다.

이서우는 도선 중기 문신으로 자는 윤보潤甫이고 호는 송곡松谷이며 본관은 강릉江陵이다. 1651년 생원시를 거쳐 1660년 증광문과 갑과로 급제했다. 문집으로《송파집》이 있다.

망승도수
忙僧渡水

忙: 바쁠 **망** 僧: 중 **승** 渡: 건널 **도** 水: 물 **수**

바쁜 스님의 물 건너기란 말로, 되는 일이 없이 이리저리 꼬이기만 하는 것을 뜻한다.

문헌: 《용제총화慵齊叢話》

　　조선 시대에는 억불숭유抑佛崇儒정책을 폈던 관계로 스님에 대한 항설巷說이 많았다. 이 이야기도 그런 배경에서 유래했다.

　한 스님이 과부에게 장가를 가려 하자 마땅찮게 생각한 상좌上座가 남녀가 화합할 때에는 생콩 가루를 먹고 물을 마시면 최고로 좋다고 가르쳐 주었다. 그래서 스님은 상좌의 말대로 생콩가루를 물에 타 먹고 과부의 방에 들어갔다.

　그런데 생콩 가루를 먹고 물을 마시면 설사가 나게 마련이다. 신방에 들어간 스님도 예외가 될 수는 없었다.

　과부를 기다리고 있는 사이 뱃속이 부글부글 끓다가 뒤가 급해져 겨우 참고 막 변소로 가려 하는데 눈치 없는 과부가 들어와 툭 쳤다.

　그러자 새 이불에 배설물이 쏟아져 악취가 진동했다. 과부는 질겁을 하고 스님을 내쫓아버렸다.

　스님이 정신없이 달아나다 보니 하얀 메밀꽃이 달빛에 비쳐 개울처럼 보이는 곳이 나타났다. 스님은 그곳이 냇물인 줄 알고 옷을 벗고 들어가니 밭이었다.

다음에 또 하얀 물이 나타나니 이번에는 속지 않는다고 생각하고 그대로 걸어가니 그건 진짜 물이어서 옷이 모두 젖어 버렸다. 물속에서 기어나와 할 수 없이 옷을 말리느라 다리 아래에서 쉬고 있는데 동네 부인들이 와서 목욕을 하기 시작했다. 그러다가 지독한 냄새를 피우고 있는 스님을 발견하고는 '우'하고 달려들어 흠씬 두들겨 팼다.

스님은 실컷 얻어맞고 옷을 벗은 채 쓰러져 있었다. 그런데 이번에는 지나가던 행인이 스님의 음경은 약에 좋다며 자르려고 달려들었다. 혼비백산한 스님이 줄행랑 끝에 겨우 절로 돌아와 문을 열라고 했으나 대답이 없자 개구멍으로 기어들어갔다. 그러자 상좌가 '이놈의 개가 어젯밤에 와서 기름을 훔쳐 먹더니 오늘 또 왔다'고 하며 몽둥이로 내려쳤다. 스님은 급한 나머지 '나일세! 나란 말이야!' 하며 쓰러지자 그때서야 상좌가 업고 들어갔다.

이때부터 무슨 일을 하다가 거듭 낭패하는 일을 가리켜 망승도수라 했다.

동가식서가숙
東家食西家宿

東:동녘 **동** 家:집 **가** 食:밥 **식** 西:서녘 **서** 家:집 **가** 宿:잘 **숙**

동쪽에서 밥 먹고, 서쪽에서 잠잔다. 즉 정처 없이 떠도는 것을 이르는 말이
다. 고려의 정권 밑에서 녹을 받아먹던 신하들이 지조 없이 조선의 태조 밑에
들어가 다시 녹을 먹는다는 비아냥에서 연유했다.

문헌:《고사성어사전故事成語事典·국사대사전國史大事典》

고려 말 송헌松軒 이성계李成桂(1335~1408)는 본관은 전주全州이고
이자춘李子春의 둘째 아들로 영흥永興출신이다. 이성계는 1631년 박의朴義
반란을 토벌하고 홍건적紅巾賊이 개경에 침입하자 사병 2,000여 명을 데
리고 탈환하여 정계에 명성을 떨쳤다. 1380년 운봉에서 왜구를 쳐 황산
대첩荒山大捷을 이룩하였으며 1388년 수문하시중守門下侍中에 올랐다. 그는
요동정벌을 반대하였으나 그의 의사가 묵살되고 도리어 우군도통사右軍都
統使로 임명되어 요동을 정벌하라는 명령을 받았다.

이성계는 작은 나라가 큰 나라인 명나라를 치는 것은 힘으로나 명분에
맞지 않다며 위화도威化島에서 회군하여 최영崔瑩을 숙청하였다. 그리고
우왕禑王을 폐위한 뒤 창왕昌王을 옹립하고 군사권을 장악하였다.

이듬해에는 창왕을 폐위하고 공양왕恭讓王을 옹립한 후 영삼사사領三司
事가 되고 이듬해 삼군도총제사三軍都摠制使가 되어 구세력의 경제권을 박
탈하는 전제田制를 개혁했다.

1392년에는 공양왕을 원주로 추방하고 마침내 태조太祖로 왕위에 오르

게 되었다. 그리고 이듬해 국호를 조선朝鮮이라 정하고 서울을 한양漢陽으로 옮겼다. 이성계는 이렇게 위화도威化島에서 회군하여 고려를 무너뜨리고 새로이 조선왕조朝鮮王祖를 개국한 후 그동안 함께 한 공신들을 위로하기 위하여 문무백관들을 모아 연회를 베풀었다.

이때 참석한 사람들은 대부분 고려 왕조의 대신들이었다.

그런 자리에는 으레 기생들도 함께 참석했는데 마침 명기 설매雪梅도 그 자리에 있었다. 한참 분위기가 무르익어 흥에 겨워지자 한 정승이 술에 취하여 설매에게 수작을 걸었다.

"내 듣자하니 너는 동쪽 집에서 아침을 먹고 서쪽 집에서 잔다東家食西家宿던데 나하고도 한번 놀아보면 어떻겠느냐?"

그러자 설매가 날카롭게 쏘아붙였다.

"좋지요! 저도 나으리 말씀대로 동가식서가숙하는 천한 몸이요, 대감께서도 왕 씨를 섬겼다가 다시 이 씨를 섬기는 몸이니, 같은 사람끼리 노는 것도 격에 맞는 일이겠지요."

그러자 그 정승의 얼굴이 붉어진 것은 물론이고 곁에서 듣던 다른 대신들도 얼굴을 들지 못했다.

이 말은 흔히 할 일 없이 떠도는 사람이나 건달, 놈팡이들을 비꼬는 말로도 쓰이는 말이 되었다.

이성계는 건국이념을 사대교린事大交隣·숭유배불崇儒排佛·능본민생農本民生으로 국가기초를 다지는 큰 업적을 이룩했다.

그러나 무학대사와의 인연과 왕자 난 후에는 불가의 귀의하여 여생을 보냈는데 숭유배불과는 또 다른 면이다.

능은 건원릉健元凌으로 경기도 양주楊州 동구능東九陵에 있다.

한비욕강
恨比辱强

恨:한할 **한** 比:견줄 **비** 辱:욕될 **욕** 强:힘쓸 **강**

원한보다 욕이 낫다. 남의 마음을 아프게 하여 원한을 사는 것보다 화풀이로
하는 욕설을 듣는 것이 차라리 낫다는 뜻. 남에게 원한이 될 일을 경계하라는
교훈이다.

문헌 : 《지장집략誌狀輯略 · 한국의 인간상人間像》

조선 시대의 문신으로 영의정까지 지냈던 백사白沙 이항복李恒福
(1556~1618)이 조정에서 일을 마치고 퇴궐하는데 여염집 아녀자가 아무 예
도 갖추지 아니하고 이항복의 앞을 가로질러 뛰어갔다.

"무엄하도다. 감히 정승영감 행차이신데 앞을 가로질러 가느냐?"

수행하던 하인들이 그 여인을 잡아 땅바닥에 내동댕이쳤다. 여인은 입
술이 터져 흐르는 피를 손으로 닦으며 하인들을 무섭게 노려보았다. 하
인들은 여인을 거칠게 길 밖으로 내몰고 다시 가마를 출발시켰다.

집에 도착한 이항복은 하인들을 모아놓고 훈시를 했다.

"집에 오는 길에 길 가던 여인을 내동댕이친 것은 너희들의 큰 잘못이
다. 아무리 예의에 어긋난다 할지라도 조용히 말하여 비켜서게 할 것이
지, 어찌 힘없는 아녀자를 다치게 하였느냐? 앞으로는 각별히 조심하도
록 하여라."

그런데 뒤쫓아온 여인이 대문 앞에서 고래고래 악을 썼다.

"머리 허연 늙은이가 하인들을 시켜 나를 이 지경으로 만들었으니 어

서 나와 나를 치료하거라. 도대체 당신들이 뭐길래 힘없는 백성에게 이렇게 주먹질을 한단 말이냐?"

정승을 모욕하는 것에 하인들도 화가 났다.

"대감님, 잡아다가 단단히 버릇을 고쳐 놓겠습니다."

"아니다, 그냥 두어라."

"대감님, 저대로 두어서는 안 됩니다. 당장 잡아다가……."

"조용히 하고 너희들은 그만 물러가도록 하여라."

이항복은 하인들을 물리치고 사랑방으로 들어갔다. 안에서 지켜보고 있던 손님들이 이항복에게 물었다.

"저 여인이 도대체 누구한테 저렇게 험한 말을 하는 겁니까?"

"머리 허연 늙은이가 나밖에 더 있소?"

"그럼 당장 잡아들이지 왜 그냥 두십니까?"

이항복은 잔잔히 웃으면서 대답하였다.

"내가 잘못했으니 욕설을 듣는 것은 당연하오. 저 여인은 가슴에 맺힌 화를 저렇게라도 풀어야 나에게 원한을 갖지 않을 것이오."

"하지만 대감의 체면이 뭐가 됩니까?"

"남에게 못할 짓을 해서 원한을 사는 것보다 잠시 욕을 먹는 것이 훨씬 낫지요."

사람들은 그제야 이항복의 너그러운 인품에 고개를 숙였다.

이항복은 1602년 영의정이 되었으나 정철 일당으로 몰려 탄핵 받자 사직했다. 1608년 영의정에 재임되었으나 1613년 다시 탄핵으로 사직소를 올리고 은거했다. 1617년 폐모 운동에 반대하다가 북청에 유배되어 죽었다. 그러나 곧 복관되고 청백리에 녹선 되었다. 시호는 문충공이다.

[5장]
마음
·
철학
哲學

2부 주제별 한국 고사성어 中 5장 마음·철학

韓國故事成語

故事成語

이심전심
以心傳心

以:써 **이** 心:마음 **심** 傳:전할 **전** 心:마음 **심**

마음에서 마음으로 전하다. 언어나 문자를 매개로 하지 않고 깨달음을 느낌
으로 전한다는 의미로 쓰인다.

문헌 : 《선문염송禪門拈頌》

이심전심은 선종禪宗에서 깨달음의 극한 뜻을 전하는 것으로 마음에서 마음으로 전달하는 심심상인心心相印이라는 말이다. 비슷한 말로 염화시중拈華示衆, 염화미소拈華微笑, 삼처전심三處傳心 등이 있다.

석가모니釋迦牟尼가 마갈타국 영취산에서 여러 제자들을 모아 놓고 법을 설하던 중 꽃을 들어 대중에게 보였다. 제자들이 자신의 가르침을 제대로 알고 있는가를 보기 위한 것이었다. 그러나 아무도 석가모니의 뜻을 모르는 듯했다. 그런데 대가섭大伽葉만이 뜻을 알고 빙그레 웃어 보였다. 그러자 석가모니는 가섭에게 정법안장正法眼藏·열반묘심涅槃妙心·실상무상實相無相·미묘법문微妙法門·불립문자不立文字·교외별전教外別傳 등 불교의 진리를 전해주었다.

여기의 교외별전이란 교리 외 다른 가르침을 말하며, 불립문자란 진리는 문자로 표현할 수 없다는 뜻이다. 이 마음에서 저 마음으로 전해지는 이심전심은 우리 역사와는 상관이 없지만 야단법석, 아사리판, 이판사판처럼 일상생활에서 많이 쓰이는 불교佛教용어이기에 소개한다.

심통주작
心通酒酌

마음 심 통할 통 술 주 술 작

마음이 서로 통하면 술을 대작한다. 즉 서로 뜻이 통하면 어떤 일도 함께할 수 있다는 의미로 쓰인다.

문헌 : 《한국오천년야사韓國五千年野史》

　　고려 제16대 예종睿宗(재위 1105~1122) 때 윤관尹瓘(?~1111)은 관이 파평坡平이고 자는 동현이며 시호는 문숙文肅이다. 1107년 북쪽의 여진족女眞族을 토벌하고, 아홉 개 성을 쌓는 등 많은 공적을 남긴 명장이다.

　　윤관이 국방을 지키는 군대의 원수元首가 되어 북정北征할 때, 부원수 오연총吳延寵(1055~1116)과는 전쟁에서 생사를 같이할 만큼 마음을 주고받는 평생의 친구였다. 여진족을 토벌하고 돌아온 뒤에 두 사람은 자녀를 결혼까지 시켜 사돈 관계(사돈지간)를 맺었고, 함께 대신의 지위에 올랐다. 관직에서 물러나 고령에 들어서는 작은 시내를 사이에 두고 인근에 살면서 종종 만나 전날에 고생하던 회포를 주고받았다.

　　어느 날, 윤관이 자기 집 술이 잘 익어 오연총과 한잔 나누고 싶어졌다. 그래서 하인에게 술을 지워 오연총을 방문하려고 가던 중 냇가에 당도했다. 그런데 갑자기 소나기가 내려 물이 불어 건너갈 수 없어서 머뭇거리고 있었다. 그러다가 문득 냇물 건너편을 보니, 오연총도 하인에게 무엇을 지워 가지고 오다가 윤관이 물가에 서 있는 것을 보고 큰소리로

· 2부 주제별 한국 고사성어 ·

물었다.

"대감, 어디를 가시는 중이오?"

윤관이 대답했다.

"술이 잘 익어 대감과 한잔 나누려고 가지고 나섰는데 물이 많아서 이렇게 서 있는 중이오."

오연총도 역시 잘 익은 술을 가지고 윤관을 방문하려던 뜻을 말했다. 그러자 피차에 그냥 돌아서기가 안타까워서 몇 마디 환담을 하다가, 오연총이 윤관에게 말했다.

"우리가 말로 정담을 나누기는 했지만 술을 한잔 나누지 못하는 것이 정말 유감이군요."

이에 윤관이 웃으며 말했다.

"정히 그러시다면 이렇게 하십시다. 대감이 소생에게 한 잔 들라고 하면 소생이 가지고 온 술을 대감의 술로 알고 한 잔 마시고, 소생이 그같이 대감에게 권하면 대감께서도 같은 방법으로 한 잔 드시면 되지 않겠소?"

오연총도 그렇게 하면 되겠다고 찬동했다.

이에 두 사람이 나무를 베어낸 등걸(査)에 자리를 잡고 앉아 이편에서 '한 잔 드시오!'하고 술잔을 들고 머리를 숙이면(頓首) 저편에서 한 잔 마시고 '한 잔 드시오!'하고 머리를 숙이는 일을 반복하면서 밤이 깊도록 가져간 술을 다 마시고 돌아왔다.

이 일이 당시 고관대작들에게 풍류화병風流話柄(멋있는 이야깃거리)으로 알려져서 서로 자녀를 결혼시키는 것을 '우리도 사돈(査頓:나무 등걸에 앉아 깊이 머리를 숙임)을 해볼까'하는 말로 회자되기 시작했고, 그 말이 오늘날 사돈査頓(혼인한 두 집의 부모가 서로 부르는 말)이라는 말의 어원이 되었다.(査: 나무 등걸

사 楂: 절할 돈)

그런데 세월이 지나다 보니 양가 집안의 여러 촌수를 좀 더 세분해서 지칭하는 용어가 필요하게 되었다. 그래서 양가의 부모, 즉 같은 항렬끼리는 사돈, 또는 맞사돈, 아내 되는 사람은 안사돈, 사부인楂夫人, 사돈의 부모, 또는 형님은 사장楂丈, 사돈의 조부모는 노사장老楂丈, 노사부인老楂夫人이라고 호칭하게 되었다. 이외에 사돈의 사촌 형제 등의 친척은 통칭하여 곁사돈이라고 부르는가 하면 사돈집 총각은 '사돈도령', 사는 집은 '사돈댁' 또는 사가楂家 높임말로 '사댁'이라고 부른다.

위애투금
爲愛投金

爲:위할 **위** 愛:사랑 **애** 投:던질 **투** 金:쇠 **금**

형제의 의를 위하여 금을 버린다는 말로, 어부 형제가 금덩어리를 주웠으나
형제간의 우애가 끊길 것을 염려하여 금덩어리를 버린 고사에서 유래했다.
지극한 형제애를 칭송할 때 쓴다.

문헌 : 《한국전래동화韓國傳來童話》

한강漢江 양화대교 부근 공암진 나루터에서 의좋은 형제가 배로
고기를 잡고 있었다. 어느 날, 그물을 걷어 올리니 고기는 없고 커다란
금덩어리 하나가 나왔다. 깜짝 놀란 형제는 금덩어리를 보고 좋아했다.
그런 기쁨도 잠시 어떻게 처리할까 망설이지 않을 수 없었다.

아우가 먼저 말했다.

"형님은 식솔들이 많으시니 형님이 가지시지요."

그러자 형이 손을 내저으면서 말했다.

"무슨 소리냐! 너도 이제 장가들 나이가
되었으니 네가 가져가 장가 밑천으로 삼
으려무나."

그렇게 실랑이를 벌이던 형제는 결국
똑같이 나누어 갖기로 합의를 했다. 그런
데 반으로 쪼갠 금덩이를 가지고 돌아가
던 아우가 갑자기 그 금덩이를 강물에 던

져버렸다.

형이 의아해서 왜 그러느냐고 묻자 동생이 말했다.

"견물생심見物生心이라고 금덩이를 보니 형님이 없었더라면 제가 통째로 가질 수 있었을 거라는 사악한 마음이 자꾸 들어 마음을 비우려고 버렸습니다."

그 말을 들은 형도 고개를 끄덕이며 말했다.

"그래, 나도 그래서 괴롭구나. 차라리 이 금덩이가 없는 것이 좋겠다."

형제는 금덩이를 미련 없이 강물에 던져버리고 나서 마주 보며 환하게 웃었다.

인사수심
人事隨心

人:사람 **인** 事:일 **사** 隨:따를 **수** 心:마음 **심**

사람의 일은 마음먹기에 달렸다. 즉 사람의 생각에 따라 일이 바뀔 수 있다는 뜻이다. 구르는 수만큼 살 수 있다는 삼 년 고개에 얽힌 옛날이야기에서 유래했다.

문헌 : 《어린이 설화집說話集》

귀가 도자전刀子廛 즉 '마룻구멍이다'는 속담은 배운 것은 없으나 귀로 들어서 많이 안다는 뜻이다. 배운 것이 없어도 귀로 들어 알고 있으니 귀야말로 보배라는 말이 도자전이라는 의미다.

그런데 들은 이야기가 약이 될 수도 있지만 때로는 해가 될 수도 있다. 아무 말이나 깊이 생각도 해보지도 않고 남의 말을 잘 믿는 노인이 있었다.

그가 어느 날, 장에 갔다 오더니 땅이 꺼져라 한숨을 내쉬며 드러누워 버렸다. 아내가 걱정이 되어 그 이유를 묻자 죽어가는 목소리로 말했다.

"큰일 났소. 나는 이제 삼 년밖에 더 못 살게 되었소. 장에서 오는 길에 삼년고개에서 넘어지고 말았단 말이오."

그 마을 입구에는 그곳에서 넘어지면 삼 년밖에 못 산다는 '삼 년 고개'라는 재가 있었다. 아내는 그 말을 듣자 통곡을 하였다.

"아이고, 이 일을 어쩌면 좋을꼬? 당신이 삼 년밖에 못 살면 나는 어린 자식들과 어떻게 살라고……."

어머니가 통곡하자 아이들은 영문도 모르고 따라 울었다. 노인은 너무 근심을 한 나머지 끝내 병이 나버렸다. 아무리 좋은 약을 쓰고, 용한 의원을 불러와도 소용이 없었다.

그런데 이웃 마을에 사는 한 청년이 그 집 앞을 지나가다가 통곡소리를 듣고 들어와 물었다.

"왜 그러십니까? 초상난 것도 아닌데……."

"어쩌면 좋은가? 내가 잘못해서 장에서 돌아오는 길에 삼 년 고개에서 넘어졌다네. 귀에 싹이 나도록 들어온 그 삼 년 고개에서 넘어졌으니 이제 삼 년밖에 더 못 살게 된 것이 서러워 그러지 뭔가!"

"아니, 그게 뭐 그리 큰일이라고 그러십니까? 아무 걱정하지 마십시오. 곧 나으셔서 앞으로 몇십 년을 더 사실 테니……."

청년의 말에 노인은 귀가 번쩍 띄었다.

"뭐라고? 어떻게 그럴 수 있단 말인가?"

"예. 제가 하라는 대로만 하시면 됩니다. 아주 쉽습니다."

"어떻게 하는 건데?"

"삼 년 고개에 가서 몇 번만 더 넘어지시면 됩니다."

"예끼 이 사람! 그러면 그 자리에서 즉사하고 말 텐데?"

노인은 화를 벌컥 내며 당장 나가라고 호통을 쳤다. 그러나 청년은 아랑곳없이 침착하게 말했다.

"삼 년 고개에서 넘어지셨으니 삼 년밖에 못 사신다고 하셨지요?"

"그래."

"그러면 또 한 번을 더 넘어지시면 육 년을 사실 것 아닙니까? 그리고 세 번 넘어지시면 구 년, 네 번 넘어지시면 십이 년……."

"가만있자, 네 이야기를 듣고 보니 정녕 그렇구나!"

노인은 언제 아팠냐는 듯 벌떡 일어나 삼 년 고개로 올라가더니 데굴데굴 구르며 목청껏 외쳤다.

　"산신령님! 제가 구르는 숫자의 세 배만큼 살게 해주십시오."

　그러자 어디선가 대답하는 소리가 들렸다.

　"암, 그렇게 하고말고! 십팔만 년이나 산 저 삼천갑자 동방삭三千甲子東方朔이보다도 더 오래 살게 해주마!"

　노인은 기쁜 마음으로 몇 번이고 굴러 내렸다.

　목소리의 주인공은 바로 그 청년이었다.

　'인간만사人間萬事는 마음먹기에 달렸다'는 말처럼 인간이 어떤 마음으로 행하느냐가 문제 해결의 실마리가 된다는 의미이다.

　보고 듣는 것이 교육의 시초가 되듯 듣고 보는 눈을 떠야 바르게 사는 길이라는 뜻이다.

유신지마
庾信之馬

庾:노적 유 信:믿을 신 之:갈 지 馬:말 마

'유신'의 말馬이란 말로, 주인을 위하여 충성을 다하였으나 본의 아니게 잘못
된 경우를 뜻한다.

문헌 : 《신증동국여지승람新增東國與地勝覽》

김유신金庾信(595~673)은 김수로왕金首露王의 12대손이며, 신라 제
24대 진흥왕眞興王 때 용맹을 떨친 장군으로 삼국통일에 기여한 공이 크
다. 그는 10대에 걸쳐 491년을 이어온 금관가야金官伽倻의 마지막 왕인 구
형왕仇衡王(521~532)의 후손이다.

유신은 본관이 김해이고 서현舒玄을 아버지로, 만명萬明부인을 어머니
로 하여 진평왕眞平王 17년인 서기 595년에 태어났는데 타고난 총명과 슬
기로운 어머니의 지도로 15세에 화랑이 되었다.

그의 어머니 만명 부인은 아들에게 늘 정직하고 용감하라고 가르쳤다.
김유신은 용화향도龍華香徒를 거느리고 심신을 수련하면서도 어머니의
말씀을 가슴에 깊이 새겨 언제나 올바르게 처신했다. 그렇지만 어쩌다
천관天官이라는 기생과 가까워지게 되었다.

호탕한 김유신은 천관의 미모와 노래에 빠져 매일 그녀를 찾아가 밤이
깊도록 사랑을 속삭였다. 이를 알게 된 만명 부인이 아들을 불러 말했다.

"너는 후일 크게 될 인물인데 청루에서 음탕한 생활만 하고 있으니 그

래서야 쓰겠느냐? 나는 늙어 죽기 전에 너의 훌륭한 모습을 보고 싶다."

김유신은 어머니 말씀에 잘못을 크게 깨닫고 다시는 천관의 집에 드나들지 않기로 결심했다.

어느 날, 유신이 친구들과 술을 마시고 얼큰하게 취하여 말을 타고 집으로 가다가 깜빡 졸았다. 말은 김유신이 평소에 자주 다니던 길에 익숙해져 있어 기생 천관의 집으로 뚜벅뚜벅 걸어갔다.

김유신은 말이 멈추기에 눈을 떠보니 천관의 집 앞이었다.

천관은 애타게 기다리던 김유신이 오자 어찌할 줄을 몰라 하며 맨발로 뛰어 나와 반겼다.

김유신은 크게 당황했다.

"아차, 내가 조는 사이에 말이 나를 여기로 데려왔구나. 그러면 안 되지."

김유신은 크게 잘못을 저지른 양 낙심하고 긴 한숨을 내쉬었다. 그리고 천관에게 자기의 의지를 보여주고자 칼을 뽑아 말의 목을 쳤다. 말은 붉은 피를 뿜으며 쓰러졌다. 김유신은 나약함을 버리고 강한 자 억약부강抑弱扶强의 홀연한 자세로 천관을 거들떠보지도 않고 걸어 나왔다.

천관은 김유신이 너무나 단호해지자 원망스러운 마음을 달래고자 절로 들어가 스님이 되었다.

김유신의 이 행동은 단기지계斷機之戒로 지금도 그 단호함을 나타내는 경계의 말로 쓰여지고 있다. 천관 기생의 입장에서는 단말마斷末魔로 숨이 끊어질 듯한 고통이었을 것이다.

지금도 경주에서 오릉五陵 동쪽으로 가면 그녀를 기리기 위해 세워진 천관사天官寺라는 절이 있다.

기과필화
氣過必禍

氣:기운 **기** 過:지나칠 **과** 必:반드시 **필** 禍:재앙 **화**

기가 지나치면 반드시 화를 입는다는 말로, 조광조의 어머니가 남곤의 어렸을 적 지나친 기세를 보고 그의 성정을 예측한 데에서 유래했다. 너그럽고 온화한 성품을 장려하는 의미로 쓰인다.

문헌:《조선명인전朝鮮名人傳 · 한국韓國의 인간상人間象》

조광조趙光祖(1482~1519)와 남곤南袞(1471~1527)은 어려서 서당에 다닐 때부터 10여 년의 나이 차이가 있음에도 불구하고 절친한 사이였다. 두 사람의 총명과 슬기는 스승을 늘 흐뭇하게 하였다.

그들이 과거를 눈앞에 두고 학문에 열중하고 있던 어느 날, 머리를 식히기 위해 가까운 산으로 산책을 나갔다. 산으로 가는 길에는 예쁜 처녀 아이들이 많이 오가고 있었다. 조광조는 그 처녀들을 보는 순간 공연히 가슴이 뛰고 얼굴이 상기되었다. 마음은 괜히 부끄러우면서도 시선은 줄곧 처녀들에게 쏠려 있었다.

'내가 왜 이러지? 앞으로 해야 될 공부가 많고, 어머니 말씀대로 나라의 동량이 되어야 할 텐데……'

조광조는 스스로 생각해도 자신을 이해할 수가 없었다.

'이렇게 마음이 약해선 안 되지. 장차 어쩌려고……'

조광조가 마음고생으로 뒤처져 걷는 동안 남곤은 저만치 앞서서 한눈을 팔지 않고, 오직 앞만 바라보면서 씩씩하게 걸어갔다. 조광조는 걸음

· 2부 주제별 한국 고사성어 ·

을 빨리하여 남곤을 따라갔다.

'역시 남곤은 나보다 낫구나. 난 아직도 수양이 부족한 거야.'

집으로 돌아온 조광조는 어머니에게 오늘 있었던 일을 모두 이야
기하였다. 아들의 말을 다 듣고 난 어머니가 말하였다.

"애야, 그건 걱정할 일이 아니다. 네 나이 때에 처녀들에게 관심을 갖
는 것은 아주 자연스러운 일이란다. 그러니까 그건 잘못이 아니다. 네
또래의 사내라면 누구나 갖게 되는 생각이란다."

"어머니, 그렇지 않습니다. 저와 함께 간 남곤은 처녀들에게 눈길 한
번 주지 않고 꼿꼿이 걸어갔습니다."

"음, 그랬어?"

"예, 어머니. 남곤은 확실히 저와는 다릅니다."

어머니는 한동안 무언가를 골똘히 생각하다가 침통한 어조로 단호하
게 말했다.

"아무래도 안 되겠다. 오늘 밤에 남의 눈에 띄지 않게 이사를 가야
겠다."

"갑자기 무슨 말씀이세요? 이사라니요?"

"아무 말 말고 조용히 이삿짐을 싸도록 해라."

조광조는 갑작스런 어머니의 결정에 어리둥절하였다. 그러나 어머니
의 말에 따라 짐을 꾸려 산을 넘어 다른 마을로 이사를 했다.

"어머니, 이렇게 야반도주하는 이유가 무엇인지요?"

"애야, 사람은 자기감정에 솔직해야 한다. 예쁜 처녀가 옆을 지나가
면 너 같은 총각이 눈길을 주는 것은 당연한 이치다. 그런데 남곤은 자
기 감정을 숨기고 목석처럼 행동했다고 하지 않았느냐. 그것만으로도 그
아이가 얼마나 차디찬 사람인지 알 수 있겠다. 사람은 따뜻함과 너그러

움이 있어야 되는 것이란다. 엄격함과 꼿꼿함만 가지고는 너그럽고 덕이 있는 사람이 될 수 없단다. 엄히 다스려야 할 때도 있지만, 너그러이 용서하고 관용을 베풀어야 할 때도 있어야 하는 것이란다. 앞으로 남곤은 여러 사람을 피 흘리게 할 것이니, 조심하는 것이 좋겠다. 참으로 냉혹한 사람이야."

조광조는 어머니의 말을 듣고 고개를 숙였다.

훗날, 남곤은 여러 관직을 두루 거치는 동안 실제로 칼날처럼 냉엄한 정치를 했다. 그는 훈구파勳舊派의 선봉에서 기묘사화己卯士禍를 일으켜 집권자 조광조 등 신진사류新進士類를 숙청한 후, 좌의정을 거쳐 영의정에까지 올랐다. 그러나 만년에는 자기의 잘못을 자책하며 화를 입을까 봐 자기의 저서를 불태우기도 했다. 하지만 1558년 삭탈관직削奪官職되었다. 심정沈貞, 홍경주洪景舟와 함께 기묘 삼흉三凶으로 불렸다.

문집에 《지정집》이 있고 저서에 《유자광전柳子光傳》과 《남악창수록南岳唱酬錄》등이 있다.

·2부 주제별 한국 고사성어·

매화매락
賣畵買樂

賣:팔 매 畵:그림 화 買:살 매 樂:즐거울 락

그림을 팔아 즐거움을 샀다는 말로, 정조 때의 풍속화가 김홍도가 그림을 팔
아 풍류를 즐긴 일화에서 유래했다. 자기가 즐기는 일을 호기롭게 해내는 것
을 비유한다.

문헌 : 《정조실록正祖實錄 · 홍제전서弘齊全書 · 조선명인전朝鮮名人傳》

조선 정조正祖(1752~1800) 때의 화가 단원檀園 김홍도金弘道(1745~?)는
풍속화의 대가이다. 그는 도화서圖畵署의 화원으로 현감 대우를 받았지만
가정생활은 돌보지 않고 그림과 풍류에만 젖어 살았다.

그가 어느 날 한 마을을 지나다가 울타리 안에 있는 아름다운 매화나
무를 보고 안으로 들어가 주인에게 물었다.

"여보시오. 이 나무를 내가 사고 싶은데 얼마면 팔 거요?"

"나도 매우 아끼는 건데, 정히 사시려면 2백 냥만 주십시오."

"2백 냥이라……."

김홍도는 더 이상 할 말이 없었다. 끼니를 이어 가기도 힘든 형편에 2
백 냥이라는 거금을 주고 매화나무를 살 수는 없었다. 그는 그 자리에서
매화나무를 감상하는 것으로 만족해야 했다.

며칠 후, 큰 부자로부터 그림을 그려 달라는 부탁을 받았다.

김홍도는 서둘러서 불과 며칠 만에 그림을 완성해주고 3백 냥을 받았
다.

돈을 받은 그는 2백 냥을 주고 예전 집주인과 흥정했던 그 매화나무를 샀다. 그리고 나머지 돈으로 성대한 술잔치를 마련하여 친구들을 대접했다.

김홍도는 아름다운 매화를 감상하면서 가까운 친구들과 술을 마시는 것이 무척이나 흡족했다. 친구들도 흥겹게 술을 마시면서 마음껏 즐겼다.

"여보게, 단원! 자네가 이런 자리를 마련할 때도 있으니 세상 많이 좋아졌구면. 그런데 자네가 돈이 어디 있어서 저런 훌륭한 매화나무도 사고, 이렇게 푸짐한 음식을 마련했는가?"

김홍도는 호탕하게 웃으면서 자랑했다.

"그림을 그려 주고 3백 냥을 받았네. 그중에서 2백 냥으로는 매화를 샀고, 8십 냥은 술과 안주를 마련하는 데 썼네. 그리고 2십 냥은 쌀과 땔나무를 샀지. 어떤가? 이만하면 사나이 생활이 괜찮지?"

"아암, 역시 자네답네."

끼니도 이어 가기 힘든 생활이었지만 아름다움과 풍류를 위해서라면 자기가 가진 모든 재물을 아낌없이 버릴 수 있는 김홍도였다.

그는 산수화, 인물화, 화조도 등에 두루 능했으며, 특히 서민들의 생활 모습을 그린 풍속화를 자기만의 독특한 방법으로 그려냈다.

생요왕형 사후불형
生樂王兄 死後佛兄

生:날 생 樂:즐길 요 王:임금 왕 兄:맏 형

살아서는 임금의 형이요, 죽은 뒤에는 부처의 형이다. 양녕대군의 고사에서
유래한 말로, 자신의 팔자가 최고로 좋다는 의미로 쓰인다.

문헌:《한국인韓國人의 지혜智慧·고금청담古今淸談》

조선 제3대 태종太宗의 장남 양녕대군讓寧大君(1394~1462)이 1404년
세자로 책봉되었으나 셋째 아우 충녕忠寧(세종)에게 1418년 세자 자리를 양
위하였다. 충녕이 세자로 책봉되자 태종太宗은 충녕에게 선위禪位하였다.
셋째 충녕이 조선 제4대 왕으로 즉위하고 양녕은 주유천하하고 있었는데
어느 날 스님이 된 둘째 동생 효령대군孝寧大君(1396~1486)의 초대를 받았다.

"형님 못 뵈온 지 참 오래되었습니다. 이번 2월 15일은 석가의 열반 일
이오니 부디 오셔서 마음속의 정한도 풀고 형제간의 우애도 나누시는 것
이 어떻겠습니까? 소제 다소의 음식을 장만해 놓고 기다리겠나이다."

양녕은 휘하의 수족들을 거느리고 효령이 수도하고 있는 회암사 부근
으로 가서 사냥을 한 후, 잡은 짐승을 사찰의 경내에서 구워 먹으며 술
을 마셨다. 냄새가 사찰의 경내에까지 진동하자 효령이 형님이 온 줄 알
고 마중을 나오니 양녕이 기생들까지 끼고 앉아 희희낙락하고 있는 것이
었다.

"형님! 이 아우의 입장을 살펴서라도 경건해야 할 절 경내에서 이게 무

슨 일입니까?"

효령대군이 이맛살을 찌푸리자 양녕은 호탕하게 웃으며 말했다.

"나는 살아서는 왕의 형이요, 죽어서는 부처의 형(兄佛)이 될 테니 무엇이 두렵겠느냐? 또 왕이니 왕세자니 하는 것은 다 괴로운 것인데 우리는 그런 것에서 벗어나 이렇게 자유로이 만날 수 있으니 얼마나 좋으냐?"

"지당하신 말씀입니다. 저도 즐겁습니다."

그러나 두 형제의 마음속은 진실로 기쁨만 충만한 것은 아니었으리라.

한편 세종은 양녕과 효령 두 형들의 뜻을 받들어 훈민정음을 창제하고 집현전을 설치하였으며 자신이 직접 쓴《월인천강지곡月印千江之曲》를 비롯《농사직설》, 《용비어천가》, 《고려사》, 《샘강행실도》, 《팔도지리지》 외 《효행록》과 대마도를 정벌하여 다시는 조선땅을 넘보지 못하게 하였다.

능은 경기도 여주 군에 있는 영릉英陵이고 시호는 장헌莊憲이다.

·2부 주제별 한국 고사성어·

보은단동
報恩緞洞

報:갚을 **보** 恩:은혜 **은** 緞:신 뒤축 **단** 洞:고을 **동**

은혜를 베푼 사람이 살았던 동네라는 말. 자기의 처지는 생각지 않고 가난하고 어려운 사람을 도와주었는데 도움을 받은 사람이 훗날 큰일을 해결해준 고사에서 유래했다.

문헌 : 《한국인韓國人의 지혜智慧》

　　조선 제14대 선조宣祖 때 명나라 통역관 홍순언洪純彦은 한양의 미동美洞에서 살았다. 그는 본래 호협한 사람으로 중국말에도 뛰어나고 친화력이 있어 중국에 가는 사신使臣을 수행했다.

　사신 일행이 통주通州에 도착하여 여정을 풀고 구경도 할 겸 기생집이 있는 청루(기생집)에 놀러 나갔다가 자기의 몸을 판다는 여인의 글을 보고 찾아 들어갔다. 그런데 그녀가 소복을 한 채 수심이 가득하길래 물어보니 부모가 갑자기 병으로 돌아가셨으나 장사지낼 돈이 없어서 몸을 팔러 나왔다고 했다. 홍순언은 그 말을 듣고 거금 3백 금을 몸값으로 주고 그녀를 청루에서 풀려나게 해주었다. 그녀는 무척이나 고마워하며 그의 이름을 물었으나 그는 다만 조선의 홍 역관洪譯官이라고만 알려주었다.

　그리고 귀국 후 그는 3백 금이라는 막대한 국고금을 축낸 사실이 드러나 옥에 갇히게 되었다.

　그 무렵, 명나라에는 태조 이성계의 아버지가 이자춘李子春이 아니라 매관매직으로 전횡을 일삼은 이인임李仁任이라고 잘못 알려져 그를 바로 잡는 일로 외교적 마찰을 겪고 있었다. 그러니까 명나라에서는 조선 건국 후 200여 년간이나 이성계가 전주全州 이씨가 아닌 성주星州 이씨인 이인임의 아들로 잘못 알려져 있었다. 더군다나 이인임은 공민왕이 죽자 태후太后의 주장을 꺾고 우왕禑王을 추대하였다. 그러다가 나중에 이성계에 의해 축출된 사람이었다. 그런 그를 태조의 아버지로 기록해놓고, 고려의 왕을 넷이나 죽이고 쿠데타로 정권을 탈취해 정통성을 인정할 수 없다고 주장하면서 잘못된 기록을 수정해주지 않고 있었다. 중국법전인 《대명회전大明會典》의 잘못된 기록이 외교상 문제가 되고 있었던 것이다.

그래서 태조 이래로 13대에 걸쳐 15차례나 사신을 보냈으나 고쳐지지 않았다.

선조宣祖는 대로大怒하여 사신들의 잘못이니 꼭 바로잡도록 하라고 엄명을 내렸다. 그러자 대신들이 모여서 숙의를 했다.

"이 일을 해결하려면 명나라의 사정을 잘 아는 홍순언이 꼭 필요한데 그가 감옥에 갇혀 있으니 우리가 대신 공금을 갚아주고 그를 명나라로 보내기로 합시다."

이렇게 해서 홍순언은 감옥에서 풀려나 중국에 국사에 관한 내용을 주청을 주청사 황정욱黃廷彧과 함께 명나라로 가게 되었다.

홍순언이 사신 일행과 조양문朝陽門에 도착하자 뜻밖에 예부시랑禮部侍郎 석성石星이 마중 나오더니 뒤이어 기병이 달려왔다. 그러면서 '홍 역관이 누구냐'고 찾더니 홍순언을 정중히 모시고 가는 것이었다.

그가 한 객실에 들어 기다리니 지체가 높아 보이는 부부가 다가와 큰절을 올리고 나서 말했다.

"나으리! 저는 나으리의 은혜를 하루도 잊어 본 적이 없습니다."

부인 옆에 있던 남편도 정중히 머리를 숙이며 말했다.

"통주에서 어른께서 베푸신 은혜는 저도 잘 알고 있습니다. 어른께서는 천하의 대인이십니다."

홍순언은 그때서야 몇 년 전의 일을 떠올렸다.

그 여자는 청루에서 나와 부모의 양반가도를 이어받아 석성石星의 후처로 들어갔는데 석성이 출세하여 예부상서禮部尚書가 되었던 것이다.

석성이 홍순언에게 물었다.

"이번에는 무슨 일로 오시게 되었습니까?"

홍순언이 종계변무宗系辨誣 문제로 왔다고 말하자 그는 적극적으로 나서서 조선 왕실의 종계를 바르게 고쳐 주었다. 그리고 홍순언이 돌아올 때 그 부인이 손수 짰다는 비단 10필에 손수 '보은단報恩緞'이라는 글씨를 수놓아 홍순언에게 주었다.

귀국하자 사람들이 그 비단을 사러 홍순언의 집 앞에 구름처럼 모여드니 그 동네를 보은단동報恩緞洞이라 하였는데 지금의 서울 중구 소공동 롯데호텔 부근이다.

선조는 공이 큰 홍순언에게 2등 공신을 주고, 당능군唐陵君이라는 군호君號까지 내렸다.

임진왜란 때에는 홍순언이 지원병을 요청하기 위해 다시 명나라에 가니 석성이 병부상서兵部尚書로 승진하여 적극적으로 도와주어 일이 순조롭게 되었다. 홍순언은 역관 출신이어서 큰 벼슬은 못했으나 그의 손자 홍효손洪孝孫은 숙천부사肅川府使를 지냈다.

면귀심수
面鬼心水

面: 얼굴 **면** 鬼: 귀신 **귀** 心: 마음 **심** 水: 물 **수**

얼굴은 귀신처럼 추하지만 마음은 물처럼 맑다. 즉 겉보기는 나빠 보이지만
속마음은 더없이 고우니, 겉만 보고 그 사람의 마음까지 속단하지 말라는 뜻.

문헌:《마산馬山의 혼魂 · 고금청담古今淸談》

고려 고종高宗(1192~1287) 때 주열朱悅은 감찰어사監察御使를 거쳐 나
주羅州와 장흥부長興府 등의 수령이 되었다. 그는 치적이 쌓이자 관찰사로
승진했고, 그에 따른 위엄과 명성이 높아져 사람들이 다 존경하고 두려워
했다. 중국에 사신을 보낼 일이 있을 때는 반드시 그가 맨 처음 추천되어
사람들은 그를 전문 봉명사신奉命使臣이라고 불렀다.

주열은 도량이 컸다.

한번은 어느 고을에 가서 유숙을 하는데 방바닥이 갈라져 있어 그틈으
로 불씨가 들어와 소지품을 다 태워버렸다. 아전들은 불호령이 내릴 것
이라 예상하고 벌벌 떨고 있는데 그는 잠잠했다. 큰 태풍이 닥칠 것이라
고 예상했으나 미풍도 불지 않으니 그럴만했다.

또 한 번은 어느 고을 수령이 뇌물을 받았다는 보고를 받고는, '탐욕스
런 무부武夫가 조그만 뇌물을 받은 것은 개가 음식 찌꺼기를 먹는 것과
같으니 들춰서 문제 삼을 가치가 없다.'하고 불문에 부치니, 그 수령은
다시는 부정을 저지르지 않았다.

한번은 그가 어떤 자리에서 재상과 이야기를 나누는데 그 자세가 공손하지 않은지라 그것을 거만하게 본 한 아전이 과잉 충성하여 말했다.

"재상이 말씀하시니 마땅히 땅에 엎드려 들으시오."

그러자 주열이 말했다.

"재상의 말을 엎드려 들어야 한다면 임금님의 말씀은 땅을 파고들어가서 들어야 된단 말입니까?"

하니 그 아전은 아무 말도 못했다.

그는 능력 있는 관리요, 훌륭한 외교관이었으나 얼굴이 못생기고, 코가 귤과 같았다. 때문에 한 연회장에서 그가 공주에게 술을 헌수하자 공주가 외면하며 말했다.

"왜 늙고 더러운 귀신 같은 사람이 술을 따르는가?"

그러자 임금이 말했다.

"이 늙은이는 얼굴이 추하기는 귀신 같으나 마음이 맑기는 물과 같으니라(면귀심수面鬼心水)."

이에 공주는 무안하여 곧 사과하고 소중히 잔을 받았다.

모비지덕
貌比智德

貌: 모양 **모** 比: 견줄 **비** 智: 지혜 **지** 德: 큰 **덕**

외모보다는 지혜와 덕이 우선이라는 말로, 고려 시대의 장수 강감찬을 두고
이루어진 말이다. 사람은 못생긴 외모보다는 지혜와 덕이 더 중요하다는 뜻
이다.

문헌 : 《이야기 한국역사韓國歷史·고려사열전高麗史烈傳》

고려를 위기에서 구한 명장 강감찬姜邯贊(948~1031)은 삼한벽상공
신三韓壁上功臣 강궁진姜弓珍의 아들이다.

그가 태어날 때 몇 가지 전설이 전해 오고 있다.

그는 한양의 남쪽 관악산 근처에서 태어났다. 후세 사람들은 그가 태
어난 곳을 낙성대落星臺라 이름 지었는데, 그가 태어날 때 별이 내려왔다
해서 붙여진 이름이다.

그가 태어날 무렵, 고려의 정세는 매우 어지러웠다. 인접해 있는 거란
[契丹]이라는 나라가 호시탐탐 침략을 일삼아 고려 사람들은 뛰어난 장수
가 나타나 그들을 물리쳐 주기를 바라고 있었다.

"자네, 어젯밤에 우리 동네로 큰 별 하나가 내려오는 것 봤나?"

"그랬어? 뛰어난 장수라도 태어나려나?"

관악산 아래 한마을 사람들은 하늘에서 별이 내려앉은 이야기로 떠들
썩했다.

한편 강궁진의 집안에서도 부부가 이야기를 나누고 있었다.

·2부 주제별 한국 고사성어·

"어젯밤 꿈에 별이 제 품 속에 와서 안겼어요."

"그래요? 그건 틀림없이 태몽이오. 당신이 드디어 훌륭한 아이를 낳을 모양이구려!"

이렇게 해서 강감찬이 태어났는데 아이는 못생긴 얼굴에 키가 작아 동네 아이들이 놀리고 같이 놀아주지도 않았다.

"야, 쟤는 왜 저렇게 생겼을까? 얼굴이 그물망보다 더 얽었잖아."

강감찬은 이렇게 조롱과 모욕을 받으면서 자라야 했다. 마음속으로는 본인의 잘못이 아닌데도 왜 그런 소리를 들어야 하고 자기 처지를 안타깝게도 여겼다.

어머니는 그런 강감찬의 마음을 읽고 따뜻이 다독여 주었다.

강감찬의 어릴 때 이름은 은천殷川이었다.

"은천아, 얼굴이 못생겼다고 해서 못할 일이 무엇이며, 또 잘났다 한들 기쁠 것이 무엇이겠느냐? 중요한 것은 지혜가 있고, 지식이 많아야 훌륭한 일을 해낼 수 있고 남에게 존경을 받는 것이란다. 지금부터는 얼굴이 못생겨 창피하다 생각하지 말고 덕이 없음을 부끄럽게 생각하도록 하여라."

"어머니, 그럼 어떻게 하면 지혜가 많고, 덕이 높은 사람이 될 수 있습니까?"

"그것은 학문을 통해서만 얻을 수 있는 것이다. 부지런히 배우고 익혀야 지혜가 깊어지고, 마음을 넓게 써야 덕이 쌓이는 것이며, 큰일을 성취할 수 있는 것이다. 네 자신을 두고 스스로 높다고 생각하면 자만심이고, 남이 너를 높게 봐야 진실로 높은 사람인 것이니라. 외모의 잘생기고 못생긴 것은 아무 상관이 없는 것이야."

어머니의 말씀을 깊이 새겨들은 은천은 그때부터 서당에 들어가 글을 배우기 시작했다. 은천은 남보다 더 많은 노력을 기울여 마침내 983년 고려 제6대 성종 2년에 갑과에 장원급제하고 예부시랑禮部侍郎이 되었다.

못생겼다는 것 때문에 오히려 더욱 노력하여 학식과 지혜를 키울 수 있었던 것이다.

고려 제8대 현종 1년(1010년) 거란 성종聖宗이 40만 대군을 이끌고 고려를 침입하자 강감찬이 나가 설유說諭하여 물러가게 하였다.

강감찬은 학문을 즐기고 여러 방면의 책을 즐겨 읽어 유학儒學은 물론, 불경佛經과 병서兵書까지 통달하였다. 1018년(현종 9년) 거란의 소배압蕭排押이 10만 군으로 침입해오자 도통사都統使 강감찬이 20만 군사로 공격하여 크게 이겼다. 이때 거란의 대군이 침공해 왔을 때에는 많은 군신들이 항복을 주장하였으나 이를 반대하고 맞서 싸워 큰 공훈을 세움으로써 왕으로부터 금으로 만든 꽃을 여덟 송이나 하사받는 영광도 얻었다. 그가 이처럼 크게 성공할 수 있었던 것은 어머니의 교훈 때문이었다.

《고려사열전高麗史烈傳》에도 못생긴 강감찬이 오히려 훌륭한 인물로 성장하게 된 배경은 모두 어머니의 힘이었다고 기록되어 있다.

·2부 주제별 한국 고사성어·

신토불이
身土不二

身:몸 신 土:흙 토 不:아니 불 二:두 이

몸과 흙은 둘이 아니라 하나라는 말로, 우리 땅에서 나는 농작물이 우리 몸에
잘 맞는다는 뜻으로 쓰인다. 불이不二란 '둘이 아니고 서로 한 가지'라는 의미
로, 서로 연결되어 같은 기운을 받는다는 뜻이다.

문헌 : 《향약집성방鄕藥集成方》

조선 시대 의서醫書인 《향약집성방鄕藥集成方》의 서문에는 '기후와
풍토 그리고 생활 풍습은 같다.'고 했다. 《동의보감東醫寶鑑》에는 '사람의
살은 그 사람이 살고 있는 땅의 흙과 같다.'고 했다.

원元나라의 보도법사普度法師가 펴낸 《노산연종보감》의 게송(偈頌:부처님 공
덕을 찬미한 노래) 중 '신토불이身土不二'라는 글에서는 '몸과 흙은 본래 두 가지
모습이 아니다.'라고 했다. 또 '신시불이身時不二'라는 말도 있는데, 그 뜻
은 '사람의 몸과 그 시절에 나는 음식은 둘이 아니다.'라는 말이다. 즉 제
철에 나는 곡식과 채소, 그리고 과일을 먹어야 몸에 좋다는 뜻이다.

조선 인조 때의 학자 이수광李睟光(1563 ~ 1628)은 이렇게 말했다.

"하늘은 움직임(動)을 주관하고, 땅은 고요함(靜)을 주관하며, 사람은 동
動과 정靜을 주관한다. 그러므로 하늘은 땅을 겸할 수 없고, 땅은 하늘을
겸할 수 없으나 능히 겸할 수 있는 자는 인간이다.

그러므로 하늘은 사람의 부모父母요 땅 또한 사람의 부모다. 따라서 몸
을 공경하지 않는 것은 부모를 업신여기는 것이다. 사람이 그 몸을 공경

하는 것은 하늘과 땅 천지를 공경하는 것이다."

이는 곧 자연이 나고, 내가 곧 자연이라는 말이다. 즉 자연과 내가 둘이 아니라 하나라는 뜻이다.

물아일체物我一體라는 말은 물物과 아我 사이에 거리가 없는 것을 말하며 그것은 곧 정신적인 경지를 이르는 말이다. 신토불이身土不二 또한 나의 육신肉身과 땅 즉 흙이 따로 있는 것이 아니라는 말이다. 사람이 태어난 고장의 토양과 육체는 둘이 아니고 하나라는 뜻으로 우리 농작물이 우리 체질에도 맞는다는 의미다.

실학자 이중환李重煥(1690~1752)은《택리지擇里志》에서 지형·풍토·인심 등 자연환경이 인간에게 미치는 영향에 대하여 환경이 좋아야 체질도 좋다고 말하고 있다.

풍수지리설을 응용한 택리지는 주위환경이 미치는 영향을 지정학적인 측면에서 다뤄 주목할 만하다.

생명체란 살아 있는 세포의 거대한 조직체인데 성질이 다른 물체가 들어오면 거부 반응을 나타내게 된다.

따라서 익숙한 환경의 물체가 아닌 새로운 이질적인 환경을 만나게 되면 기능이 저하되기 때문에 방해를 받아 병을 일으킬 수 있다.

신토불이는 전통적인 식생활, 즉 현실적인 물질과 밀접한 관계를 갖는다. 그러므로 사람은 각자의 체질에 맞는 음식을 섭취하는 것이 매우 중요하다. 이것이 신토불이의 실행법이다.

하생하사 何生何死 | 일체유심조 一切唯心造

어찌 **하** 날 **생** 어찌 **하** 죽을 **사** | 한 **일** 온통 **체** 오직 **유** 마음 **심** 지을 **조**

차부무병은 자루 없는 도끼를 빌린다는 말로, 원효대사가 요석공주를 취하기 위해 퍼뜨린 말이다. 배우자나 어떤 일을 함께 도모할 동지를 구한다는 뜻으로 쓰인다.

문헌: 《한국의 인간상人間像 · 선현위인어록先賢偉人語錄》

　　신라의 대승 원효元曉(617~686)는 신라 제26대 진평왕眞平王 39년(617년)에 경상북도 경상군 압량押梁(상주)에서 내마柰麻 벼슬을 하고 있던 담날談捺의 아들로 태어났다. 성은 설薛 씨이고, 아명은 서당誓幢이며, 원효는 법명이다.

　그는 어린 시절 청소년들이 가장 우러러보는 화랑이 되었다. 그러나 그는 어머니의 모습을 기억하지 못했다. 서당의 어머니는 서당을 낳기 전날 밤, 별 하나가 자신의 몸속으로 들어오는 꿈을 꾸었다. 그리고 압량의 북쪽 제단에 기도를 드리고 돌아오다가 밤나무 밑에서 서당을 낳고는 그 자리에서 숨을 거두고 말았다. 때문에 어린 서당은 유모의 젖을 먹고 자랐다.

　서당은 체격도 당당할 뿐만 아니라 총명하고 인물도 좋아 모두들 장차 큰일을 해낼 거라고 칭찬했지만 정작 본인은 '죽음은 무엇이고, 산다는 것은 무엇일까?'하는 인생 문제에 골몰했다.

　서당이 화랑으로 뽑혔을 때 가족들은 설 씨 집안에 경사 났다며 잔치까지 베풀어 축하를 해주었지만 자신은 그저 담담하기만 했다.

'사람은 태어나서 결국은 죽고 마는 것을, 뭣 때문에 으뜸이 되려고 발버둥치고, 좀 더 많이 알고자 밤을 새워 글을 읽는 것일까? 나도 그렇다. 내가 화랑이 되었다고는 하지만 저들보다 나은 게 뭐 있다고 떠받침을 받으며 우월감을 갖는가?'

서당은 깊은 자괴심에 빠져들 때마다 어머니의 무덤을 찾아가 그 앞에 엎디어 깊은 명상에 잠겼다. 그러던 어느 날, 문득 등 뒤에서 방울 소리가 들리더니 한 노승이 지팡이를 짚고 올라왔다.

"젊은이, 보아하니 화랑인 듯한데, 그 무덤 속에 누가 묻혔소?"

"네, 제 어머니입니다."

"젊은이는 그 속에 돌아가신 어머니가 계신다고 믿나?"

"예, 그렇습니다."

"어허, 안타깝도다. 어머니는 거기에 계시지 않네."

"그렇다면 어디에 계십니까?"

"그걸 알려면 우선 불교의 이치를 깨달아야 하네, 인간이 죽고 사는 의미를 바르게 알아야 어머니가 계신 곳을 알게 될 걸세."

서당은 늘 품어왔던 의문을 풀 수 있다니 귀가 번쩍 띄었다.

"삶의 의미를 알게 되면 어머님이 계신 곳을 알게 됩니까?"

"물론이지. 어머니가 계신 곳뿐만 아니라 만날 수도 있지."

"네? 그게 진정입니까? 그렇다면 기꺼이 불교에 제 몸을 맡기겠습니다. 앞으로 어떻게 해야 되는지, 그 길을 가르쳐 주십시오."

이렇게 하여 서당은 648년 진덕여왕 2년 32세에 자기 발로 황룡사에 들어가 머리를 깎고 원효란 법명을 받아 스님이 되었다.

진덕여왕 4년(650)에 의상義湘과 함께 당나라로 유학길에 올랐으나 고구려 순찰병에게 붙잡혀 있다가 돌아와야 했다. 다시 661년(문무왕 1년) 의상과 함께 당항성唐項城(남양南陽)에 이르러 공동묘지에서 하룻밤을 지내게 되었는데 자다가 목이 말라 손으로 더듬어 그릇에 고여있는 물을 벌컥벌컥 맛있게 마셨다.

이튿 날 밝은 곳에서 보니 그 물은 해골에 고인 물이었다. 이 때 원효는 인간사 모든 것은 마음먹기에 달렸음(일체유심조一切唯心造)을 깨닫고 탄식했다. '마음이 생기면 우주만물이 생기고 마음이 사라지면 해골 물과 깨끗한 물이 다르지 않은 법이다.' 삼계가 유심唯心이요 만법이 유식唯識이므로 마음밖에는 아무것도 없는데 무엇을 따로 구하겠는가?'하고는 당나라에 가는 것을 포기하고 분황사에 머물면서 통불교通佛教를 제창하였다. 즉 사물 자체에는 정淨도 부정不淨도 없고, 극락도 저 세상에 있는 것이 아니라 마음속의 평화와 안정이 극락이요, 마음속의 갈등과 불안이 지옥이 된다는 것을 크게 깨달았던 것이다.

구용
九容

九:아홉 **구** 容:얼굴 **용**

아홉 얼굴, 즉 심신 수양에 필요한 아홉 가지 태도와 몸가짐을 일컫는 말이
다. 신언서판身言書判과 비슷한 뜻이다.

문헌 : 《격몽요결擊蒙要訣 지신장持身章》

율곡栗谷 이이李珥(1536~1584)가 쓴 《격몽요결擊蒙要訣 지신장持身章》
에는 어린이의 교육에 관하여 편찬한 책으로 이이가 직접 편집 간행한 것
이다. 〈지신장〉에 나오는 구용九容은 ①족용중足容重, ②수용공手容恭, ③
목용단目容端, ④구용지口容止, ⑤성용정聲容靜, ⑥두용직頭容直, ⑦기용숙氣
容肅, ⑧입용덕立容德, ⑨색용장色容莊 등의 아홉 가지를 말한다.

이는 군자가 몸과 마음을 수양하는 방법을 가리키는 말이다. ①족용중
足容重은 걸을 때에는 발걸음을 무겁게 해서 경망스럽게 보이지 않도록
해야 한다는 뜻이고, ②수용공手容恭은 손은 공손하게 두어 태만하고 게
으른 느낌을 주지 않아야 한다는 뜻이며, ③목용단目容端은 눈의 움직임
을 단정하게 해 곁눈질 하지 않아야 한다는 말이다. ④구용지口容止는 입
을 굳게 다물어 언행을 신중하게 해야 한다는 뜻이고, ⑤성용정聲容靜이
란 재채기나 기침을 삼가서 주변을 고요하게 조성해야 한다는 의미이다.
⑥두용직頭容直이란 머리는 곧게 하여 한쪽으로 기울지 않도록 해야 한다
는 말이며, ⑦기용숙氣容肅이란 숨소리를 점잖고 엄숙하며 맑게 해야 한

다는 뜻이고, ⑧입용덕立容德이란 서 있을 때의 자세는 중심을 똑바로 잡고 의젓하게 하면서 덕이 있어야 한다는 의미이다. ⑨색용장色容莊이란 표정은 씩씩하고 근엄하되 인자함을 잃지 않아야 한다는 아홉 가지 행위를 말한다.

《격몽요결擊蒙要訣》은 1577년(선조 10년) 학문을 시작하는 아이들을 가르치기 위해 10장으로 편찬했으며, 각 장의 내용은 다음과 같다.

제1장 〈입지立志〉에서는 학문에 뜻을 둔 사람은 성인聖人이 되기를 목표로 하여 물러서지 말고 나아가야 한다고 하였으며, 제2장 〈혁구습革舊習〉에서는 학문을 성취하기 위해서는 행동을 게을리하지 말며, 겉으로 드러나는 것만을 모방하지 말고, 안일한 것에 얽매이지 말 것 등, 구체적 조항 8개를 들고 있다.

제3장 〈지신持身〉에서는 몸을 바르게 지키는 방도를 제시하여 뜻을 어지럽히지 말고 학문의 기초를 마련하라고 하였다.

제4장 〈독서讀書〉는 독서가 도道에 들어가기 위한 궁리의 전제가 되어야하며, 단정한 자세로 깊이 정독할 것을 가르치고, 독서의 순서를 제시하였다.

제5장 〈사친事親〉(어버이를 섬김)에서는 부모 섬기기를 비롯하여 부모의 뜻이 의리에 어긋날 때에는 자식이 부드럽게 아뢰어 뜻을 바꾸게 하라는 등의 내용이 실려 있다.

제6장 돌아가신 분에 대한 〈상제喪制〉와 제7장 돌아가신 분을 모시는 〈제례祭禮〉에는 주희朱熹의 《가례家禮》에 따라서 할 것과 반드시 사당을 갖추라는 내용 등이 실려 있다.

제8장 〈거가居家〉에는 부부간의 예를 비롯하여 집안을 다스리고 가산을 관리하는 방법이 예시되어 있으며, 제9장 〈접인接人〉에는 사회생활을

하는 데 필요한 기본적인 교양이 기록되어 있으며, 10장 〈처세處世〉에는 과거를 거쳐 벼슬 생활을 하는 목민관이 백성들을 대하는 자세에서 주의 해야 할 점들이 실려 있다.

이 책은 학문에 뜻을 두는 것으로부터 시작하여 자기 몸을 바로 세우고, 성리학性理學의 근본이념을 일상생활에서 구체적으로 적용하는 것까지 설명하고 있다. 또 자연과 사회를 파악하는 데 이기理氣 철학이 바탕이 되며, 부모와 자식 사이의 효孝가 사회 질서의 근본이념임을 다루고 있다. 그러니까 선비, 즉 사족士族들이 사회를 주도하던 조선 시대의 가장 기본적인 교과서라 할 수 있는 지침서다.

그러나 사회 운영의 철학과 질서가 크게 바뀐 현대에는 그 내용들을 그대로 적용하기에는 여러 가지 문제점이 없지 않다. 그러면서도 내용 하나하나에는 연구의 가치가 충분하고 해석 여하에 따라서는 현대에서도 손색없는 탐독서이다. 친필 본인《이이수필격몽요결李珥手筆擊夢要訣》은 보물 제602호로 지정되어 있다.

반궁자성
反躬自省

反:거꾸로 **반** 躬:몸 **궁** 自:스스로 **자** 省:살필 **성**

잘못된 원인을 자신에게서 찾는다. 즉 허물을 자기 자신에게서 찾아 고친다
는 말이다.

문헌 : 《익재난고益齋亂藁·익재진자찬益齋眞自贊》

이제현李齊賢(1287~1367)은 고려 제25대 충렬왕 때의 유학자로 본관
은 경주慶州이고, 호는 익재益齋·실재實齋·역옹櫟翁이다.

15세에 성균관시成均館試에 장원하여, 22세에 예문춘추관藝文春秋館에 발
탁되고 4번이나 재상을 지낸 뛰어난 정치가요, 시인이요, 성리학자였다.

그런 그도 자기를 경계할 때면 이렇게 말했다.

"사슴을 쫓는 자는 산을 보지 못하고, 돈을 움켜쥔 자는 사람이 보이지
않는다. 이는 마음이 오로지 한곳에 쏠려 있고 눈이 다른 데에 미치지
못하기 때문이다."

마음이 명예나 이익에 급급하면 눈에 이익 외에 보이는 것이 없게 되
며, 마음이 탐하는 물질에 빠져 있으면 돈과 그 물건 외에 그 눈에 무엇
이 보이겠는가? 그래서 사람은 모름지기 명리욕名利慾에서 마음을 해방
시키고 중심을 잡아 편안히 앉혀 두어야 작은 것에서부터 큰 대지를 볼
수 있게 되는 것이다.

그는 충선왕忠宣王을 따라 원元나라에 갔다가 그곳 수도 연경燕京에서

뛰어난 재능으로 문재文才를 드러냈다. 그곳의 인재 조맹부趙孟頫, 요수염姚燧閻 등과 교류하며 학문을 연구했다. 그는 높은 곳에서 낮은 곳을 내려다 보듯 평소 이렇게 말했다.

"우禹임금은 물에 빠진 사람이 있으면 자기가 그를 빠지게 한 것같이 여겼고, 직稷은 굶주린 사람이 있으면 자기가 그를 굶주리게 한 것같이 여겼다. 하늘이 큰 인물에게 소임을 맡길 때는 이 세상을 구제하려 함인데 곤궁하고 불쌍한 사람을 보고도 구제할 생각을 않는다면 어찌 그것이 하늘의 뜻이라 하겠는가. 그리고 높은 곳에 올라 아래를 내려다보는 것은 어려운 일이 아닌데 왜 몇 걸음밖에 굽어보지 못한단 말인가?"

또 모든 잘못은 남에게 있는 것이 아니라 자신에게 있는 것이라며 자성할 것을 촉구했다.

"학문이 빈약하면 도道를 깨닫는 것도 늦는 것이 당연하다. 이 모든 것이 나에게서 나오는 것이거늘 어찌 스스로 반성하지 않는가? 내가 이제 나이 들어 벼슬에서 물러났으니 뭇사람들의 비방만 듣겠구나. 분명히 말하노니 한 번 보고 세 번 생각하라. 그리고 쉬지 말고 공부하라."

그는 스스로 끊임없이 책을 보면서 선비들의 삶을 다음과 같이 말했다.

"사람의 재주는 배의 노와 같고, 운명은 그 배에 불어오는 순풍과 같은 것이며, 순풍에 이끌려가는 돛배라 할지라도 그 배를 운용하는 사람이 그만한 인물이 되지 못하면 세상의 거친 파도와 풍랑을 어떻게 헤쳐나가겠는가?"

라고 하였다. 이를 일러 반궁자성, 또는 반궁자문反躬自問이라고 한다.

이제현은 뛰어난 유학자였고 이색李穡을 문하생으로 두었다는 것만 보아도 성리학에서 그의 위치는 지대한 것이었다.

시호는 문충공이고 《익재난고》, 《효행록》, 《역옹패설》 등이 있다.

[6장]
사랑
·
충효
忠孝

韓國故事成語

2부 주제별 한국 고사성어 中 6장 사랑·충효

故事成語

지귀심화 | 심화요탑
志鬼心火 | 心火繞塔

뜻 **지** 귀신 **귀** 마음 **심** 불 **화** | 마음 **심** 불 **화** 두를 **요** 탑 **탑**

지귀심화는 지귀 마음의 불이라는 말로, 신라 선덕여왕을 짝사랑했던 청년 지
귀의 고사에서 유래했다. 도저히 다스릴 수 없는 지극한 연모의 정을 이른다.
심화요탑은 고려 초의 설화집인 박인량朴寅亮의《수이전殊異傳》에 실렸던 설화
명이다.

문헌 :《수이전殊異傳》· 대동운부군옥大東韻府群玉》

신라의 활리역活里驛에 사는 지귀志鬼는 늙은 홀어머니를 모시고
사는 순진한 청년이었다. 어느 날 그가 신라의 서울, 서라벌에 가서 여
기저기 구경을 하다가 마침 행차를 하는 선덕여왕善德女王을 보게 되었다.
그는 선덕여왕의 아름다운 모습에 단번에 반해버려 그날부터 불타는 사
모의 정으로 가슴앓이를 시작했다.

그러한 지귀를 보고 사람들은 모두 비웃었다. 그러나 그는 오로지 여왕
만을 마음에 두고 매일같이 여왕이 기거하는 서라벌에 나와 서성거렸다.

그러던 어느 날, 굶고 지친 지귀가 황룡사 9층 탑 아래 누워 있다가 불
공을 드리러 나온 여왕과 마주쳤다. 지귀는 미친 듯이 여왕에게로 달려
갔으나 군사들이 그를 떼미는 것이었다. 소란이 일자 여왕이 그를 불러
오라고 하였다. 여왕 앞에 불려 나온 지귀는 자신의 불꽃 같은 연모의
정을 고백했다. 그러자 그의 순수한 마음에 끌린 여왕이 자기를 따라오
라고 했다.

그리고 여왕이 불공을 드리러 불당 안으로 간 사이, 기다리다 지친 지

귀는 그만 잠이 들고 말았다.

불공을 마치고 나온 여왕은 곤히 잠든 그를 깨우기 미안하여 그의 목에 자신의 금목걸이를 걸어주고는 궁궐로 돌아갔다.

얼마 후, 잠에서 깬 지귀는 여왕의 모습은 보이지 않고 목걸이만 있는 것을 보고 더욱 사무치는 그리움에 흐느끼기 시작했다.

그러자 갑자기 지귀의 가슴에서 불꽃이 활활 타오르기 시작했다. 너무나도 간절한 그의 연정이 그만 뜨거운 불길이 되었던 것이다.

그렇게 지귀의 몸을 태우기 시작한 불길은 마침내 그의 온몸을 사르고 말았다. 지귀가 화귀火鬼가 되어 떠돌아다니자 사람들이 두려워하게 되었다.

그 소식을 들은 선덕여왕은 눈물을 흘리며 진혼가鎭魂歌를 불러 자기 때문에 불귀의 몸이 된 지귀의 넋을 위로해 주자 비로소 불길이 멈추었다.

그 뒤 백성들은 화재를 피하기 위하여 선덕여왕이 부른 진혼가를 주사呪詞로 써서 붙여 화재를 막았다 한다. 여왕이 불렀던 내용은 다음과 같다.

'지귀가 마음에 불이 나 몸을 태워 화귀가 되었네. 마땅히 창해 밖에 내쫓아 다시는 돌보지 않겠노라.'

천생배필
天生配匹

天:하늘 천 生:날 생 配:짝 배 匹:짝 필

태어날 때 하늘이 정해준 배우자. 조선 선조 때 재상 윤명렬 부부에게서 유래
한 말로, 운명적으로 맺어진 부부를 말한다.

문헌: 《매산집梅山集 · 고금청담古今淸淡》

조선 제22대 정조正祖때, 윤명렬尹名烈(1762~1832)은 본관은 해평海
平이고 자는 석유石囿이며 시호는 충헌忠憲이다. 그는 어찌나 못생겼는지
과거에 합격하였으면서도 정승 채제공蔡濟恭의 눈 밖에 나 이름을 삭제당
할 정도였다. 실의에 빠진 윤명렬이 어느 날 관상을 보러갔더니 관상가가
말했다.

"당신은 지극히 가난한 궁상窮相이니 그냥 가시오."

그 자리에는 여러 재상 가문의 자제들이 많이 있어서 부끄럽기도 하려
니와 분하기도 해서 아무 말도 못하고 자리를 박차고 일어나 집으로 돌
아왔다. 그런데 이튿날, 뜻밖에도 어제 봤던 관상가가 윤명렬의 집으로
찾아와서 말했다.

"어제는 아주 미안하게 되었습니다. 내가 어제 한 말은 모두 거짓말이
고 사실, 어른의 상은 어제 내가 했던 말과는 정반대로 지극히 귀한 사
람이 될 상입니다. 내가 그 자리에서 사실대로 말하면 다른 대갓집 자제
들이 시기를 하여 어른에게 해를 입힐까 걱정이 되어서 그랬던 것이니

널리 이해하십시오."

그런 일이 있고 몇 해 후, 노론老論과 소론小論의 싸움이 심하여 청나라 황제로부터 이에 대한 해명을 하라는 독촉을 받게 되었다. 조정에서는 이에 대한 보고자報告者로 윤명렬을 파견했다.

그는 청나라에 가 그 임무를 원만하게 마무리 지어, 그 공으로 강원감사江原監司가 되었다.

그런데 우연치 않게도 윤명렬의 부인도 처녀 적에 얼굴이 못생겨서 나이가 들도록 출가를 못하다가 뉘늦게 윤명렬에게 시집와서 아들 넷을 낳았다. 그 맏아들은 판관判官, 둘째 아들은 목사牧使, 셋째와 막내아들도 과거에 합격하였으며, 윤명렬 자신도 훗날 재상에 이르니 가문이 두루 번창하였다.

어느덧 노년에 접어들자 윤명렬이 부인에게 말했다.

"내가 아니었으면 당신은 그 얼굴로 시집갈 길이 없었을 것 아니겠소? 나 역시 당신이 아니었더라면 이 얼굴로 장가를 들 수 없었을 것이오. 이제 우리는 등과한 아들 4형제를 둔 훌륭한 부부가 됐으니 이야말로 하늘의 뜻으로 맺어진 천생배필天生配匹인가 보오."

그는 새삼 감회에 젖어 지난날을 회상했다.

· 2부 주제별 한국 고사성어 ·

청사등롱(청사초롱)
靑紗燈籠

靑:푸를 청 紗:깁 사 燈:등 등 籠:대그릇 롱

조선 시대에 궁중이나 벼슬아치들이 사용하던 등·대나무나 쇠살로 둥글거나 사각으로 틀을 만들고 몸체는 파란 운문사雲紋紗로 두른 후 위아래에 붉은 천으로 동을 달아서 만들었다. 인생의 새 출발을 상징하는 의미로 쓰인다.

문헌 : 《조선풍물기朝鮮風物記》

청사등롱은 조선 시대 정삼품에서 정이품의 벼슬아치가 밤에 사용하던 등롱이다. 세간에서는 더러 청사초롱이라고도 한다. 그 모양은 대나무로 둥글게, 또는 사각으로 틀을 만든 후, 푸른 운문사雲紋紗로 몸체를 감고, 붉은 천으로 위아래에 동을 달아서 그 안에 촛불 혹은 등불을 밝히게 만들었다. 그런데 이 등롱의 용도가 전통 혼례에서 신랑新郎이 신부新婦집으로 갈 때 앞세우고 가는 것으로 바뀌었다.

남녀의 화합은 우주 만물의 음(청사靑紗)양(홍사紅紗) 화합을 기원하는 의미와 함께 집안의 번성을 축복하는 상징으로 사용되었던 것이다.

혼례는 두 집안의 만남임과 동시에 하늘이 점지해 준 천생연분을 맞는 인륜지대사人倫之大事로 한집안의 잔치이자 마을의 잔치이기도 하였다.

또 남자가 결혼하는 것을 '장가간다' 또는 '장가든다'고 하는데 이는 혼례식을 여자의 집에서 치렀기 때문에 그렇게 표현된 것이다. 또 장가가는 날 신랑이 백마白馬에서 내려 신부 집에 들어설 때 얼굴의 하반부를 가리는 파란 부채나, 신부가 초례청醮禮廳에 나올 때 수모(手母:신부를 시중 드는 여자)가 신부의 얼굴을 가리는 붉은 부채는 신랑 신부가 총각 처녀라는 표시이고, 음양을 바꿔 남자가 청이고 여자가 홍인 것은 결혼식의 의미를 상징한다. 그리고 부채를 거두는 것은 동정童貞을 주고받는다는 의미를 담고 있는 것이다.

혼례식을 올리고 신랑이 신부 집에서 3일 밤을 보낸 후 비로소 신부가 신랑 집으로 들어가는데 이를 '시집간다'고 한다.

청사초롱에서 홍색은 발전과 번영으로 양의 기운을 뜻하고, 청색은 포용과 탄생으로 음의 기운을 상징한다. 청사초롱에 밝히는 촛불은 축원, 제사, 고사 등 정성을 들이는 의례에 사용되는 불빛이다.

그래서 촛불은 어둠을 밝힘은 물론 인간의 마음을 정화하여 신성을 일깨우게 한다고 전한다.

등불은 생명을 상징하기도 하고, 희생의 표상이 되기도 하며, 주변을 밝히는 희망을 뜻하기도 한다. 그래서 초는 성체이고 불꽃은 신성을 의미한다. 또 붉은색과 청색은 우리나라의 태극기의 홍색과 청색의 의미와 같은 것이다. 역학易學에서 태극은 우주 만물의 근원이 되는 본체本體라고 한다.

어쨌든 청사초롱 불 밝히는 날은 좋은 날이다.

·2부 주제별 한국 고사성어·

도미지처
都彌之妻

都:도읍 **도** 彌:그칠 **미** 之:어조사 **지** 妻:아내 **처**

'도미의 아내'라는 뜻으로, 품행이 바르고 절개가 있는 유부녀를 말한다.

문헌 : 《삼국사기 열전三國史記列傳》

도미都彌는 백제 사람으로 심성이 깊고 가족을 사랑하는 성실한 사람이었다. 그는 비록 부역의 대상으로 편입된 미천한 신분이었지만 자못 의리를 알았다. 그의 아내는 용모가 아름답고 절개를 지키는 행실이 바른 여자여서 사람들의 칭송이 자자했다.

백제의 제4대 개루왕蓋婁王(?~165)이 도미의 처가 예쁘다는 소문을 듣고 도미를 불러 말했다.

"대저 여자들이란 비록 지조를 지키고 결백한 것을 제일로 삼는 것 같지만, 사람이 없는 곳에서 교묘한 말로 유혹하면 마음이 변하지 않는 사람이 없을 것이니라."

그러자 도미는 자기 부인을 두고 하는 말인 것을 알고 대답했다.

"무릇 사람의 정이란 헤아리기 어려운 것입니다. 그러나 저의 아내만큼은 죽는 한이 있어도 두 마음을 갖지 않을 것입니다."

"허! 정말 그럴까? 네가 장담을 하니 어디 한번 시험을 해보자."

왕이 도미를 궁에 잡아 두고는 한 신하에게 왕의 의복을 입혀 밤에 도미의 집으로 보냈다. 왕으로 변장한 그 신하가 도미의 아내에게 말했다.

"네가 예쁘다는 소문을 듣고 네 남편과 내기를 하여 내가 이겼으므로 너를 궁인宮人으로 삼기로 했다. 그리되면 너는 고생에서 벗어나 호강을 하게 될 것이다. 그러니 오늘 밤 내 수청을 들도록 하여라!"

그리고 들어가 옷을 벗기려 하자 도미의 아내가 말했다.

"대왕께서는 허언을 하지 않으실 것이니 제가 어찌 따르지 않겠습니까. 청컨대 먼저 방에 들어가 계시면 저도 옷을 갈아입고 들어가겠습니다."

그러고는 물러나 계집종을 치장시켜 들여보냈다.

왕이 후에 그 말을 전해 듣고 크게 노하여 왕을 속인 죄로 도미의 두 눈알을 빼고, 작은 배에 태워 강물에 띄워버렸다. 그러고는 그 아내를 끌어다가 강제로 수청을 들도록 시키니 그녀가 말했다.

"낭군을 이미 잃었으니 홀로 이 한 몸을 지킬 수가 없습니다. 하물며 감히 어명을 또다시 어길 수 있겠습니까? 그러나 지금 월경 중이라서 몸이 더러우니 다음날 목욕을 하고 다시 오겠습니다."

왕이 그 말을 믿고 허락했다.

도미의 아내는 그 길로 곧바로 도망쳐 강어귀로 나갔으나 강을 건널 수가 없었다. 절망한 나머지 하늘을 우러르며 통곡하니 문득 작은 쪽배 하나가 물결을 따라 흘러왔다. 도미의 아내가 그 배를 타고 천성도泉城島에 다다르니 남편이 죽지 않고 그곳에 있었다. 두 사람은 풀뿌리를 캐연명하다가 함께 배를 타고 고구려의 산산蒜山 아래에 이르니 사람들이 불쌍히 여겨 옷과 음식을 주었다. 그들은 그곳에서 나그네로 살다가 일생을 마쳤다.

· 2부 주제별 한국 고사성어 ·

계림지신 | 망부석
鷄林之臣 | 望夫石

닭 **계** 수풀 **림** 갈 **지** 신하 **신** | 바랄 **망** 지아비 **부** 돌 **석**

계림지신은 신라의 신하라는 말로, 신라의 충신 박제상에게서 유래했다. 죽어도 조국을 배반하지 않겠다는 신념을 지닌 사람을 가리킨다.
망부석은 멀리 길 떠난 남편 박제상을 기다리다 그대로 죽어 돌이 되었다는 전설을 일컫는다.

문헌 : 《삼국유사三國遺事》

신라 제17대 내물왕奈勿王(356~402)은 나밀那密이라고도 한다. 내물부터 마립간麻立干 왕호를 사용하였으며 내물奈勿 마립간麻立干 이후 김 씨 마립간의 왕위 계승이 확립되었다. 이는 왕권이 강화되고 안정되어 여타 집단들에 대한 통제력이 강화되었음을 의미하는 것이다. 신라가 명실공히 국가로서의 체제를 갖추었음을 드러내자 바다 건너 왜왕倭王이 사신을 보내왔다.

"우리나라 왕이 폐하의 명성을 듣고 서로 화친을 맺고자 하신다고 아뢰라고 하셨습니다. 원컨대 폐하께선 왕자 한 분을 저희 왕에게 보내시어 성의를 보여주소서."

내물왕은 셋째 왕자 미사흔未斯欣(또는 미해美海)을 볼모로 보내기로 했으나 미사흔의 나이 겨우 열 살이라 신하 박사람朴娑覽을 부사로 딸려 보냈다. 왜왕은 이들을 억류하고 30년이 지나도록 보내주지 않았다.

내물왕이 서거하자 태자 눌지訥祗가 어리므로 제13대 미추왕味鄒王의 조카를 18대 왕으로 추대하니 실성왕實聖王이다. 그러나 눌지를 시기하여 살해하려다가 오히려 자기가 죽음을 당하였다. 그리하여 눌지가 제19대 왕으로 즉위하여 3년째 되던 해(419년), 이번에는 고구려의 장수왕長壽王이 사신을 보내왔다.

"우리나라 왕께서 대왕의 동생 복호卜好(일명 보해寶海)님이 뛰어난 지혜와 재주를 지녔다는 이야기를 들으시고 서로 우의를 돈독하게 지내기를 간청하십니다."

눌지왕訥祇王은 그렇지 않아도 자주 국경을 침범해오는 고구려와 화친을 하고 싶었던 참이라 신하 김무알金武謁을 수행케 하여 선선히 아우 복호를 보내주었다. 그러나 장수왕 역시 복호를 억류하고 돌려보내지 않았다.

눌지왕이 즉위한 지도 어언 10년. 미사흔이 왜국에 억류된 지 36년째로 접어들었고, 고구려의 복호는 8년째가 되었다. 세월이 갈수록 눌지왕은 두 아우의 일로 상심이 커졌다.

그래서 어느 날, 신하들을 불러 놓고 친히 연회를 베풀었다. 술잔이 서너 차례 돌아가고 연회가 무르익어 갈 즈음, 왕은 주르륵 눈물을 흘리며 말했다.

"지난날 선왕께선 진심으로 백성들의 안녕을 염려하시었소. 그래서 사랑하는 아들을 볼모로 왜국으로 보내시고 끝내 그 아들의 얼굴을 못 보신 채 눈을 감으셨소. 또 짐이 즉위한 뒤 이웃 나라 고구려가 너무 강성하여 전쟁이 그치지 않았는데 화친을 맺자는 말을 믿고서 동생을 보냈소. 그런데 고구려 또한 지금껏 동생을 돌려보내지 않고 있소. 내가 비록 왕의 자리에 올라 있으나 어느 하루도 두 아우가 잊혀지는 날이 없소. 만약 두 아우를 만나 선왕의 혼령 앞에 인사를 드릴 수 있게 해준다면 그 은혜를 꼭 갚으리다. 이 일을 수행할 만한 사람 누구 없소?"

왕의 호소를 들은 신하들이 송구스런 마음으로 아뢰었다.

"이 일은 용이한 일이 아니어서 지혜와 용기를 갖춘 사람이라야 해낼 수 있나이다. 저희들의 생각으론 삽라군歃羅郡의 태수인 박제상朴堤上(삼국유사에는 김제상金堤上으로 표기됨)이 가장 적합한 사람으로 사료되나이다."

왕이 즉시 제상을 부르니 그는 한걸음에 달려와 아뢰었다.

"대왕께 근심이 있다면 신하로서 명예롭지 못한 일이오니 신하는 그 일을 위해 목숨도 불사해야 할 것이옵니다. 만약 일의 어렵고 쉬움을 따진 뒤에야 행한다면 그것은 진정한 충성이 아닙니다. 신이 비록 못난 사람이긴 하오나 명을 받들어 수행하겠나이다."

눌지왕은 제상의 충성과 용기를 거듭 칭찬하고 그를 고구려로 보냈다.

제상은 즉시 고구려 땅에 잠입, 변장을 하고 복호를 찾아가서 5월 보름날 탈출을 도모하겠다고 계획을 알려주었다. 약속한 날, 제상은 지금의 강원도 고성高城항만에 배를 대놓고 기다렸다. 복호는 밤중에 왕성을 빠져나와 바닷가로 내달렸다. 뒤늦게 복호가 도망한 사실을 안 장수왕은 군사들로 하여금 추격게 한 결과 고성에 이르러 복호를 발견했다.

그런데 복호는 고구려에 억류당해 있을 때 주위 사람들에게 많은 온정을 베풀어 인심을 얻어 두었었다. 그날 그를 쫓던 군사들도 마찬가지였다. 그들은 복호를 살려 보내주고 싶어서 화살에서 살촉을 빼고 쏘았다. 때문에 복호는 무사히 도망하여 그리웠던 고향, 신라로 돌아올 수 있었다.

눌지왕은 복호를 만나니 왜국에서 오랜 세월, 망향에 젖어 있을 미사흔의 생각이 더욱 간절해졌다. 그래서 기쁨과 슬픔이 엇갈리는 눈물을 흘리며 다시 신하들에게 말했다.

"마치 몸에 한쪽 팔과 한쪽 눈만 있는 것 같소. 비록 한쪽은 얻었으나

다른 한쪽이 없으니 여전히 마음이 아프
구려!"

제상은 다시 비장한 결심을 하고 곧장
율포 바닷가로 내달렸다.

제상의 아내는 남편이 왜국으로 건너
가기 위해 율포로 갔다는 말을 듣고는
급히 뒤쫓아 갔다. 그녀가 율포에 이르
렀을 때 제상이 탄 배는 이미 바다 한가
운데로 떠나가고 있었다. 제상의 아내는
애절하게 남편의 이름을 불렀다. 제상은 손을 흔들어 보였으나 배는 이
내 아물아물 수평선 너머로 사라져 버렸다.

제상은 왜국에 상륙하자 일단 거짓말로 왜인들에게 말했다.

"나는 신라 사람인데 신라왕이 아무런 죄도 없는 나의 부모를 죽였기
때문에 이곳으로 도망쳐왔소."

왜왕은 제상의 말을 그대로 믿고 그에게 집을 주어 안주케 했다.

제상은 바닷가에서 고기를 잡아 왜왕에게 바쳐 환심을 사는 한편, 은
밀하게 왕자 미사흔과 만나 자기가 찾아온 목적을 말하였다.

어느 날 새벽에 안개가 짙게 끼자 제상이 미사흔에게 말했다.

"이런 날이 좋습니다. 어서 먼저 떠나십시오. 저까지 함께 사라지면 왜
인들이 알아채고 뒤쫓아 올 것이니 저는 여기 남아서 뒤쫓지 못하도록
하겠습니다."

"지금 나에게 있어 그대는 나의 부형과 같은데 어찌 그대를 버려두고
혼자 가겠는가?"

"신은 공公의 생명을 구할 수만 있다면 만족할 뿐이지 어찌 살기를 바

라겠습니까? 하오니 제 걱정은 마시고 어서 떠나십시오."

제상은 계림 사람 강구려康仇麗를 미사흔에게 딸려 보냈다.

다음 날 아침, 왜인들이 미사흔을 살피러 방으로 들어가려 하자 제상이 제지하며 말했다.

"어제 사냥을 하느라 피곤하셔서 아직 일어나지 않으셨으니 기다리도록 하시오."

해가 기울자 감시원들이 이상하게 여겨 다시 물었다.

"이제 일어나실 때가 되지 않았는가?"

그제야 제상이 바르게 말했다.

"미사흔 왕자께서는 이미 신라로 떠난 지 오래되었소."

보고를 받은 왜왕이 기병騎兵으로 하여금 뒤쫓게 했으나 붙잡지 못했다. 이에 제상을 가두고 물었다.

"너는 어찌하여 나 몰래 미사흔 왕자를 보냈느냐?"

"나는 계림의 신하이지 왜국의 신하가 아니오. 따라서 우리 임금의 뜻을 따를 뿐인데 어찌 그런 사실을 그대에게 말하겠소?"

왜왕이 노하여 말했다.

"너는 내 나라에 온 것으로 이미 내 신하가 되었으니 이제부터 계림의 신하라고 말하면 오형五刑(얼굴 피부에 먹물을 넣는 자자형, 코를 베는 형, 발뒤꿈치를 베는 형, 불알을 없애는 궁형, 목을 베어 죽이는 형)에 처할 것이고, 나의 신하라고 말하면 후한 녹祿을 주겠다."

"차라리 계림의 개나 돼지가 될지언정 당신의 신하는 되지 않겠으며, 계림 왕의 매를 맞을지언정 당신의 녹은 받지 않겠소."

극도로 화가 난 왜왕은 제상의 발바닥 살을 도려낸 후 갈대밭의 갈대를 짧게 베어 그 위를 걷게 하였다. 오늘날 갈대에 핏물이 들어있는 것은 그때 박제상의 피라고 한다.

왜왕이 형벌을 가한 다음 다시 물었다.

"너는 어느 나라 신하인가?"

"계림의 신하요."

그러자 왜왕은 제상을 뜨거운 철판 위에 서게 하고 다시 물었다.

"그대는 어느 나라 신하인가?"

"계림의 신하요."

왜왕은 제상의 뜻을 꺾을 수 없음을 알고 목도木島로 데려가 불태워 죽였다.

한편, 미사흔이 신라에 도착하여 강구려로 하여금 먼저 왕에게 알리니, 왕이 놀라고 기뻐하며 동생 복호와 함께 남쪽 교외에까지 나가 맞았다. 그리고 대궐로 돌아와 연회를 베풀고, 죄수들을 모두 사면하는 한편, 제상의 아내에겐 국대부인國大夫人이란 작위를 내리고 그의 딸을 미사흔의 부인으로 맞았다.

제상의 이 일을 두고 사람들은 곧잘 옛 한漢나라의 신하 주가周苛에 견주곤 하였다.

주가는 한나라 유방劉邦의 신하였는데 형양 땅에서 초楚나라 군사들의 포로가 되었다. 초왕 항우項羽가 주가에게 물었다.

"나의 신하가 되면 만 호를 주고, 또 제후로 삼겠다."

주가는 오히려 항우를 꾸짖고 끝내 굽히지 않아 항우에게 죽임을 당하고 말았는데 제상의 충렬은 그에 비해 조금도 못하지 않았다.

앞서 제상이 왜국으로 떠날 때 그의 부인이 그 소식을 듣고 뒤쫓아갔으나 만나지 못하고 망덕사望德寺 절문 남쪽의 모랫벌에 누워 길게 울부

짖었다 하여 그곳 모랫벌을 장사長沙라고 했다. 그리고 친척들이 그를 부축하여 집으로 돌아오는 길에 부인이 다리를 뻗고 주저앉아 일어나지 않았던 곳은 벌지지伐知旨라 했다.

  그 뒤에 부인은 남편에 대한 그리움을 누를 길이 없어 세 딸을 데리고 치술령 고개 위에 올라가서 바다 건너 아득히 왜국을 바라보며 통곡하다 그대로 죽으니 몸은 망부석望夫石이 되고, 그 혼은 치술신모鵄述神母가 되었다.

무영무애
無影無愛

無: 없을 **무** 影: 그림자 **영** 無: 없을 **무** 愛: 사랑 **애**

그림자가 없으면 사랑도 없다. 무영탑을 만든 아사달과 그의 아내 아사녀의
이야기에서 유래했다. 사랑한다는 근거가 없어 믿을 수 없다는 뜻으로 쓴다.

문헌 : 현진건 《무영탑無影塔》

불국사佛國寺는 신라 제23대 법흥왕法興王(?~540) 22년에 창건되었
다. 그리고 35대 경덕왕景德王(재위 742~762) 10년에 개수되었다.

그때 뜰에 다보탑多寶塔과 석가탑釋迦塔을 세우게 되었다.

광대한 불국사 경내에 축성된 다보탑과 석가탑은 구조의 절륜絶倫함을
보여주어 보는 이로 하여금 감동을 자아내게 하고 있다.

이를 축성한 김대성金大城(700~?)은 모양리牟梁里에서 태어났는데 머리가
크고 이마가 넓어 붙여진 이름이었다. 그런데 사람들은 김대성이 낳아
주신 부모를 위하여 불국사를 세우고 또 전생의 부모를 위하여 석불사石
佛寺·석굴암石屈庵을 세웠다고 한다.

김대성은 당시 정치가로 745년(경력 4년)에 국동록대부에 이르렀다. 750
년 벼슬에서 물러나면서 부모의 전세와 현세를 위해 발원하여 가람伽藍
설계 전반에 관여했지만 생전에 완성을 보지 못했다. 김대성이 죽자 불
국사의 축조 전체를 조정에서 맡아 완성하였다. 그가 생전에 다보탑과
석가탑을 세우기 위해 마땅한 석공을 구하지 못해 애를 태우던 중 백제

의 석공 아사달의 기술이 뛰어나다는 소문을 듣고 그를 초청했다.

그런데 그 아사달에게는 갓 결혼한 아사녀阿斯女라는 예쁜 아내가 있었다. 아사녀는 남편 아사달을 먼 신라까지 떠나보내고 싶지 않았지만, 길이 남을 작품을 만들고 싶어 하는 남편의 예술에 대한 욕심을 아는지라 울며 배웅했다.

아사달은 신라로 와 불국사 뜰에서 석가탑과 다보탑을 축조하면서도 틈만 나면 고향에 있는 아내의 모습을 떠올리곤 했다.

그때 왕의 행차에 따라왔던 구슬아기가 아사달을 보고는 한눈에 반하여 연모하게 되었다. 그녀는 날마다 아사달을 찾아왔다. 아사달은 그렇잖아도 쓸쓸하던 참이라 그녀가 싫지 않았다. 그렇다고 자기의 아내를 잊어버린 것은 아니었다. 오히려 그녀를 볼 때마다 아내가 더 그리워졌다.

아사달에게는 팽개라는 연적이 있었다. 그는 아사달이 신라에 가고 없음을 기회로 아사녀에게 접근하여 치근거렸다. 견디다 못한 아사녀는 아사달이 있는 신라로 왔다. 그리고 불국사의 주지를 찾아가 남편에 대해서 물었다.

주지 스님은 탑이 거의 다 완성되어 가는데 아내가 왔으니 작업이 늦어질까 봐 걱정이 앞섰다. 그래서 솔직하게 털어놓았다.

"지금 낭군께서는 탑을 거의 다 만들어 가고 있소. 이제 며칠만 참고 있으면 천년만년 후손들에게 전해질 훌륭한 탑이 완성될 예정이니 그때까지만 기다려 주시오. 그리고 절 아래에 영지影池라는 연못이 있는데 탑이 완성되면 그 연못에 탑

의 모습이 비칠 것이니 그때 그것을 확인하고 올라오면 만나게 해드리리다."

아사녀는 주지 스님의 말대로 영지로 가서 매일 영지의 수면에 탑의 모습이 치기를 기다렸다.

그러나 어찌 된 영문인지 탑의 모습은 좀처럼 비치지 않았다. 아사달이 구슬아기와 사랑에 빠져 시간을 낭비했기 때문에 탑의 준공이 늦어졌던 것이다. 애가 닳은 아사녀는 식음을 전폐하고 오로지 영지에 비칠 탑만을 기다리다가 기진하여 결국 죽고 말았다.

그 후 세상 사람들은 당연히 영지에 모습이 비쳐져야 할 탑이 비쳐지지 않았다 해서 그 탑을 그림자 없는 탑 즉, 무영탑無影塔이라하고 다보탑을 유영탑有影塔이라 했다.

처용지애
處容之哀

處:곳 **처** 容:얼굴 **용** 之:갈 **지** 哀:슬플 **애**

'처용'의 슬픔이라는 말로, 신라 시대에 아내를 역신에게 빼앗긴 '처용'의 고사
에서 유래했다. 연인의 변심에 대처하는 침착한 자세를 이른다.

문헌 : 《삼국유사三國遺事》

    신라 제49대 헌강왕憲康王(재위875~886) 때에는 나라가 평안하여
서라벌 성안 백성들의 집은 모두 기와집이었고, 초가집은 한 채도 없었
다. 그런가 하면 밥을 숯으로 지어 먹을 정도로 사치와 환락의 시대를 이
루었다. 거리엔 항상 피리 소리가 흐르고, 기후까지도 사철 온화하여 삶이
매우 순조로웠다.

    어느 날, 헌강왕이 신하들을 데리고 개운포開雲浦(지금의 울산) 바닷가로
소풍을 나갔다. 그런데 대낮에 갑자기 바다에서 구름이 몰려와 사방이
어두컴컴해졌다. 갑작스런 변괴에 왕이 놀라니 일관日官이 말했다.

    "전하! 이것은 동해의 용龍이 무언가 불만이 있어 조화를 부리는 것입
니다. 하오니 이를 풀어 주는 조치를 해 주셔야겠습니다."

    이에 왕이 그 근경에다 절을 짓겠노라고 약속을 하자 날씨가 금방 개
었다. 왕은 일행이 머물던 그곳을 구름이 걷힌 곳이라 하여 개운포開雲浦
라 명명했다.

    약속을 받은 동해의 용은 기뻐하며 아들 일곱을 데리고 왕 앞에 나타

나 춤추고 노래했다. 그리고 일곱째 아들 처용處容을 왕에게 딸려 보내 정사를 보좌케 했다. 왕은 처용에게 급간級干 벼슬과 함께 아름다운 여자를 아내로 짝지어 주었다. 처용은 밤만 되면 달빛이 밝게 비치는 월명항月明港에서 춤추며 놀았다.

처용의 아내는 달빛 아래서 더욱 아름다웠다. 때문에 그녀를 흠모하는 역신들이 사람 모습으로 변장을 하고 밤중에 처용의 집으로 찾아와 그녀와 동침했다. 처용이 외출했다가 늦게 돌아와 보니 잠자리에 두 사람이 누워 있었다. 그러자 그는 노래를 지어 부르며 춤을 추었다.

동경 밝은 달에 밤드리새어 노니다가 東京明期月良 夜入伊遊行如何

돌아와 자리를 보니 가라리(다리) 네히러라. 入良沙寢矣見昆 脚烏伊四是良羅.

둘은 내해었고 둘은 뉘해 언고 본대 내해 다만은 二肹隱吾下於叱古 二肹隱誰支下焉古

뺐겼으니 어찌 하리꼬 本矣吾下是如馬於隱 奪叱良乙何如爲理古

그러자 역신이 처용의 노래를 듣고 그 너그러움에 탄복하여 무릎을 꿇고 용서를 빌었다.

"제가 공의 아내를 사모해 오다가 오늘 밤 그녀를 범했는데도 공은 노여움을 나타내지 않으시니 참으로 감복하는 바입니다. 맹세하노니 이후로는 공의 모습이 그려진 그림만 보아도 그 안엔 들어가지 않겠습니다."

그 후로부터 사람들은 귀신을 물리치고자 할 때에는 문간에 처용의 얼굴을 그려 붙였다.

헌강왕은 개운포에서 돌아와 곧 영취산 동쪽 기슭에다 절을 세우니 망해사望海寺, 또는 신방사新房寺라고 했다.

홍랑단심
洪娘丹心

洪 : 넓을 **홍** 娘 : 아씨 **랑** 丹 : 붉을 **단** 心 : 마음 **심**

'홍랑'의 붉은 마음이라는 말로, 홍랑의 뜨거운 사랑을 이른다. 조선 선조 때의 기생 홍랑의 고사에서 유래했다. 연인을 위하여 자신을 희생하는 지고지순한 사랑을 뜻한다.

문헌 : 《조선기생朝鮮妓生》

　　　조선 제14대 선조宣祖 때 문장가 고죽孤竹 **최경창**崔慶昌(1539~1583)은 문과에 급제하였으나 크게 출세하진 못했다.

　그가 함경도 경성鏡城에 북평사北評事(정6품)로 부임하자 환영하는 잔치가 성대히 벌어졌다. 인근 고을의 수령들이 대거 참석한 이 날 잔치에는 기생 홍랑洪娘도 있었다.

　홍원 현감이 환영사를 했다.

　"부임을 진심으로 경하드립니다. 그동안 이곳은 여진족女眞族이 침입하여 소와 말을 빼앗아 가는 일이 빈번하였는데, 이제 무예가 출중하신 평사評事께서 부임하셨으니 우리 백성들은 큰 시름을 덜게 되었습니다."

　최경창이 대답했다.

　"과찬의 말씀이오. 중책을 맡게 되어 걱정이 앞서외다."

　주연의 분위기가 무르익자 홍랑이 최경창의 옆으로 와서 말했다.

　"나으리, 홍원에서 온 홍랑이라 하옵니다."

　홍랑은 고운 손으로 최경창의 잔에 술을 따랐다. 은은한 국화 향이 코

끝에 전해졌다.

최경창은 잔을 비운 뒤 그 잔을 홍랑에게 내밀었다.

"이런 곳에서 자네 같은 미인을 만나다니……. 아무래도 자네와 연분이 닿는 모양일세. 자, 한잔 받게나."

술을 따르는 최경창의 가슴은 홍랑에 대한 연모의 정으로 고동치기 시작했다. 그날 밤, 두 사람은 따로이 만나 시詩를 지어 주고받으며 즐거운 시간을 보냈다.

"자네의 문장력이 보통이 아니구먼. 그러고 보니 우리는 뜻이 통하는 시우詩友이기도 하네그려."

"예, 나으리."

"자네와 헤어지면 보고 싶어 어쩌지?"

"그럼 나으리께서 제가 있는 곳에 들르시면 되지 않겠습니까?"

두 사람은 그날 밤 꿈같은 하룻밤을 보냈다.

이튿날 홍랑은 홍원으로 떠나갔고, 최경창은 직무를 시작했으나 홍랑의 생각으로 일이 손에 잡히지 않았다. 저녁이 되어 일이 끝나고 객사로 돌아와 자리에 누워도 마찬가지였다.

한편, 홍랑도 잠을 이루지 못하고 있었다.

'나리께선 지금쯤 무얼 하고 계실까? 혹시 내 생각을 하시느라 잠을 못 이루고 계시지나 않을까? 아니면 기방에서 기녀들과 놀고 계실까? 아, 마음이 어찌 이리 허전할꼬!'

며칠 후, 최경창은 관할 지역의 동정을 살핀다는 명목으로 홍원 지방을 순찰하고 나서 홍랑의 집을 찾았다.

"홍랑이 있는가? 내가 왔네."

홍랑은 버선발로 뛰어가 최경창의 품에 안겼다.

· 2부 주제별 한국 고사성어 ·

"나리, 이제나저제나 하고 날마다 기다렸습니다."

두 사람은 또다시 숨소리가 거친 밤을 보냈다.

이튿날 아침, 최경창은 다시 후일을 약속하고 경성으로 돌아갔으나 그 후 두 사람은 가끔 서찰 왕래만 했을 뿐, 다시 만나질 못했다.

얼마 후, 임기가 끝난 최경창이 한양으로 돌아가게 되었다. 홍랑은 서둘러 최경창을 만났다.

"나으리, 홍랑이 왔사옵니다. 오늘 한양으로 떠나신다기에……."

"그렇다네. 먼 길을 와줘서 고맙네."

"소첩도 함께 가고 싶사옵니다."

"어차피 헤어질 몸, 따라가면 무엇하겠는가?"

홍랑은 울먹이며 최경창이 떠나가는 것을 지켜보았다.

"조심해서 돌아가게. 내 한양에 도착하면 서찰을 보내겠네."

홍랑은 최경창이 한양으로 떠나자 밤잠을 이루지 못했다. 몸을 뒤척이다 일어나 시로 마음을 달랬다.

묏버들 가려 꺾어 보내노라 님에게. 折楊柳寄與千里人
주무시는 창밖에 심어두고 보소서. 爲我試向庭前種
밤비에 새 잎 나거든 나인가 보소서. 一夜生葉憔悴眉是妾身

어느새 3년이 지났는데도 아무런 소식이 없었다.

한편, 최경창은 병석에 눕게 되자 아들을 불러 말했다.

"내 병이 깊어 다시 일어나긴 틀린 듯하다. 마지막으로 홍원에 있는 홍랑의 얼굴이나 한번 보았으면 여한이 없겠구나."

"아버님, 심려 마옵소서. 소자가 속히 연락하도록 하겠습니다."

최경창이 병으로 누웠다는 말을 들은 홍랑은 그날로 길을 떠나 이레

밤낮을 걸어 최경창의 집에 도착하였다.

"나으리, 소첩이 왔사옵니다. 어서 기운을 차리시고 하루빨리 쾌차하셔야지요."

"자네가 날 잊지 않고 먼 길을 와주었구먼. 고맙네!"

그런데 사대부 양반집에 기생이 찾아온 사실이 조정에 알려지자 최경창은 파직되고 말았다. 함경도와 평안도의 경계를 서로 왕래하지 못하게 하는 금지령이 내려져 있었는데 홍랑이 이를 어겼고, 관직에 있는 최경창이 그녀를 사사로이 만났다는 것이 그 이유였다.

냉가슴 마주 볼 뿐, 그윽한 난초를 주며 이별했네. 相看脈脈贈幽蘭

천애의 먼 길 며칠 걸려 돌아갔나. 此去天涯幾日還

함관령의 옛 곡조일랑 노래하지 마오. 莫唱咸關舊時曲

지금도 푸른 산은 운우에 가리워져 있으리. 至今雲雨暗靑山

홍랑이 떠난 후, 최경창은 시 한 수를 지어 그녀에게 보냈다.

최경창은 홍랑을 그리워하며 적적할 때는 피리를 꺼내 불곤 했다.

그러다가 끝내 최경창이 죽자 홍랑은 그의 묘가 있는 파주로 가서 9년간이나 시묘살이를 했다. 또 임진왜란 때에는 최경창의 시고詩稿를 짊어지고 피란하여 안전하게 보전했다. 이후, 홍랑이 죽자 최경창의 자식들은 그녀를 가족으로 인정하여 최경창의 묘 아래에 장사를 지내주었다.

마의태자
麻衣太子

麻:삼 마 衣:옷 의 太:클 태 子:아들 자

신라가 망하자 마지막 임금 경순왕敬順王의 왕자가 마의麻衣를 입고 금강산으로 들어가 초근목피草根木皮로 여생을 마친 데서 유래한 말이다. 끝까지 자존심을 지키는 사람을 비유한다.

문헌 : 《동국여지승람東國與輿勝覽 · 한국인명대사전韓國人名大辭典》

신라의 마지막 왕 경순왕敬順王(재위 927~935)이 재위하자마자 여러 차례에 걸친 후백제 견훤甄萱의 침공으로 국력이 극도로 약화되고 각처의 군웅群雄이 할거하였다. 국가의 기능이 약화되자 견훤이 변방을 야금야금 침공해 들어와 영토가 좁아졌다. 거기에다가 고려의 세력이 강해지자 경순왕은 대신들과 태자에게 피폐한 백성들을 그냥 둘 수 없으니 고려에 항복하겠다고 말했다. 이에 태자가 비분하며 말했다.

"한 나라의 존망은 하늘에 달려 있는 것이니 마땅히 스스로 최선을 다하여 굳게 지키다가 최후에 힘이 다하면 그때 의논함이 옳을 것인데, 어찌 싸워보지도 않고 천년사직千年社稷을 허수로이 하루아침에 다른 사람에게 내어 줄 수 있겠습니까?"

경순왕이 떨리는 목소리로 말했다.

"밖으로는 백제의 침공이 잦고, 안으로는 군웅이 할거하여 나라의 위태함이 이 지경에 이르렀는데, 죄 없는 백성들을 전쟁터에 내몰아 피를 흘리게 하는 짓은 차마 할 수 없는 일이다."

그간 민심이 고려에 기울어진 것을 알고 군신회의君臣會義에서 찬반토론 끝에 고려의 태조에게 항복할 것을 결의했다. 경순왕은 시랑侍郎 김봉휴金封休에게 명하여 고려 왕건에게 항복문을 보냈다.

그러자 태자는 부왕에게 통곡으로 하직하고 개골산(皆骨山: 겨울 금강산의 이름)에 들어가 바위를 지붕 삼아 평생 삼베옷을 입고, 풀을 뜯으면서 한 많은 여생을 마쳤다. 둘째 아들 범공梵空은 화엄사華嚴寺에 들어가 승려가 되었다. 사람들은 태자가 삼베옷(麻衣)을 입고 절개와 위신을 지켰다고 하여 마의태자麻衣太子라고 불렀다.

한편 경순왕은 고려의 태조 왕건으로부터 융숭한 대접을 받았고 동쪽에 있는 유화궁柳花宮을 하사받았다. 또한 왕건의 딸 낙랑공주樂浪公主를 아내로 맞았다. 벼슬은 정승政丞에 봉해졌으며, 경주를 식읍食邑으로 받았다. 그리고 경주의 사심관事審官에 임명되어 고려 시대 사심관제의 시초가 되었다.

계살처노 | 오천결사
階殺妻孥 | 五千決死

섬돌 **계** 죽일 **살** 아내 **처** 자식 **노** | 다섯 **오** 일천 **천** 결단할 **결** 죽을 **사**

계백이 처자식을 죽이다. 백제의 장군 계백이 전장에 나아가기 전에 전쟁에서 패했을 때를 대비하여 처자식을 죽인 고사에서 유래했다. 어떤 일을 하기 전에 그와 관련된 일을 깨끗이 정리하고 최선을 다하는 것을 뜻한다.

문헌 : 《삼국유사三國遺事권1 · 삼국사기三國史記》

계백階伯(?~660)은 백제 말의 장수로서 나羅·당唐연합군의 침입을 막다가 황산벌에서 장렬히 전사했다. 직위는 제2품 달솔達率이었다.

백제百濟 제31대 의자왕義慈王 20년(660년), 당 고종唐高宗이 소정방蘇定方을 신구도대총관으로 삼아 신라와 연합하여 백제를 침공했다. 이에 계백은 결사대 5천 명을 거느리고 나당 연합군에 결사 항거했다. 그러나 황산벌 싸움에서 연합군의 기세에 밀려 마지막이 다가오는 것을 느끼자 가족들을 모아놓고 말했다.

"침략자 당나라와 신라의 대군을 맞아 국가의 존망을 알 수 없게 되었다. 만일 이 싸움에서 진다면 너희들은 모두 적들의 노비가 되어 치욕을 당하게 될 것이니 그보다는 차라리 이 아비의 손에 깨끗이 죽는 것이 어떻겠느냐?"

그러자 가족들은 계백의 말에 따르겠다고 했다. 계백은 눈물을 머금고 가족들을 자기 손으로 죽였다. 역사에 가정假定이란 있을 수 없지만 깊이 생각하여야 할 여지가 있다. 예나 지금이나 전쟁은 첩보에 능한 자가 승리하기 마련이다. 그런데 싸움이 끝나기도 전에 먼저 가족들을 자기 손으로 죽인 다음 전쟁터로 나간 사실이다. 그리고 그는 황산黃山 들판에 이르러 신라 김유신金庾信이 이끄는 5만 명과 대결하였다. 계백은 결연한 의지로 장병들에게 최후의 훈시를 했다.

"옛날에 월越나라의 구천句踐은 5천 명의 군사로써 오吳나라의 70만 대군을 격파했다. 오늘 여러분들도 분발하여 승리를 쟁취함으로써 국은에 보답하도록 하라."

죽음을 각오한 병사들이 물밀 듯이 쳐들어가서 한 사람이 천 명을 당해 내니, 그야말로 일당 천의 용기로 싸웠다. 이와 같이 서로 진퇴하기를 네 번이나 거듭하며 격전했으나 관창官昌의 죽음으로 사기가 오른 신라군의 총공격을 받고 백제군은 중과부적으로 패퇴하고, 계백도 힘이 다하여 결국 전사했다.

여기에서 파생된 말로 결사대決死隊라는 말이 있는데 이는 죽음을 각오한 무리, 또는 군대라는 뜻이다.

· 2부 주제별 한국 고사성어 ·

진화구주
鎭火救主

鎭:누를 **진** 火:불 **화** 救:구할 **구** 主:주인 **주**

불을 꺼서 주인을 구하다. 전북 임실의 의로운 개에게서 유래한 말로, 어떤 일에 최선을 다하여 해결함을 비유하여 쓴다.

문헌 : 《한국문화 상징사전韓國文化象徵辭典》

개犬는 예부터 집을 지키고, 사냥, 맹인盲人안내, 호신 등의 역할을 해왔다. 또 요귀나 도깨비를 물리치는 능력도 있고, 상서祥瑞로운 일도 있게 하고, 재난을 예방해주기도 한다고 생각했다. 특히 황구黃狗는 풍년과 다산을 상징하고, 초가집과 잘 어울려 조화를 이루며, 그 고기는 허약한 사람에게 보신補身의 효과가 있다고 여겨 죽어서까지 주인을 위해 헌신하는 귀한 동물로 여겨왔다. 견공犬公이라는 말은 개를 인간 세계에 대입하여 의인화해서 부르는 말이다.

개는 신화나 전설에도 종종 등장한다.

서양의 일식과 월식에 대한 신화에서 까막나라 왕이 불개에게 해를 가져오라고 시켰다. 불개는 하늘로 달려가 해를 물었지만 너무 뜨거워 포기할 수밖에 없었다. 왕은 그냥 돌아온 개를 책망하면서 다시 달을 물어오라고 시켰다. 그래서 하늘로 올라가 달을 물었으나 달은 너무 차가워서 역시 실패하였다.

일식과 월식이 생기는 것은 불개가 해와 달을 무는 현상이라고 믿었다.

우리나라 토종개로는 삽살개와 진돗개, 풍산개 등을 들 수 있는데 모두 다 충성심이 강해 주인을 잘 따를 뿐만 아니라 적을 만나면 용맹스럽게 싸운다. 그중에 삽살개는 귀신을 쫓는 영물로 알려져 있다. 그래서 이름도 '살기를 찔러 쫓는 개', 즉 꽂는다는 삽揷자와 해친다는 살煞자를 써서 삽살개라 했다.

삽살개 중에는 검정 삽살개와 청 삽살개, 황 삽살개 등이 있는데 민화에 나오는 삽살개는 대부분 청 삽살개다.

충성심을 보여주는 개로는 전북全北 임실군任實郡의 의견義犬이 유명하다.

임실군 둔남면의 오수리 마을에 김개인金蓋仁이라는 사람이 개 한 마리를 기르고 있었다. 하루는 이웃 마을 잔칫집에 갔다가 밤늦게 돌아오는 길에 만취한 탓으로 둑에 누워 잠시 쉬다가 그만 잠이 들고 말았다. 그런데 피우던 담뱃불이 떨어져 풀밭에 불이 붙어 불길이 번져 갔다. 이를 본 개가 맹렬히 짖어댔지만 곯아떨어진 주인은 인사불성이었다.

불길이 거세지자 개는 개울로 달려가 온몸에 물을 적셔다가 주인의 주변 풀에 물기가 베게 하기를 거듭했다.

주인이 새벽녘에 한기를 느끼고 깨어 보니 풀밭이 모두 까맣게 탔는데 자기가 누운 주변만 타지 않았다. 순간 이상한 생각이 들어 살펴보니 자기가 기르던 개가 온몸이 젖은 상태로 죽어 있었다.

그제야 상황을 깨달은 김 씨는 개의 충정에 감동하여 개의 무덤을 만들어주고, 주변의 나무를 베어다가 충성된 개의 죽음을 기리는 비문을 세워주었다. 그런데 거기에 심은 나무에 뿌리가 돋고, 가지가 뻗어 큰 나무로 자랐다. 그 후 사람들은 그 나무를 개의 나무라는 뜻으로 개 오獒, 나무 수樹, 즉 '오수'라고 했고, 마을 이름도 오수리라 불렀다.

274

개는 인간과 오랜 세월을 함께 생활해 오는 동안 정이 들어 인간과 거의 동일시되어 왔다. 그래서 자기 자식을 일러 '우리 강아지!'하고 부르는 애칭도 생겨났다.

설화에 나타나 있는 이른바 '의견義犬'이라고 부를 수 있는 유사한 이야기가 25개 정도 된다.

위의 경우는 진화구주형鎭火救主型으로 그만큼 지능智能이 있다는 것이고, 주인을 위해 희생했으니 인仁과 덕德이 있다는 말이며, 물을 묻혀 불 속에 뛰어들었으니 용勇과 체體가 있다는 말이 된다.

이 밖에도 호랑이와 싸워 주인을 구한 투호구주형鬪虎救主型이야기, 주인이 억울하게 죽자 관청에 가 짖어서 범인을 잡게 한 폐관보주형吠官報主型이야기, 주인 없는 집의 아이에게 젖을 먹여 구한 수유구아형授乳救兒型이야기, 위험에 빠진 주인을 개가 지켜주는 수주해난형守主解難型이야기와 산에 길을 내어 사람을 돕거나 길을 잃었을 때 인도하는 산로개척형山路開拓型이야기, 눈먼 주인에게 길을 인도하는 맹인인도형盲人引導型이야기 등 '의견 설화'로 전해지는 이야기가 한두 가지가 아니다.

의기구명
義氣求命

義:옳을 **의** 氣:기운 **기** 求:구할 **구** 命:목숨 **명**

의로운 기상은 생명을 구한다. 조선 영조 때 서유대의 고사에서 유래했다. 정의로운 일은 그 영향이 크다는 뜻으로 쓰인다.

문헌:《고금청담古今淸淡》

조선 제21대 영조英祖 때, 청국淸國의 칙사를 맞이하여 서대문 밖 모화관慕華館에서 접빈의 예를 올리고 있는데 어디에선가 갑자기 돌멩이가 날아와 칙사의 이마를 때려 피가 흘렀다. 접빈관들은 크게 당황했다. 누군가 나라를 걱정하는 사람이 우리나라를 괴롭히는 칙사의 꼴이 괘씸하여 혼을 내주려고 한 짓이 분명했다. 그러나 일이 벌어진 이상 범인을 잡아내지 않으면 안 되었다.

그 무렵, 모화관 주변에는 내로라하는 한량들이 많이 살았는데 그중에는 활도 잘 쏘고 힘깨나 쓰는 장사도 여럿 있었다.

포도대장 송상未詳은 그중에 서유대徐有大를 의심하여 그를 술자리에 불렀다. 술이 몇 순배 돌자 송상이 은근히 유도 질문을 했다.

"여보게! 자네도 들었지? 청국 칙사에게 돌을 던져 보기 좋게 혼내준 일 말이야. 내 얼마나 속이 후련하던지……."

그러나 서유대는 다소곳이 앉은 채 말이 없었다. 그러자 송상은 속내를 정면으로 드러내어 물었다.

· 2부 주제별 한국 고사성어 ·

"그게 자네 짓이지?"

그러자 서유대는 새삼스럽게 분기가 치솟는 듯 씩씩대며 말했다.

"아니, 그놈이 아무리 대국의 칙사라고 해도 우리나라의 일에 지나치게 간섭하는 꼴을 그냥 보고 있을 수가 있어야지요."

송상은 이렇게 하여 범인을 잡기는 했지만 그냥 처벌하기에는 아깝다는 생각이 들었다. 그래서 그 길로 중범죄인들이 갇혀 있는 감옥으로 가서 사형수 한 명을 끌고 나와 말했다.

"너는 어차피 죽을 몸 아니냐. 그러나 그냥 살인범으로 죽는 것보다는 무례한 칙사에게 투석한 의로운 국사범國事犯으로 죽는다면 네 후손에게는 영예로운 일이 될 것이다. 그리하겠느냐?"

이렇게 설득하여 그를 투석한 죄인으로 위장시켜 청국 사신에게 데리고 가서 정중히 사과하였다. 그러자 칙사가 말했다.

"이놈이 나를 다치게 한 것은 괘씸하나 제 나라에 대한 충성심에서 그리한 것이니 풀어 주도록 하시오."

이렇게 하여 사형수는 뜻밖에 죽음에서 풀려나게 되었다. 포도대장의 슬기로운 기지로 서유대는 물론이고, 사형수 한 사람까지 살려냈으니 한꺼번에 두 목숨을 살려내는 결과가 된 것이다.

그 후, 서유대는 출중한 무예를 인정받아 훈련대장이 되었는데 무인으로서 뿐만이 아니라 학문에도 조예가 깊어 문무를 겸비한 큰 동량棟梁이 되었다. 영조는 80세 고령이 넘어서도 서유대만 보면,

"하하! 오만한 칙사에게 따끔한 맛을 보여준 그 사람 아니냐!"

하면서 반가워했다.

별실지록
別室之祿

別:따로 **별** 室:방 **실** 之:어조사 **지** 祿:봉급 **록**

별실에 쌓아둔 녹봉이라는 뜻으로, 의롭지 않은 돈은 그냥 보관만 할 뿐 쓰지 않는다, 또는 그 돈을 말한다.

문헌:《단종실록端宗實錄 · 선원계보璿系譜》

조선 시대의 문신 하위지河緯地(1387~1456)는 본관이 진주晉州요, 호는 단계丹溪이며, 시호는 충렬忠烈로 사육신死六臣의 한 사람이다.

그는 인품이 침착하고 말수가 적었으며, 오로지 집현전에서 학문에만 열중한 첫 손에 꼽히는 청백리였다.

1438년 식년 문과에 장원급제하고 1451년 수양대군을 보좌하였다.

그러나 1453년 10월, 수양대군首陽大君이 정인지鄭麟趾·한명회韓明澮·권람權擥 등과 결탁하여 계유정난癸酉靖難을 일으켜 단종端宗을 보필하는 황보인皇甫仁·김종서金宗瑞 등을 죽이고 조정을 장악한 후 영의정에 올랐다. 2년 뒤인 1455년에는 조카 단종으로부터 왕위마저 빼앗고 세조로 등극하여 하위지를 예조참의에 임명하였다. 그러자 하위지는 이를 고사하고 고향 선산善山에 내려가 은둔했다. 그러나 세조가 강압적으로 명령하자 마지못해 부임은 했으나 '나는 단종의 신하이지 세조의 신하가 아니다.' 하여 세조가 준 녹봉을 쓰지 아니하고 별도의 장소에 쌓아 두었다.

그는 다른 충신들과 함께 1456년 단종 복위를 꾀하다 탄로 나 체포되었다. 그러나 세조는 하위지의 인품을 아껴서 마음을 돌려 함께 일하자고 종용했다. 그러자 그는 단호히 말했다.

"이미 역적逆賊이라 이름 지었으면 응당 죽일 것이지 어찌하여 묻고 또 묻는 것이오? 아무리 그리해도 내 마음은 변하지 않을 것이니 더 이상 괴롭히지 마시오."

그러자 세조가 말했다.

"너는 이미 내가 준 녹봉을 받아 먹었으니 짐의 신하가 되었는데 이제 와서 다른 말을 하는 게냐?"

"천만의 말씀이오. 나는 당신이 의롭지 않음을 알기에 당신이 준 부끄러운 녹봉을 한 푼, 한 톨도 축내지 않고 모두 별실에 따로 모아 두었소이다."

세조는 그의 확고한 충절에 어찌할 수 없다고 생각하고 성삼문成三問·박팽년朴彭年·이개李塏·유응부兪應孚·유성원柳誠源 등과 함께 작형(灼刑: 불로 살을 지지는 형벌)에 처했다.

그는 뛰어난 문장가였고 나중에 이조판서에 추증되었다.

같은 사육신의 한 사람인 성삼문도 역시 세조가 준 녹봉을 한 톨도 먹지 아니했다고 한다.

위충위효
爲忠違孝

爲:하고자할 **위** 忠:충성 **충** 違:어긋날 **위** 孝:효도 **효**

나라에 충성을 하려 하니 부모에게 효도를 못하게 된다는 말로, 난세의 어지러움으로 자식의 죄로 아버지가 연좌되어 있는 입장을 뜻한다.

문헌:《대동기문大東奇聞》

　　조선 제4대 세종世宗이 죽고 1450년 문종文宗이 즉위하였다. 문종이 2년 3개월 만에 죽자 12세의 어린 단종端宗이 왕위에 올랐다.

　수양대군은 어린 왕을 보필한다는 명목으로 정치권에 뛰어들었고 1453년(단종 1년)에 계유정란癸酉靖難을 일으켜 원로 신하였던 김종서·황보인 등을 죽이고 조정을 수중에 넣었다.

　그리고 종친과 궁인 및 신하들을 죄인으로 몰아 유배시키자 단종은 위험을 느끼고 왕위를 내놓고 물러나 수강궁으로 옮겼다.

　1456년 9월 박팽년朴彭年이 성삼문成三問·하위지河緯地·유성원柳誠源·이개李塏·유응부兪應孚 등과 은밀히 단종의 복위를 계획했다.

　그러나 김질金礩의 밀고로 탄로 나서 1456년 세조가 친히 국문에 임하게 되었다. 박팽년의 재주를 아끼던 세조가 물었다.

　"지금이라도 나에게 돌아온다면 살려 주겠소."

　그러나 그는 단호히 거절했다. 그는 모진 고문 끝에 부친 박중림朴仲林과 함께 형장으로 끌려가면서, 자식의 죄에 아버지가 연좌된 것이 죄송

하여 눈물을 흘리면서 말했다.

"임금에게 충성을 하려고 하니 부모님께는 이처럼 큰 불효가 되었습니다."

그 말에 아버지가 웃으면서 말했다.

"괜찮다! 네가 섬기는 임금에게 충성을 하지 않는다면 바로 그것이 불효이니라."

세조로부터 박팽년뿐만 아니라 부친 박중림을 비롯, 아들 박헌, 박순과 동생 박분까지 처형을 당했다.

단종은 숙종 7년 1681년에 노산군魯山君으로 추봉 되고, 1698년 단종으로 복위되었다. 능陵은 강원도 영월寧越에 있다.

사류士類중에는 수양대군의 패륜에 분개하여 일생을 숨어서 폐인처럼 산 사람도 있다. 바로 생육신生六臣, 즉 김시습金時習·원호元昊·이맹전李孟專·조여趙旅·성담수成聃壽·남효온南孝溫이다.

그런데 박팽년과 같이 사형을 당한 아들 박순의 아내 이 씨는 관비가 되어 겨우 살아남을 수 있었다. 그녀는 임신 중이어서 유복자로 아들을 낳았다. 당시 법에 따르면 그 어린아이도 조부의 죄에 연좌되어 사형을 당해야 했다. 그런데 그의 충복인 여자 종이 마침 딸을 낳아서 그 딸을 대신 사형 당하게 하고, 박순의 아들을 자기가 길렀다. 이는 부앙불괴俯仰不愧로 하늘을 우러러봐도 땅을 굽어봐도 부끄러울 게 없는 참으로 장한 일이었다.

그 뒤 제9대 성종 때 이극균李克均이 영남관찰사가 되어 이 사실을 알고 조정에 자수하게 하여 용서를 받아 이름을 박일산朴壹珊이라 했다. 이렇게 하여 충신 박팽년의 혈통은 다행히 끊이지 않고 이어지게 되었다.

그리고 훗날 박팽년도 충성심이 인정되어 이조판서에 추증되었다.

실기치명
失期恥命

失:잃을 **실** 期:때 **기** 恥:부끄러울 **치** 命:목숨 **명**

때를 놓치면 목숨이 수치스럽다. 신라 원술랑元述郎의 고사에서 유래했으며 어떤 일을 실행하는 시기의 중요성을 깨우쳐 주는 말이다.

문헌 : 《삼국사기三國史記》

신라가 백제를 멸망시키고자 660년, 당唐나라와 나당연합군羅唐聯合軍을 조직하여 신라군은 육로로, 당군은 해로로 백제를 협공하였다. 협공으로 7월 10일, 수도 사비성泗沘城이 함락됨으로써 백제는 결국 멸망했다. 그러나 신라가 얻은 것은 아무것도 없었다.

당나라는 백제에는 부여륭夫餘隆을 도독으로 웅진도독부熊津都督府(660년)를, 고구려에는 설인귀薛仁貴를 도독으로 안동도독부安東都督付(668년)를 두어 백제와 고구려를 완전히 점령하려고 획책했다. 그래서 신라는 전날의 동맹국이었던 당나라와 싸워야 하는 새로운 국면에 접어들었다.

한편 고구려 백성들도 국권을 회복하고자 여기저기서 저항 운동을 벌였다. 신라 문무왕文武王 10년(670년) 4월에는 고구려의 검모잠劒牟岑이라는 장수가 고구려의 재건을 선언하고 나섰다. 670년 유민들을 규합하여 당나라의 관리와 승려 법안法安 등을 죽이고 부흥운동을 일으켰다.

그는 연개소문淵蓋蘇文의 조카 안승安勝을 왕으로 옹립하고, 신라에 사신을 보내 구원을 요청했다.

"우리는 당나라를 물리치고자 할 뿐 신라와는 아무런 유감이 없소. 그러니 양식과 일용품을 보내 우리를 도와주기 바라오."

신라는 즉시 그들의 요구를 들어주는 한편, 더 나아가 전략적 요충지인 지금의 전라북도 익산益山지방인 금마金馬땅을 제공했다.

고구려 백성의 환심을 사야 장차 당나라 세력을 몰아내는 데 도움이 될 것으로 계산했던 것이다.

당나라가 그 일을 알고 신라에 항의를 했지만 신라는 모르는 일이라고 시치미를 떼었다.

문무왕은 14년(674년)에 조카딸을 안승에게 시집보냈다. 이로써 고구려 유민과 신라는 더욱 가까운 사이가 되었다.

당나라 황제는 크게 노했다.

"신라가 등을 돌렸으니 이를 내버려 둘 수가 없다."

마침내 신라와 당나라는 곳곳에서 충돌했다.

문무왕은 백제 땅에서 당나라를 쳐 가림성加林城을 탈환했다. 그리고 그 여세를 몰아 백제의 옛 도성인 사비성마저 빼앗고 군량미를 운반하는 당나라의 배 70척을 침몰시켰다. 이때 수장된 당나라 군사가 수천 명이었다. 그러자 당나라 고종도 4만의 군사를 보내 신라를 치게 했다.

당나라 대군은 두 패로 나누어 안시성安市城과 마읍성馬邑城 근처에 진을 쳤다. 신라에서는 선봉장으로 효천曉天 장군을 비롯하여 의문義文, 산세, 능신, 원술元述 등의 장수들을 보내 대적하게 했다. 원술은 김유신金庾信장군의 둘째 아들이었다.

신라군은 석문石門평야에서 당나라 군사와 일전을 벌였다. 평야에서의 싸움은 보병보다는 기병의 싸움인데 신라군의 말은 작아서 산악 지대에서는 유리하지만 평야에서는 몸집이 크고 힘이 센 당나라 말을 당해낼 수가 없었다.

신라군은 밀리기 시작했다. 효천 장군은 당나라 군사가 쏜 화살을 가슴에 맞아 전사하고, 의문과 산세 또한 적군의 말발굽에 밟혀 죽었다. 능신 역시 적의 칼에 쓰러졌다. 신라군의 완전한 패배였다. 살아남은 장수는 원술元述 하나뿐이었다.

원술은 목숨을 아끼지 않고 싸우고자 했으나 그의 부하 담릉淡凌이 한사코 말고삐를 놓지 않고 말리는 바람에 죽지 못하고 살아 돌아왔다.

김유신金庾信은 문무왕에게 아들 원술을 석문 싸움에서 패한 죄를 물어 사형에 처할 것을 건의했다. 그러나 왕은 다음 기회에 공을 세우게 하여 이번의 수치를 벗도록 하자며 만류했다. 김유신은 끝내 아들을 집에 받아들이지 않았다.

"전쟁터에서 지고 돌아온 놈은 내 자식이 아니다."

원술은 크게 탄식했다.

'화랑도의 계율에 싸움에 임하면 절대로 물러서지 말라고 했거늘, 그 것을 지키지 못한 이 수치스러운 몸을 어떻게 씻는단 말인가.'

원술은 부끄러움을 견디지 못해 태백산太白山으로 들어갔다.

문무왕 13년인 서기 673년 7월, 신라의 큰 별 김유신이 79세의 나이로 세상을 떠났다.

문무왕은 크게 슬퍼하며 비단 1천 필, 벼 2천 섬, 악사 1백 명을 보내 김유신의 장례를 치르도록 했다.

원술은 아버지가 죽었다는 소식을 듣고 집으로 달려갔다. 그러나 어머니 지소智炤부인은 냉정하게 말했다.

"내겐 싸움에서 지고 돌아오는 자식은 없다. 그러니 집에 들어올 생각을 말아라."

원술은 가슴을 치며 다시 태백산으로 발길을 돌렸다.

"슬프도다. 내 어찌하여 그때 죽지 못했던고. 나를 말린 담릉이 너무도 원망스럽구나!"

김유신의 장례가 끝난 얼마 후 당나라가 신라의 북쪽으로 침략해왔다. 원술은 왕을 찾아가 간청했다.

"석문 싸움에서의 수치를 벗게 하여 주시옵소서."

문무왕은 원술의 뜻을 선뜻 받아주었다. 싸움터로 나간 원술은 성난 호랑이처럼 닥치는 대로 적을 무찔렀다. 그 싸움에서 신라는 적으로부터 말 3만 필을 빼앗는 등 큰 승리를 거두었다.

문무왕은 원술에게 다시 벼슬을 내렸다. 그러나 원술은 그를 사양하고 집으로 돌아왔다. 얼마나 오고 싶었던 집이던가, 이젠 떳떳이 들어설 수 있었다.

그러나 집에 와 보니 어머니는 중이 되어 절로 떠나 버리고 없었다. 원술은 꿈에 그리던 어머니를 뵙지 못하고 흐느껴 울며 다시 태백산으로 들어갔다. 그리고 몇 해 뒤에 혼자서 쓸쓸히 죽었다.

지은지효 효녀지은
知恩之孝 孝女知恩

알 **지** 은혜 **은** 갈 **지** 효도 **효** ┃ 효도 **효** 여자 **녀** 알 **지** 은혜 **은**

'지은'의 효도라는 말로, 효성으로 어머니를 봉양했던 신라의 효녀 지은에게서 유래했다. 부모님께 효도를 하면 큰 보상을 받는다는 뜻으로 쓴다.

문헌 : 《삼국사기三國史記 제8》

　　지은知恩은 신라의 제50대 정강왕定康王 때 한기부(韓器部: 신라 6부의 하나)사람으로 연권連權의 딸인데 성품이 지극히 곱고 효성스러웠다. 그는 어려서 아버지를 잃고 눈먼 홀어머니 밑에서 나이 32살이 되도록 시집을 가지 않고 아침저녁으로 문안드리며 봉양했다. 집이 가난하여 품팔이도 하고 집집마다 돌아다니며 밥을 빌어다가 어렵게 생활을 했다. 그러나 날이 갈수록 곤궁해져 할 수 없이 쌀 10여 석에 부잣집 종이 되기로 하였다.

　　지은은 그 집에 가서 종일토록 일을 해 주고 저녁에야 집으로 돌아와 밥을 지어 어머니를 모셨다.

　　어느 날, 그의 어머니가 말했다.

　　"애야! 지난날에는 반찬은 적어도 마음이 편하더니 지금은 밥은 비록 좋으나 그 맛이 옛날 같지 않아 간장을 칼로 찌르는 것 같으니 어찌 된 일이냐?"

　　지은은 어머니를 속일 수 없어 사실대로 말씀드렸다. 그러자 어머니가 말했다.

"내가 너를 종으로 만들었구나. 차라리 내가 죽는 것이 너를 도와주는 것인데……."

어머니가 소리를 내어 크게 통곡하니, 딸도 또한 부둥켜안고 통곡하여 주위 사람들의 눈시울을 적시게 했다.

그때 마침 효종랑孝宗郞이 지나가다가 이 광경을 보고 부모에게 청하여 조 백 섬과 옷가지를 가져다주었다. 또 지은을 종으로 산 주인에게 몸값을 보상하여 줌으로써 자유인이 되게 해주었다.

효공왕孝恭王(897년)도 그 말을 듣고 벼 5백 섬과 집 한 채를 하사하고, 잡역을 면제시켜 주었다. 후에 이 미담은 당나라 황실에까지 알려져 당나라에서조차 귀감으로 삼았다. 곡물이 많아지다 보니 도적들이 들까 염려하여 군사를 보내어 당번으로 지키게 하고, 그 마을 이름을 효양방孝養坊이라 했다.

지은이가 어머니를 효도로 봉양함으로써 이처럼 부까지 얻게 되니 후세인들은 그녀를 기려 지은지효知恩之孝라고 했다.

《삼국사기》에는 효녀지은孝女知恩이라 적고 있다.

안가팔효
安家八孝

安:편안 **안** 家:집 **가** 八:여덟 **팔** 孝:효도 **효**

안가安家, 즉 안씨安氏 집안의 여덟 가지 효도라는 말로, 효자 안필백의 효행에서 유래했다. 효행이 지극한 사람을 칭찬하는 의미로 쓰인다.

문헌:《한국효행선집韓國孝行選集》

안필백安必伯의 본관은 광주廣州이며, 전라도 곡성에서 태어났다. 아명은 사백師伯이요, 관직은 가선대부嘉善大夫에 이르렀다. 그는 하늘이 낸 효자로서 그가 남긴 여덟 가지 효행은 후세까지 전해오고 있다.

첫 번째 효행은 그의 아버지가 큰 종기를 앓고 있을 때 행해졌다.

온갖 약을 다 써봐도 효험을 보지 못하자 필백은 자기의 넓적다리 살을 베어 아버지 몸에 난 종기에 붙였다. 그러자 고질이었던 종기가 깨끗하게 나았다.

두 번째 효행은 기우제를 지내 비를 내리게 한 것이었다. 필백은 농사를 지어 어버이를 봉양해 왔는데, 어느 해 큰 가뭄이 들었다. 논바닥은 거북의 등처럼 갈라지고 벼 이삭이 여물지 못한 채 그냥 말라갔다. 온 식구가 꼼짝없이 굶어 죽게 될 형편이었다. 그는 새벽에 일어나 목욕재계하고 논 한가운데 꿇어앉아 비가 내릴 때까지 기우제를 올리기 시작했다. 그러자 정말 기적이 나타났다. 쨍쨍 빛나던 하늘에 별안간 검은 구름이 낮게 일더니 소나기가 쏟아졌다. 그런데 더욱 신기한 일은 유독

필백의 논 근처에만 비가 쏟아지는 것이었다. 비가 오자 농사를 잘 지어 부모를 편안히 모실 수 있었다.

세 번째 효행은 부모가 좋아하는 음식을 마련하여 드리는 일이었다. 필백의 부모가 추어탕을 매우 좋아해서 자주 시장에 나가 미꾸라지를 사다 봉양했다. 그는 부모를 봉양할 물건은 아무리 값이 비싸도 절대 깎지 않고 값을 다 주고 사왔다.

미꾸라지를 파는 사람들은 그의 효행을 뒤늦게 알고는 미꾸라지의 값을 꼭 받을 금액만 불러 필백에게 존경의 뜻을 표했다.

네 번째 효행은 꿩고기를 좋아하는 어머니를 위해서 덫을 놓거나 사냥을 하여 매 끼니 거르지 않고 꿩고기를 올리는 것이었다.

다섯 번째 효행은 이가 없는 부모를 위해 감나무를 길렀다. 가을이면 감을 따서 일부는 연시를 만들고, 일부는 곶감으로 깎아 1년 내내 두고 두고 드리는 것이었다. 사람들은 그 감을 가리켜 안가효시安家孝枾, 곧 안씨네 집의 효자감이라 불렀다.

여섯 번째 효행은 남과 절대로 다투지 않는 것이었다. 예컨대 밭이나 논의 경계를 가지고 문제가 생겨도 먼저 양보하고 다투지 않아 부모에게 걱정을 끼쳐 드리는 일이 없었다.

일곱 번째 효행은 나들이를 할 때는 언제나 부모님께 행방을 고하는 것이었다.

마지막 여덟 번째 효행은 부모가 행하는 일이 옳지 않을 때 공경함을 잃지 않고 수고로와도 원망치 않으며 혹, 기분이 언짢으실 땐 기다렸다가 다시 간하고 거듭 정성을 다하여 부모를 감동시킨 다음 간하여 말을 좇도록 하였던 일이다.

그의 효행이 이러하니 사람들은 자연히 그를 따르고 존경하게 되었다.

韓國 故事成語

한국 고사성어 부록, 우리나라 속담 | 찾아보기(고사성어 / 인물)

ㄱ

가까운 남이 먼 곳의 사촌보다 낫다

近隣如堂兄弟 근린여당형제

가까울(근) 가까울(린) 같을(여) 집(당) 형(형) 아우(제)

가까이 있는 사람으로부터 도움을 받기가 쉽다는 뜻.

가까운 길 마다하고 먼 길로 간다

盤溪曲徑 반계곡경

소반(반) 시내(계) 굽을(곡) 지름길(경)

편안하고 빠른 방법이 있는데도 구태여 어렵고 힘든 방법을 택한다.

가난 구제는 나라님도 못한다

貧家之賙國王不可 빈가지주국왕불가

구차할(빈) 집(가) 어조사(지) 먹일(주) 나라(국) 임금(왕) 아닐(불) 옳을(가)

가난 구제는 임금님도 하지 못할 만큼 어렵다.

가는 말이 고와야 오는 말이 곱다

去語固美 來語方好 거어고미 내어방호

갈(거) 말씀(어) 굳을(고) 아름다울(미) 올(래) 말씀(어) 모(방) 좋을(호)

내가 남에게 좋게 해야 남도 내게 좋게 한다.

가루는 칠수록 고와지고, 말은 할수록 거칠어진다

粉越越細 話越說越粗 분월월세 화월설월조

가루(분) 넘을(월) 넘을(월) 가늘(세) 이야기(화) 넘을(월) 말씀(설) 넘을(월) 거칠(조)

말은 이 입에서 저 입으로 옮겨갈수록 거칠어진다. 말은 반복할수록 감정을 악화시키기 쉽다는 뜻.

가지 많은 나무 바람 잘 날 없다

多枝的樹 上風不止 **다지적수 상풍불지**

많을(다) 가지(지) 어조사(적) 나무(수) 윗(상) 바람(풍) 아닐(불) 그칠(지)

　자식이 많으면 그만큼 거두기가 힘들어 고생이 많다는 말.

간에 붙었다 쓸개에 붙었다 한다

附肝附膽 **부간부담**

붙을(부) 간(간) 붙을(부) 쓸개(담)

　줏대 없이 형세에 따라 이리 붙었다 저리 붙었다 하다. 기회주의자를 이른다.

갈수록 태산

去愈須彌山 **거유수미산**

갈(거) 나을(유) 잠깐(수) 많을(미) 뫼(산)

　일이 갈수록 점점 더 어려워진다는 말.

감나무 밑에 누워서 연시 떨어지기를 기다린다

臥柿樹下 望柿落 **와시수하 망시락**

누울(와) 감(시) 나무(수) 아래(하) 바랄(망) 감(시) 떨어질(락)

　노력하지 않고 일이 저절로 이루어지길 바란다는 뜻.

감옥 담 넘어 달아난 곳이 형방 집이라

越獄而投 乃刑房家 **월옥이투 내형방가**

넘을(월) 우리(옥) 말이을(이) 던질(투) 이에(내) 형벌(형) 방(방) 집(가)

　힘써 한 일이 헛수고라는 뜻.

같은 값이면 다홍치마

同價紅裳 **동가홍상**

한가지(동) 값(가) 붉을(홍) 치마(상)

　같은 값이라면 보기 좋고 품질이 좋은 것을 갖는다는 뜻.

개가 주인 보고 짖는다

反吠基主 반폐기주

돌아올(반) 개 짖는 소리(폐) 터(기) 주인(주)

자기 신분을 모르고 나대다. 배은망덕한 사람을 비유한 말.

개구리, 올챙이 적 생각 못 한다

成了靑蛙 忘了蝌時 성료청와 망료과시

이룰(성) 마칠(료) 푸를(청) 개구리(와) 잊을(망) 마칠(료) 올챙이(과) 때(시)

일이나 능력이 모자랐던 지난날을 생각지 아니하고 처음부터 잘했다는 듯이 뽐냄을 비꼬는 말.

개구리도 움츠려야 뛴다

蛙惟踘矣 乃能躍矣 와유국의 내능약의

개구리(와) 생각할(유) 굽을(국) 어조사(의) 이에(내) 능할(능) 뛸(약) 어조사(의)

모든 일은 준비할 시간이 있어야 한다는 말.

개똥도 약에 쓰려면 없다

比比的皆 是的狗糞 비비적개 시적구분

견줄(비) 견줄(비) 어조사(적) 다(개) 바를(시) 어조사(적) 개(구) 똥(분)

흔하던 것도 정작 필요할 때는 구하지 못할 경우가 있다는 말.

개미구멍이 천 리 둑을 무너뜨린다

千里長堤 潰于蟻穴 천리장제 지우의혈

일천(천) 마을(리) 길(장) 둑(제) 거품(지) 어조사(우) 개미(의) 구멍(혈)

작은 일이 빌미가 되어 커다란 불상사가 발생한다는 뜻.

개밥에 도토리

狗飯橡實 구반상실

개(구) 밥(반) 상수리(상) 열매(실)

함께 어울리지 못하고 따돌림 당함을 이르는 말.

개천에서 용 날까

川龍不出 **천용불출**

내(천) 용(용) 아닐(불) 날(출)

> 미천한 집안에서 훌륭한 사람이 나올 리 없다는 뜻.

계란에도 뼈가 있다

卵心有骨 **난심유골**

알(란) 마음(심) 있을(유) 뼈(골)

> 달걀 속에 뼈가 있다. 어떤 일에든 숨겨진 뜻이 있다는 말.

계란으로 바위 치기

以卵擊石 **이란격석**

써(이) 알(란) 칠(격) 돌(석)

> 아무리 해도 안 되는 일을 무모하게 한다는 뜻.

고기는 씹어야 맛이고, 말은 해야 맛이다

肉必細嚼 方覺美味 話不說不明 **육필세작 방각미미 화불설불명**

고기(육) 반드시(필) 가늘(세) 씹을(작) 모(방) 깨달을(각) 아름다울(미) 맛(미) 말씀(화) 아니(불) 말씀(설) 아니(불) 밝을(명)

> 고기는 씹어보지 않고는 맛을 모르듯이 무슨 일이든 실제로 겪어 보아야 제대로 안다는 말.

고래 싸움에 새우 등 터진다

鯨戰蝦死 **경전하사**

고래(경) 싸움할(전) 새우(하) 죽을(사)

> 힘센 사람끼리 싸우는데 약한 사람이 그 사이에 끼어 애매하게 피해를 입는다는 말.

고슴도치도 제 새끼는 예쁘다고 한다

蝟愛子 謂毛美 **위애자 위모미**

고슴도치(위) 사랑(애) 아들(자) 이를(위) 털(모) 아름다울(미)

> 아무리 못난 자식이라도 제 자식은 예쁘게 느낀다는 말.

고양이 목에 방울 달기

猫項縣鈴 **묘항현령**

고양이(묘) 목(항) 매달(현) 방울(령)

실행할 수 없는 헛된 논의를 이르는 말.

고양이가 늙은 쥐 생각한다

猫兒疼老鼠 **묘아동노서**

고양이(묘) 아이(아) 아플(동) 늙을(노) 쥐(서)

속으로는 해칠 마음을 품고 있으면서 겉으로 생각해주는 척한다는 말.

고운 사람 미운 데 없고, 미운 사람 고운 데 없다

愛人無可憎 憎人無可愛 **애인무가증 증인무가애**

사랑(애) 사람(인) 없을(무) 옳을(가) 미워할(증) 사람(인) 없을(무) 옳을(가) 사랑(애)

남을 한번 좋게 보면 그 사람이 하는 일이 모두 좋게 보이고, 한번 밉게 보면 무엇이나 다 밉게 보인다는 뜻.

곧은 나무는 먼저 베어진다

直木先伐 **직목선벌**

곧을(직) 나무(목) 먼저(선) 칠(벌)

굽고 못생긴 나무는 베어 가지 않지만 곧고 좋은 것은 먼저 베어 간다. 강직하고 잘난 사람이 먼저 해를 입을 수 있다는 뜻.

공든 탑이 무너지랴

積功之塔不墮 **적공지탑불타**

쌓을(적) 공(공) 어조사(지) 탑(탑) 아닐(불) 떨어질(타)

공을 들여 쌓은 탑은 좀처럼 붕괴되지 않는다. 무슨 일이든 정성을 다하면 실패할 일이 없다는 뜻.

구르는 돌에는 이끼가 끼지 않는다

轉石不生苔 **전석불생태**

구를(전) 돌(석) 아닐(불) 날(생) 이끼(태)

굴러다니는 돌에 이끼가 낄 새가 없다는 말로, 쉬지 않고 노력하는 사람은 계속 발전한다는 뜻.

구슬이 서 말이라도 꿰어야 보배

珍珠三斗 成串才爲寶 진주삼두 성천재위보

보배(진) 구슬(주) 석(삼) 말(두) 이룰(성) 꿰미(천) 재주(재) 할(위) 보배(보)

아무리 좋은 것이라도 쓸모 있게 만들어야 그 가치가 나타난다는 뜻.

굿이나 보고 떡이나 먹지

觀光但食餠 관광단식병

볼(관) 빛(광) 다만(단) 먹을(식) 떡(병)

남이 하는 일에 쓸데없이 간섭 말고 이익이나 챙기라는 뜻.

궁하면 통한다

困窮而通 곤궁이통

곤할(곤) 궁할(궁) 말 이을(이) 통할(통)

사람이 매우 궁박한 처지에 이르게 되면 도리어 살아날 길이 생긴다는 말.

궁한 쥐가 고양이를 문다

死胡洞鼠 撲猫 사호동서 박묘

죽을(사) 어찌(호) 골목(동) 쥐(서) 부딪칠(박) 고양이(묘)

막다른 골목에 몰린 쥐가 고양이를 문다. 절대적 약자라도 최악의 경우에는 생명을 걸고 싸운다는 뜻.

권세는 십 년이 못간다

權不十年 권불십년

권세(권) 아닐(불) 열(십) 해(년)

권력은 오래가지 못한다는 뜻.

귀에 걸면 귀걸이, 코에 걸면 코걸이

耳懸鈴 鼻懸鈴 이현령 비현령

귀(이) 달(현) 종(령) 코(비) 달(현) 종(령)

한 가지 일을 두고 상황에 따라 달리 해석한다는 말.

그림의 떡

畵中之餠 화중지병

그림(화) 가운데(중) 어조사(지) 떡(병)

그림 속의 떡은 볼 수는 있으나 먹을 수가 없다는 뜻으로, 실제로는 효용가치가 없다는 말.

금강산도 배부른 뒤에 구경이라

金剛山食後景 금강산식후경

쇠(금) 굳셀(강) 뫼(산) 먹을(식) 뒤(후) 경치(경)

허기진 상태에선 좋은 경치를 구경해도 눈에 들어오지 않는다는 말. 아무리 좋은 일이라 해도 먼저 해야 할 일이 있다는 뜻.

급하면 쥐구멍 찾는다

急探鼠穴 급탐서혈

급할(급) 찾을(탐) 쥐(서) 구멍(혈)

급한 일을 당하면 아무 곳이나 가리지 않고 피하게 된다는 말.

급히 먹은 밥 목에 멘다

忙食陻喉 망식인후

바쁠(망) 밥(식) 막을(인) 목구멍(후)

급하게 서둘러서 일을 하면 잘못되거나 실패한다는 뜻.

기와 한 장 아끼다가 대들보 썩힌다

惜一瓦屋樑腐 석일와옥량부

아낄(석) 한(일) 기와(와) 집(옥) 들보(량) 썩을(부)

아주 작은 것을 아끼려다가 큰일을 그르친다는 뜻.

길이 아니면 가지를 말고, 말이 아니면 듣지를 마라

不象路不要走 話不象 話別去理 불상로불요주 화불상 화별거리

아닐(불) 형상(상) 길(로) 아닐(불) 중요(요) 달릴(주) 이야기(화) 아닐(불) 형상(상) 이야기(화) 나눌(별) 갈(거) 이치(리)

합당하지 않은 일에는 아예 관여하지 말라는 뜻.

까마귀 날자 배 떨어진다

烏飛梨落 오비이락

까마귀(오) 날(비) 배(이) 떨어질(락)

까마귀가 날자 마침 배가 떨어져 까마귀 때문에 떨어진 것으로 의심을 받게 된다. 공교롭게 일이 겹쳐 오해를 받게 된다는 뜻.

꼬리가 길면 밟힌다

尾長則踏 미장즉답

꼬리(미) 긴(장) 곧(즉) 밟을(답)

나쁜 일을 오래 하면 마침내 들킨다는 말.

꾸어다 놓은 보릿자루

借來麥岱 차래맥대

빌릴(차) 올(래) 보리(맥) 전대(대)

무리에 어울리지 못하고 외톨이로 있는 모양이나 소속감을 갖지 못할 때 이르는 말.

꿀 먹은 벙어리

食蜜啞 식밀아

먹을(식) 꿀(밀) 벙어리(아)

말을 못하는 사람이 단 꿀을 먹었으나 그 느낌을 말할 수 없다. 즉, 말을 못해 답답한 심정을 이르는 말.

꿩 대신 닭

雉代替鷄 치대체계

꿩(치) 대신(대) 바꿀(체) 닭(계)

필요한 물건이 없어 다소 미흡한 것으로 대신 사용한다는 말.

꿩 먹고 알 먹고

食雉食卵 식치식란

먹을(식) 꿩(치) 먹을(식) 알(란)

꿩도 먹고 알도 먹듯이 이 일, 저 일 모두에서 이익을 취한다는 말.

나 먹자니 싫고 개 주자니 아깝다

吾食厭 給犬惜 **오식염 급견석**

나(오) 먹을(식) 싫을(염) 줄(급) 개(견) 아낄(석)

내가 먹기는 싫은데 개 주는 것은 아깝다. 부질없이 인색한 마음을 말함.

남의 말 하기는 식은 죽 먹기

言他事 食冷粥 **언타사 식냉죽**

말씀(언) 다를(타) 일(사) 먹을(식) 찰(냉) 미음(죽)

남의 말을 하는 것은 쉽다는 뜻.

남자의 말 한마디는 천금보다 무겁다

男兒一言重千金 **남아일언중천금**

사내(남) 아이(아) 한(일) 말씀(언) 무거울(중) 일천(천) 쇠(금)

남자는 약속한 한마디의 말을 중히 여겨야 한다는 뜻으로, 약속은 반드시 지켜야 함을 이르는 말.

낫 놓고 기역자도 모른다

目不識丁 **목불식정**

눈(목) 아닐(불) 알(식) 고무래(정)

무식하기 짝이 없다는 말.

낮말은 새가 듣고, 밤말은 쥐가 듣는다

晝語雀聽 夜語鼠聽 **주어작청 야어서청**

낮(주) 말(어) 까치(작) 들을(청) 밤(야) 말(어) 쥐(서) 들을(청)

언제나 말조심하라는 뜻.

내리사랑은 있어도 치사랑은 없다

下愛有 上愛無 **하애유 상애무**

아래(하) 사랑(애) 있을(유) 윗(상) 사랑(애) 없을(무)

윗사람이 아랫사람을 보살펴 주기는 쉬워도 아랫사람이 윗사람을 보살펴주는 경우는 별로 없다는 뜻.

내 손에 장을 지져라
掌上煎醬 장상전장
손바닥(장) 윗(상) 졸일(전) 간장(장)

　어떤 일이 분명히 그렇지 않다는 것을 확신하여 강조하는 말.

내 코가 석 자
吾鼻三尺 오비삼척
나(오) 코(비) 석(삼) 자(척)

　자신의 일도 감당 못해 남을 도울 여유가 없다는 뜻.

농담 속에 진담 들었다
喜笑之言 惑成實際 희소지언 혹성실제
기쁠(희) 웃음(소) 갈(지) 말씀(언) 흑(흑) 이룰(성) 열매(실) 지음(제)

　지나가는 말처럼 하는 말 속에 진짜 뜻이 들어 있다는 말.

누더기 속에서 영웅 난다
窮山溝星 出英雄 궁산구성 출영웅
궁할(궁) 뫼(산) 개천(구) 별(성) 날(출) 꽃부리(영) 웅장할(웅)

　어렵게 자란 사람들이 크게 성공할 수 있다는 뜻.

누울 자리 봐가며 발을 뻗는다
量吾被置吾足 양오피치오족
헤아릴(량) 나(오) 이불(피) 둘(치) 나(오) 발(족)

　어떤 일이든지 사전에 계획을 세워서 착수해야 된다는 말.

누워서 침 뱉기
躺着吐唾沫 당착토타말
누울(당) 붙을(착) 토할(토) 침(타) 거품(말)

　남을 해치려다가 도리어 자기가 해를 입게 된다는 말.

누이 좋고 매부 좋다

姐姐也高興 姐夫也高興 저저야고흥 저부야고흥

누이(저) 어조사(야) 높을(고) 기쁠(흥) 누이(저) 사내(부) 어조사(야) 높을(고) 기쁠(흥)

모든 사람에게 두루두루 다 좋다는 뜻.

눈 감으면 코 베어 갈 세상

閉眼或喪割鼻 폐안혹상할비

닫을(폐) 눈(안) 혹(혹) 잃을(상) 벨(할) 코(비)

세상인심이 험악하다는 말.

눈엣가시

眼中棘 안중극

눈(안) 가운데(중) 가시(극)

몹시 밉고 싫은 사람을 이름.

ㄷ ....

다 된 죽에 코 빠지다

盡前粥 鼻泗墜 진전죽 비사추

다할(진) 앞(전) 미음(죽) 코(비) 콧물(사) 떨어질(추)

일이 잘되었는데 마지막에 망친다는 말.

다람쥐 쳇바퀴 돌리듯 한다

松鼠環篩輪 송서환사륜

소나무(송) 쥐(서) 돌릴(환) 체(사) 바퀴(륜)

한 가지 일에서 벗어나지 못하고 계속 반복하는 것을 말함.

달면 삼키고 쓰면 뱉는다

甘吞苦吐 감탄고토

달(감) 삼킬(탄) 쓸(고) 토할(토)

이로우면 취하고, 해로우면 버린다. 자신에게 이익이 되는 것만을 추구한다는 뜻.

· 한국 고사성어 ·

닭 잡아먹고 오리발 내민다

殺了鷄 吃却拿出鴨 **살료계 흘각나출압**

죽일(살) 마칠(료) 닭(계) 먹을(흘) 물리칠(각) 잡을(나) 날(출) 오리(압)

자기가 한 일을 감추고 시치미를 뗀다는 말.

닭 쫓던 개 지붕 쳐다본다

趕鷄之犬 徒仰屋은 **간계지견 도앙옥은**

쫓을(간) 닭(계) 어조사(지) 개(견) 무리(도) 우러러볼(앙) 집(옥) 집대마루(은)

일을 실패하여 어찌할 수 없음을 비유한 말.

도둑이 제 발 저리다

盜之就拿 厥足自麻 **도지취나 궐족자마**

훔칠(도) 갈(지) 이룰(취) 붙잡을(나) 그(궐) 발(족) 스스로(자) 마비될(마)

나쁜 짓을 하면 스스로 양심에 걸려 마음이 편치 못하다는 뜻.

도살장에 끌려가는 소 같다

如牛就死 **여우취사**

같을(여) 소(우) 나아갈(취) 죽을(사)

마지못하여 억지로 일을 하는 모양을 말함.

독 안에 든 쥐

入缸之鼠 **입항지서**

들(입) 항아리(항) 어조사(지) 쥐(서)

아무리 애써도 벗어나지 못하고 꼼짝할 수 없는 처지를 말함.

되로 주고 말로 받는다

始用升授 乃以斗受 **시용승수 내이두수**

비로소(시) 쓸(용) 되(승) 줄(수) 어조사(내) 써(이) 말(두) 받을(수)

조금 주고 그 대가로 몇 갑절이나 더 받는다는 뜻.

될성부른 나무는 떡잎부터 알아본다

蔬之將善 兩葉可辨 **소지장선 양엽가변**

푸성귀(소) 어조사(지) 장차(장) 잘할(선) 두(량) 잎(엽) 옳을(가) 분별할(변)

　장래 크게 될 사람은 어릴 때부터 그 기미가 보인다는 뜻.

뒷간에 갈 적 맘 다르고 올 적 맘 다르다

上圊歸心異去時 **상청귀심이거시**

윗(상) 뒷간(청) 돌아올(귀) 마음(심) 다를(이) 갈(거) 때(시)

　급한 일이 해결되고 나면 마음이 변하여 처음과는 다른 마음이 된다는 뜻.

듣기 좋은 노래도 자꾸 들으면 물린다

歌曲雖艶 恒聽斯厭 **가곡수염 항청사염**

노래(가) 악곡(곡) 비록(수) 고울(염) 항상(항) 들을(청) 이(사) 싫을(염)

　아무리 좋은 일이라도 여러 번 되풀이하면 싫증이 난다는 말.

등잔 밑이 어둡다

燈下不明 **등하불명**

등잔(등) 아래(하) 아닐(불) 밝을(명)

　가까운 일을 오히려 모를 수 있다는 뜻.

땅 짚고 헤엄치기

去地游泳 **거지유영**

갈(거) 땅(지) 헤엄칠(유) 헤엄칠(영)

　어떤 일을 하기가 매우 쉽다는 말.

때 지난 뒤의 탄식

後時之嘆 **후시지탄**

뒤(후) 때(시) 어조사(지) 탄식할(탄)

　이미 지난 일로 걱정을 해봐야 소용이 없다는 말.

똥인지 된장인지 구별 못 한다
淸豉鼠屎 不辨彼比 청시서시 불변피비
맑을(청) 메주(시) 쥐(서) 똥(시) 아니(불) 분별할(변) 저(피) 견줄(비)

사물에 대한 분별도 할 줄 모르면서 아는 체한다는 뜻.

뛰는 놈 위에 나는 놈 있다
走者上 有飛者 주자상 유비자
달릴(주) 놈(자) 윗(상) 있을(유) 날(비) 놈(자)

잘난 사람 위에 더 잘난 사람이 있다는 말로, 자만하지 말고 노력하라는 뜻.

말 가는 데 소도 간다
馬行處牛亦去 마행처우역거
말(마) 갈(행) 곳(처) 소(우) 또(역) 갈(거)

어떤 사람이 해낸 일은 다른 사람도 노력하면 할 수 있다는 말.

말똥에 굴러도 이승이 좋다
雖臥馬糞 此生可願 수와마분 차생가원
비록(수) 누울(와) 말(마) 똥(분) 이(차) 날(생) 옳을(가) 원할(원)

세상이 아무리 험해도 죽는 것보다는 낫다는 말.

말이 말 같지 않다
語不成說 어불성설
말씀(어) 아닐(불) 이룰(성) 말씀(설)

말의 뜻이나 내용이 전혀 이치에 맞지 않는다는 말.

말 타면 경마 잡히고 싶다
旣乘其馬 又思牽者 기승기마 우사견자
이미(기) 탈(승) 그(기) 말(마) 또(우) 생각(사) 끌(견) 사람(자)

말을 타면 으쓱해져서 종을 부리고 싶다는 말로, 사람의 욕심은 끝이 없다는 뜻.

망아지는 나면 제주(시골)로 내려 보내고, 사람은 나면 서울로 올려 보낸다

馬雛下鄕 兒派上京 마추하향 아파상경

말(마) 병아리(추) 아래(하) 시골(향) 아이(아) 보낼(파) 윗(상) 서울(경)

　사람은 서울에서 살아야 듣고 보는 것이 많아서 출세할 기회가 많다는 말.

매 앞에 장사 없다

惟杖無將 유장무장

생각할(유) 몽둥이(장) 없을(무) 장수(장)

　매질하는데 굴복하지 않는 사람이 없다는 말.

먹물이 가까우면 검어진다

近墨者黑 근묵자흑

가까울(근) 먹(묵) 놈(자) 검을(흑)

　못된 사람과 어울리면 잘못된다는 뜻.

먹을 것 없는 고기가 가시만 많다

上皮細魚 肉淺骨多 상피세어 육천골다

윗(상) 가죽(피) 가늘(세) 고기(어) 고기(육) 물 얕을(천) 뼈(골) 많을(다)

　작은 고기는 먹을 것이 별로 없고 뼈만 많다. 즉, 좋지 않은 일에 나쁜 일이 더 꼬여든다는 뜻.

먼저 앓아 본 사람이 의사

先病者醫 선병자의

먼저(선) 병들(병) 놈(자) 의원(의)

　병을 앓고 나면 그 병에 대해 잘 알게 된다는 말로 경험이 중요하다는 뜻.

모난 돌이 정 맞는다

有角石磨鑿子 유각석마착자

있을(유) 뿔(각) 돌(석) 갈(마) 뚫을(착) 아들(자)

　성격이 못된 자는 이리 부딪치고 저리 부딪쳐 다치게 된다는 말.

모로 가도 서울만 가면 된다

斜行抵京 **사행저경**

비낄(사) 행할(행) 이를(저) 서울(경)

　수단과 방법을 가리지 않고 목적을 이루면 된다는 뜻.

목구멍이 포도청이다

口腹之累 **구복지루**

입(구) 배(복) 갈(지) 묶을(루)

　형편이 어쩔 수 없어 마지못해 할 수밖에 없다는 뜻.

목마른 사람이 우물 판다

誰渴誰掘井 **수갈수굴정**

누구(수) 목마를(갈) 누구(수) 팔(굴) 우물(정)

　필요로 하는 사람이 스스로 구해야 한다는 뜻.

목이 말라야 샘을 판다

臨渴掘井 **임갈굴정**

임할(임) 목마를(갈) 팔(굴) 샘(정)

　평소에는 준비를 해두지 않다가 일을 당하면 그제야 허둥거린다는 뜻.

물 샐 틈 없다

盛水不漏 **성수불루**

무성할(성) 물(수) 아닐(불) 샐(루)

　빈틈없이 잘 짜여져 있어 지극히 완벽하다는 말.

물 위에 뜬 기름

水上油 **수상유**

물(수) 윗(상) 기름(유)

　서로 화합이 되지 않는 사이를 이르는 말.

물에 물 탄 듯 술에 물 탄 듯

如水投水 如酒投酒 여수투수 여주투주

같을(여) 물(수) 던질(투) 물(수) 같을(여) 술(주) 던질(투) 술(주)

무슨 일을 하는 데 있어서 되는 일도 없고 안 되는 일도 없다는 뜻.

물은 차면 넘친다

滿則溢 만즉일

가득할(만) 곧(즉) 넘칠(일)

무슨 일이든지 과하면 좋지 않게 된다는 말.

물이 너무 맑으면 고기가 없고, 사람이 너무 똑똑하면 따르는 사람이 없다

水至淸則無魚 人至察則無徒 수지청즉무어 인지찰즉무도

물(수) 이를(지) 맑을(청) 곧(즉) 없을(무) 물고기(어) 사람(인) 이를(지) 살필(찰) 곧(즉) 없을(무) 무리(도)

물이 너무 맑아 물고기의 먹이가 없으면 물고기가 꼬이지 않는다. 이처럼 사람도 너무 이해 타산에 밝아 인색하면 주위에 따르는 사람이 없다는 말.

미꾸라지 한 마리가 온 도랑물 흐린다

一魚混全川 일어혼전천

한(일) 물고기(어) 흐릴(혼) 온전(전) 내(천)

망나니 하나가 온 세상을 더럽히고 어지럽게 한다는 말.

미운 아이 떡 하나 더 준다

予所憎兒 先抱之懷 여소증아 선포지회

나(여) 처(소) 미워할(증) 아이(아) 먼저(선) 안을(포) 어조사(지) 품을(회)

밉다고 멀리할 것이 아니라 넓은 아량으로 포용한다. 즉, 상대방을 배려하면 그만큼 대가가 있기 마련이라는 뜻.

미친년 널 뛰듯

如疯婆娘跳板 여풍파랑도판

같을(여) 두풍(풍) 늙은 계집(파) 여자(랑) 뛸(도) 널빤지(판)

일의 재미나 가치도 모르고 날뛴다는 뜻.

믿는 도끼에 발등 찍힌다

知斧斫足 **지부작족**

알(지) 도끼(부) 찍을(작) 발(족)

아무 염려 없다고 믿고 있던 일이 뜻밖에 실패한다는 말.

밑 빠진 독에 물 붓기

無底釜盛水 **무저부성수**

없을(무) 밑(저) 가마(부) 담을(성) 물(수)

아무리 노력을 해도 성과가 없음을 뜻하는 말.

바늘 도둑이 소도둑 된다

針賊大牛賊 **침적대우적**

바늘(침) 도적(적) 큰(대) 소(우) 도적(적)

처음에는 작은 것을 훔치다가 나중에는 점점 큰 것을 훔치게 된다. 작은 잘못이라도 자주 저지르다 보면 나중에는 큰 잘못을 저지르게 된다는 뜻.

밖에서 새는 쪽박, 안에선들 안 새랴

推人外行 內行便見 **추인외행 내행편견**

가릴(추) 사람(인) 바깥(외) 행할(행) 안(내) 행할(행) 편할(편) 볼(견)

본성이 좋지 않은 자는 어디를 가도 본색을 감출 수 없다는 말.

발 없는 말이 천 리 간다

無足之言 飛于千里 **무족지언 비우천리**

없을(무) 발(족) 어조사(지) 말씀(언) 날(비) 어조사(우) 일천(천) 마을(리)

말은 사실이 아닌 말까지 보태져서 걷잡을 수 없이 퍼져나가게 되니 조심하라는 뜻.

밥 먹을 때는 개도 안 때린다

擧手不打 吃食的狗 **거수불타 흘식적구**

들(거) 손(수) 아니(불) 칠(타) 먹을(흘) 밥(식) 과녁(적) 개(구)

아무리 잘못한 일이 있더라도 먹을 때는 때리거나 꾸짖지 말아야 한다는 뜻.

방귀가 잦으면 똥 싸기 쉽다

放屁長 還爲糞 방비장 환위분
놓을(방) 방귀(비) 긴(장) 돌아올(환) 될(위) 똥(분)

무슨 일이나 소문이 잦으면 실현되기 쉽다는 말. 같은 뜻으로 '번개가 잦으면 벼락이 친다'는 말이 있다.

백지장도 맞들면 낫다

輕彼薄楮 尙欲對擧 경피박저 상욕대거
가벼울(경) 저(피) 얇을(박) 닥나무(저) 오히려(상) 하고자 할(욕) 대할(대) 들(거)

서로 돕고 협력하면 어려운 일도 쉽게 해낼 수 있다는 말.

뱁새가 황새 따라가면 가랑이가 찢어진다

鷃效步鸛 裂厥袴 안효관보 재열궐과
메추리(안) 본받을(효) 황새(관) 걸음(보) 실을(재) 찢을(렬) 그(궐) 사타구니(과)

분수에 넘치는 짓을 하면 도리어 해만 입는다는 뜻.

범의 탈을 쓴 여우

假虎之狐 가호지호
거짓(가) 범(호) 어조사(지) 여우(호)

실제는 여우이면서 호랑이인 체하는 것처럼 큰 인물의 흉내를 낸다는 말.

법은 멀고 주먹은 가깝다

法遠拳近 법원권근
법(법) 멀(원) 주먹(권) 가까울(근)

이치를 따져서 해결하기보다 먼저 폭력을 쓰게 된다는 말.

벼룩의 간을 내어 먹는다

蚤肝拿食 조간나식
벼룩(조) 간(간) 잡을(나) 밥(식)

형편이 어려운 사람에게서 인정없이 착취한다는 뜻.

보고도 못 먹는 떡이 그림의 떡이다.

見而不食 畵中之餅 견이불식 화중지병

볼(견) 어조(이) 아닐(불) 밥(식) 그림(화) 가운데(중) 어조사(지) 떡(병)

　그림의 떡이라 먹을 수 없어 배를 채울 수 없다는 말.

보기 좋은 떡이 먹기도 좋다

觀美之餌 啖之亦美 관미지이 담지역미

볼(관) 아름다울(미) 어조사(지) 먹이(이) 씹을(담) 어조사(지) 또(역) 아름다울(미)

　겉모양이 좋으면 속 내용도 좋다는 뜻.

부부 싸움은 칼로 물 베기

夫婦爭刀割水 부부쟁도할수

사내(부) 아내(부) 다툴(쟁) 칼(도) 벨(할) 물(수)

　칼로 물을 벨 수 없듯이 부부 싸움도 이내 풀어지게 마련이란 뜻.

불난 데 부채질하기

見火扇風 견화선풍

볼(견) 불(화) 부채(선) 바람(풍)

　어려움을 도와주는 것이 아니라 더 어렵게 만든다.

불면 날까 쥐면 꺼질까

吹恐飛 執恐虧 취공비 집공휴

불(취) 두려울(공) 날(비) 잡을(집) 두려울(공) 이지러질(휴)

　애지중지 소중히 아낀다는 말.

뿌리가 깊은 나무는 바람에 흔들리지 않는다

根深之木 風而不動 근심지목 풍이부동

뿌리(근) 깊을(심) 어조사(지) 나무(목) 바람(풍) 어조사(이) 아닐(부) 움직일(동)

　나무의 뿌리가 깊으면 그 가지가 바람을 잘 견디어 내듯이 일의 기반이 튼튼하면 외부의 영향을 받지 않는다는 뜻.

뿌린 놈이 거둔다

結者解之 결자해지

맺을(결) 놈(자) 풀(해) 갈(지)

　일은 시작한 사람이 끝을 맺어야 한다는 말.

사공이 많으면 배가 산으로 올라간다

艄工多 撑飜船 소공다 탱번선

고물(소) 장인(공) 많을(다) 배 저을(탱) 엎어질(번) 배(선)

　여러 사람이 저마다 제 주장만 내세우면 결국 아무 일도 할 수 없다는 뜻.

사람 위에 사람 없고, 사람 밑에 사람 없다

人上無人 人下無人 인상무인 인하무인

사람(인) 위(상) 없을(무) 사람(인) 사람(인) 아래(하) 없을(무) 사람(인)

　사람은 누구나 태어날 때부터 권리나 의무가 평등하다는 말.

사위 사랑은 장모, 며느리 사랑은 시아버지

外姑憐壻 憐婦惟舅 외고련서 련부유구

바깥(외) 시어머니(고) 사랑할(련) 사위(서) 사랑할(련) 며느리(부) 생각할(유) 시아버지(구)

　친정어머니는 딸을 생각해서 사위를 아껴주고, 시아버지는 아량이 커서 며느리를 귀여워한다는 뜻.

사흘 굶어 도둑질 안 할 놈 없다

人飢三日 無計不出 인기삼일 무계불출

사람(인) 주릴(기) 석(삼) 날(일) 없을(무) 셈할(계) 아닐(불) 날(출)

　극한 곤경에 처하면 나쁜 짓도 하게 된다는 말.

산 입에 거미줄 치랴

生命之口 蛛不布網 생명지구 주불포망

날(생) 목숨(명) 어조사(지) 입(구) 거미(주) 아닐(불) 헝겊(포) 그물(망)

　살아 있는 사람은 어떻게든 살아갈 수 있다는 말.

산에 가서 물고기를 구한다

山上求魚 산상구어
뫼(산) 윗(상) 구할(구) 물고기(어)

터무니없는 행동을 꼬집는 말로, 사물의 본질을 제대로 이해하지 못하는 경우를 비유.

삼 년 간병에 효자 없다

三年救病 呈不孝狀 삼년구병 정불효장
석(삼) 해(년) 구할(구) 병들(병) 드러낼(정) 아닐(불) 효자(효) 형상(장)

오랜 병환은 정성 들여 구완을 해도 어쩌다 조금만 성의가 부족하면 불효 소리를 듣게 된다는 말. 어떤 일을 끝까지 하기가 어렵다는 뜻.

서당 개 삼 년이면 풍월을 읊는다

堂狗三年 吟風月 당구삼년 음풍월
집(당) 개(구) 석(삼) 해(년) 읊을(음) 바람(풍) 달(월)

무식한 사람도 유식한 사람과 오래 같이 지내다 보면 자연히 견문이 생겨 똑똑해진다는 말.

서울 가서 김 서방 찾기

到京城去閱姓金的 도경성거벌성김적
이를(도) 서울(경) 성(성) 갈(거) 문벌(벌) 성씨(성) 쇠(금) 어조사(적)

무슨 일을 막연하게 추진하는 것을 꼬집는 말.

선무당이 사람 잡는다

生巫殺人 생무살인
날(생) 무당(무) 죽일(살) 사람(인)

능하지 못한 사람이 일을 저지르는 것을 탓하는 말.

세 살 버릇이 여든까지 간다

三歲之習 至于八十 삼세지습 지우팔십
석(삼) 해(세) 어조사(지) 익힐(습) 이를(지) 어조사(우) 여덟(팔) 열(십)

어릴 때 습관은 늙어서도 고치기 어렵다는 말.

세월이 약이다

日久爲藥 일구위약

날(일) 오랠(구) 할(위) 약(약)

나쁜 일도 세월이 가면 잊어버린다는 말.

소 잃고 외양간 고친다

旣失之牛 乃治其廐 기실지우 내치기구

이미(기) 잃을(실) 어조사(지) 소(우) 이에(내) 다스릴(치) 그(기) 마구간(구)

평소에는 소홀히 하다가 실패한 다음에야 깨달아 대비한다는 말.

손님이 도리어 주인 노릇 한다

客反爲主 객반위주

손(객) 돌아올(반) 할(위) 주인(주)

손님이 도리어 주인행세를 한다는 말.

쇠귀에 경 읽기

牛耳讀經 우이독경

소(우) 귀(이) 읽을(독) 경서(경)

열심히 가르치고 일러 주어도 알아듣지 못한다. 즉, 쓸데없는 일을 한다는 뜻.

수박 겉핥기

西瓜皮舐 서과피지

서녘(서) 오이(과) 가죽(피) 핥을(지)

사물의 속 내용은 모르고 겉만 건드리는 일을 비유적으로 이르는 말.

수염이 석 자라도 먹어야 양반

三尺髥 食令監 삼척염 식영감

석(삼) 자(척) 수염(염) 밥(식) 하여금(령) 볼(감)

배가 불러야 체면도 차릴 수 있다. 형식보다 실리를 취해야 한다는 뜻.

시앗 싸움엔 돌부처도 돌아앉는다

妻妾之戰 石佛反面 **처첩지전 석불반면**

아내(처) 첩(첩) 어조사(지) 싸움할(전) 돌(석) 부처(불) 돌이킬(반) 낯(면)

시앗(첩) 싸움은 부처님도 말리지 못한다. 남편이 첩을 보면 아무리 어진 부인이라 할지라도 시샘을 한다는 뜻.

시작이 반이다

事貴作始 成功之半 **사귀작시 성공지반**

일(사) 귀할(귀) 지을(작) 비로소(시) 이룰(성) 공로(공) 어조사(지) 절반(반)

무슨 일이든 시작하기가 어렵지 일단 시작하면 일을 끝마치기는 그리 어렵지 않다는 뜻.

십 년이면 강산도 변한다

時過十年 江山也要變 **시과십년 강산야요변**

때(시) 지날(과) 열(십) 해(년) 강(강) 뫼(산) 어조사(야) 종료할(요) 변할(변)

세월이 흐르면 모든 것이 변하게 됨을 이르는 말.

싸움은 말리고 흥정은 붙이랬다

勸賣買 鬪則解 **권매매 투즉해**

권할(권) 팔(매) 살(매) 싸움(투) 곧(즉) 풀(해)

나쁜 일은 말리고 좋은 일은 권해야 함을 이르는 말.

아끼다 똥 된다

我所珍庋 竟歸人屎 **아소진기 경귀인시**

나(아) 바(소) 보배(진) 시렁(기) 마침내(경) 돌아갈(귀) 사람(인) 똥(시)

물건을 아끼기만 하다가 결국 못쓰게 된다는 말.

아는 것이 병, 모르는 게 약

聞則病 不聞藥 **문즉병 불문약**

물을(문) 곧(즉) 병날(병) 아닐(불) 물을(문) 약(약)

어떤 일을 알게 되면 도리어 근심거리가 될 수 있다는 말.

아니 땐 굴뚝에 연기 나랴

不煙之突 煙何生 **불연지돌 연하생**

아닐(불) 연기(연) 어조사(지) 굴뚝(돌) 연기(연) 어찌(하) 날(생)

불을 때지 않은 굴뚝에서 연기가 날 리 없다. 원인이 있기 때문에 결과가 있다는 뜻.

아닌 밤중에 홍두깨

暗隅方杖出 **암우방장출**

어두울(암) 모퉁이(우) 모(방) 몽둥이(장) 날(출)

예측하지 못한 일이 갑자기 일어남을 이르는 말.

아랫돌 빼서 윗돌 괴고, 윗돌 빼서 아랫돌 괸다

拔彼下石 撑此上石 **발피하석 탱차상석**

뺄(발) 저(피) 아래(하) 돌(석) 버틸(탱) 이(차) 윗(상) 돌(석)

흔히 하석상대下石上臺상석하대上石下臺라고도 한다. 줄여서 하석상대下石上臺라고도 한다. 이 일로 저 일 막고, 저 일로 이 일을 막는다. 즉, 어떤 일을 돌려가며 수습한다는 뜻.

아무리 바빠도 바늘허리에 실 묶어 못 쓴다

雖忙針腰繫用乎 **수망침요계용호**

비록(수) 바쁠(망) 바늘(침) 허리(요) 맬(계) 쓸(용) 어조사(호)

아무리 급한 일이라도 순서와 원칙을 어기면 안 된다는 말.

악처가 효자보다 낫다

惡妻比孝子 **악처비효자**

나쁠(악) 아내(처) 견줄(비) 효도(효) 아들(자)

효자불여악처孝子不如惡妻라고도 한다. 못된 아내일지라도 자식과는 다르게 허물없이 가까이 할 수 있다는 말.

앓던 이 빠진 것 같다

若拔痛齒 **약발통치**

같을(약) 뺄(발) 아플(통) 이(치)

걱정을 끼치던 것이 없어져 시원하다는 말.

암탉이 울면 집안이 망한다

母鷄鳴叫 家宅不寧 모계명규 가댁불녕

어미(모) 닭(계) 울(명) 부르짖을(규) 집(가) 집(댁) 아닐(불) 편안할(녕)

집안에서 아내의 목소리가 크면 집안일이 잘 안 된다는 뜻.

앞길이 구만리

前程九萬里 전정구만리

앞(전) 길(정) 아홉(구) 만(만) 마을(리)

앞으로 아주 유망하다는 말.

어 다르고 아 다르다

於異阿異 어이아이

늘(어) 다를(이) 언덕(아) 다를(이)

비슷한 것 같지만 저마다의 특징이 있다는 말.

언 발에 오줌 누기

凍足放尿 동족방뇨

얼(동) 발(족) 놓을(방) 오줌(뇨)

눈앞의 급한 일을 임시변통으로 처리한다는 말.

엎질러진 물

覆盃之水 복배지수

엎어질(복) 술잔(배) 어조사(지) 물(수)

다시 돌이킬 수 없는 일이라는 뜻.

엎친 데 덮친 격이다

旣覆器缺 又顚以破 기복기결 우전이파

이미(기) 엎어질(복) 그릇(기) 이지러질(결) 또(우) 뒤집힐(전) 써(이) 깨질(파)

어렵고 힘든 일을 당하고 있는데 다른 불행한 일이 겹쳐 닥친다는 뜻.

여자가 한을 품으면 오뉴월에도 서리가 내린다

一婦含怨 五月降霜 **일부함원 오월강상**

한(일) 며느리(부) 머금을(함) 원망할(원) 다섯(오) 달(월) 내릴(강) 서리(상)

여자가 독한 마음을 갖게 되면 쉽게 풀어지지 않는다는 말.

열 길 물속은 알아도 한 길 사람의 속은 모른다

水深可知 人心難知 **수심가지 인심난지**

물(수) 깊을(심) 옳을(가) 알(지) 사람(인) 마음(심) 어려울(난) 알(지)

사람의 속마음과 진심은 좀처럼 알기 어렵다는 말.

열 번 찍어 안 넘어가는 나무 없다

十斫木無不斫 **십작목무불작**

열(십) 벨(작) 나무(목) 없을(무) 아닐(불) 벨(작)

반복적으로 노력하면 못 이룰 일이 없다는 말.

열 사람이 한 도둑 못 막는다

十守不能防一偸 **십수불능방일투**

열(십) 지킬(수) 아닐(불) 능할(능) 막을(방) 한(일) 훔칠(투)

여러 사람이 애써도 한 사람의 나쁜 짓을 막기 힘들다는 말.

열 손가락 깨물어 안 아픈 손가락 없다

十指遍齰 疇不予戚 **십지편색 주불여척**

열(십) 손가락(지) 두루(편) 물(색) 밭(주) 아닐(불) 나(여) 친척(척)

자식이 아무리 많아도 부모에게는 다 소중하다는 말.

오르지 못할 나무는 쳐다보지도 말아라

難上之木勿仰 **난상지목물앙**

어려울(난) 윗(상) 어조사(지) 나무(목) 말(물) 우러러볼(앙)

자기 능력 밖의 일에 대해서는 아예 처음부터 생각지도 말라는 뜻.

우는 아이에게 젖 준다

哭兒索乳 곡아색유

울(곡) 아이(아) 찾을(색) 젖(유)

　본인이 나서서 애써야 구할 수 있다는 말.

우물가에서 숭늉 찾는다

到井邊 要開水 도정변 요개수

이를(도) 우물(정) 가(변) 구할(요) 열(개) 물(수)

　일에는 차례가 있는 법인데 일의 순서도 모르고 급히 서두른다는 뜻.

우물 안 개구리

井底之蛙 정저지와

우물(정) 밑(저) 어조사(지) 개구리(와)

　세상의 흐름을 알지 못한다. 소견이 좁은 것을 뜻한다.

우물을 파도 한 우물을 파라

鑿井鑿一井 착정착일정

뚫을(착) 우물(정) 뚫을(착) 한(일) 우물(정)

　무슨 일이든지 한 가지 일을 꾸준히 계속해야 성공할 수 있다는 말.

울고 싶은데 뺨 때린다

欲哭時他不哭乎 욕곡시타불곡호

하고자 할(욕) 울(곡) 때(시) 다를(타) 아닐(불) 울(곡) 어조사(호)

　무슨 일을 하고 싶으나 마땅한 구실이 없어 못하고 있는데 마침 좋은 빌미가 생겼다는 말.

원수는 외나무다리에서 만난다

獨木橋 遍家遭 독목교 원가조

홀로(독) 나무(목) 다리(교) 원통할(원) 집(가) 만날(조)

　꺼리고 싫어하는 대상을 피할 수 없는 곳에서 공교롭게 만나게 됨을 비유적으로 이르는 말.

윗물이 맑아야 아랫물도 맑다
上濁下不淸 **상탁하불청**
윗(상) 물흐릴(탁) 아래(하) 아닐(불) 맑을(청)

　윗사람이 잘해야 그 본을 받아 아랫사람도 잘한다는 말.

음식은 갈수록 줄고, 말은 할수록 는다
饍傳愈減 言傳愈濫 **선전유감 언전유람**
반찬(선) 전할(전) 나을(유) 덜(감) 말씀(언) 전할(전) 나을(유) 물넘칠(람)

　음식은 먹을수록 줄어드나 말은 할수록 보태게 되니 말을 삼가라는 뜻.

음지에도 볕 들 날 있다
陰岡 回陽 **음강 회양**
그늘(음) 산등성이(강) 돌아올(회) 볕(양)

　지금의 불행이나 역경도 때를 만나면 행운으로 바뀔 수 있다는 말.

의원이 제 병 못 고치고, 무당이 제 굿 못한다
醫無自藥 巫不己舞 **의무자약 무불기무**
의원(의) 없을(무) 스스로(자) 약(약) 무당(무) 아닐(불) 몸(기) 춤출(무)

　자기에 관한 일은 자기가 처리하기 어렵다. 점쟁이가 제 죽을 날 모른다라는 말과 같은 의미다.

이가 없으면 잇몸으로 산다
齒亡脣亦支 **치망순역지**
이(치) 망할(망) 입술(순) 또(역) 지탱할(지)

　꼭 있어야 할 것도 없으면 없는 대로 견디어 나갈 수 있다는 뜻.

입에 쓴 약이 병을 고친다
良藥苦口利于病 **양약고구리우병**
좋을(양) 약(약) 쓸(고) 입(구) 얻을(리) 어조사(우) 아플(병)

　듣기에는 껄끄러울지 몰라도 올바른 충고가 도움이 된다는 뜻.

입은 삐뚤어졌어도 말은 바로 하랬다

口喎朱囉直吹 구괘주라직취

입(구) 입비뚫어질(괘) 붉을(주) 노래꺾일(라) 곧을(직) 불(취)

여건은 좋지 않더라도 일은 정직하게 하라는 말.

입이 열 개라도 할 말이 없다

有口無言 유구무언

있을(유) 입(구) 없을(무) 말씀(언)

잘못한 일이 너무 커서 미안하여 말을 못하겠다는 뜻.

자라 보고 놀란 가슴 솥뚜껑 보고 놀란다

吓于鱉者 尚驚鼎蓋 혁우별자 상경정개

성낼(혁) 어조사(우) 자라(별) 놈(자) 오히려(상) 놀랠(경) 솥(정) 덮을(개)

어떤 사물에 몹시 놀란 사람이 그와 비슷한 것만 보아도 겁을 낸다는 말.

자식을 길러봐야 어버이 은혜를 안다

養子息 知親恩 양자식 지친은

기를(양) 아들(자) 쉴(식) 알(지) 친할(친) 은혜(은)

부모의 입장이 되어봐야 비로소 부모의 은공을 헤아릴 수 있다는 말.

작은 고추가 더 맵다

雖小唯椒 수소유초

비록(수) 작을(소) 오직(유) 후추(초)

몸집이 작은 사람이 큰 사람보다 재주가 뛰어나고 야무짐을 비유적으로 이르는 말.

잠자는 호랑이 코털을 건드리지 마라

虎睡方熟 誤觸其尾 호수방숙 오촉기미

범(호) 졸음(수) 모(방) 익을(숙) 그르칠(오) 찌를(촉) 그(기) 꼬리(미)

공연스레 건드려서 스스로 화를 불러일으키지 말라는 뜻.

재수 없는 놈은 뒤로 자빠져도 코가 깨진다

窮人之事 翻亦破鼻 궁인지사 번역파비

궁할(궁) 사람(인) 갈(지) 일(사) 날(번) 또(역) 깨질(파) 코(비)

　운수가 나쁜 사람은 무슨 일을 해도 잘 안 된다는 말.

재주를 다 배우니 눈이 어둡다

技纔成 眼有眚 기재성 안유생

재주(기) 겨우(재) 이룰(성) 눈(안) 있을(유) 재앙(생)

　오랜 시간을 두고 한 일이 아무 보람이 없게 되었다는 뜻.

저 잘난 맛에 산다

各者以爲大將 각자이위대장

각각(각) 놈(자) 써(이) 할(위) 큰(대) 장수(장)

　사람마다 자기가 최고라고 생각한다는 뜻.

젊어서 고생은 사서도 한다

少年吃苦 花錢買 소년흘고 화전매

적을(소) 해(년) 감수할(흘) 쓸(고) 꽃(화) 돈(전) 살(매)

　무슨 일이든 젊었을 때 적극적으로 하며 살라는 뜻.

점쟁이도 저 죽을 날은 모른다

明卜知來 自昧死日 명복지래 자매사일

밝을(명) 점(복) 알(지) 올(래) 스스로(자) 어두울(매) 죽을(사) 날(일)

　아는 척하는 사람도 결정적으로 중요한 것은 알지 못한다는 말.

제 눈에 안경

看中了 是愛物 간중료 시애물

볼(간) 가운데(중) 밝을(료) 옳을(시) 사랑(애) 만물(물)

　정들면 다 고와 보인다는 뜻으로 제 마음에 들면 좋게 보인다는 말.

제 늙는 줄 모르고 남 늙는 줄만 안다

吾老不覺 覺人之老 오로불각 각인지로

나(오) 늙을(노) 아닐(불) 깨달을(각) 깨달을(각) 사람(인) 어조사(지) 늙을(노)

자기의 잘못은 모르면서 남의 잘못만 탓한다. 자신을 알라는 뜻.

제 배 부르면 종 배고픈 줄 모른다

厭腹果然 不察奴饑 궐복과연 불찰노기

그(궐) 배(복) 과실(과) 그럴(연) 아닐(불) 살필(찰) 종(노) 주릴(기)

자기의 형편이 좋으면 남의 어려운 사정을 이해하지 못한다는 뜻.

제 버릇 개 줄까

渠所習不以與狗 거소습불이여구

도랑(거) 처(소) 익힐(습) 아닐(불) 써(이) 줄(여) 개(구)

못된 버릇은 여간해서 고치기가 힘들다는 뜻.

종로에서 뺨 맞고 한강에 가 눈 흘긴다

鐘路逢頰 漢江睨眼 종로봉협 한강예안

쇠북(종) 길(로) 만날(봉) 뺨(협) 한수(한) 물(강) 흘겨볼(예) 눈(안)

욕을 당한 그 자리에서는 말 못하고 다른 데서 화풀이한다는 뜻.

죽기는 섧지 않으나 늙기가 서럽다

死了不悲傷老了倒愓 사료불비상 노료도상

죽을(사) 마칠(료) 아닐(불) 슬플(비) 다칠(상) 늙을(노) 마칠(료) 이를(도) 근심할(상)

죽는 것은 어쩔 수 없는 일이니 포기하고 늙는 것이 안타깝다는 말.

지렁이도 밟으면 꿈틀거린다

斃蜿掉尾 폐완도미

죽을(폐) 꿈틀거릴(완) 흔들(도) 꼬리(미)

보잘것없고 힘이 약한 사람이라도 너무 업신여기면 가만있지 아니한다는 말.

집안 좁은 건 살아도, 마음 좁은 건 못산다

屋子窄還能過 心眼窄活不了 옥자착환능과 심안착활불료

집(옥) 아들(자) 좁을(착) 돌아올(환) 능할(능) 넘칠(과) 마음(심) 눈(안) 좁을(착) 활기(활) 아닐(불) 마칠(료)

집안이 가난한 건 견딜 수 있으나 속이 좁아 쩨쩨하게 구는 사람하고는 생활하기 힘들다는 뜻으로, 집안이나 집단이 화목해야 함을 이르는 말.

참새가 방앗간을 그냥 지나가랴

未有瓦雀 虛過搗舍 미유와작 허과도사

아직(미) 있을(유) 기와(와) 참새(작) 빌(허) 지날(과) 찧을(도) 집(사)

관심사와 이권은 쉽게 포기할 수 없다는 뜻.

ㅊ

처갓집과 뒷간은 멀수록 좋다

妻家與厠 愈遠愈好 처가여측 유원유호

아내(처) 집(가) 더불(여) 기울(측) 나을(유) 멀(원) 나을(유) 좋을(호)

처가와 왕래가 잦으면 아내가 재산을 빼돌릴 수 있으니 멀리 있어야 하고, 변소는 냄새가 나니 역시 멀리 있어야 좋다는 뜻.

천 길 물속은 알아도 한 길 사람 속은 모른다

千丈深水易測 一個人心難量 천장심수이측 일개인심난량

일천(천) 한길(장) 깊을(심) 물(수) 쉬울(이) 잴(측) 한(일) 낱(개) 사람(인) 마음(심) 어지러울(난) 헤아릴(량)

사람의 속마음은 알 수 없다는 뜻.

천 리 길도 한 걸음부터

適千里者 一步可規 적천리자 일보가규

마침(적) 일천(천) 마을(리) 놈(자) 한(일) 걸음(보) 옳을(가) 법(규)

아무리 큰일이라도 그 시작은 작은 것에서 비롯된다는 말.

초록은 동색이다

草綠同色 초록동색

풀(초) 초록빛(록) 한가지(동) 빛(색)

비슷한 처지에 있는 사람들끼리 어울리게 된다는 뜻.

· 한국 고사성어 ·

취중에 진담 나온다
醉中眞談 **취중진담**
취할(취) 가운데(중) 참(진) 말씀(담)

　술에 취한 척하면서 속에 있는 말을 한다는 뜻.

친구는 옛친구가 좋고, 옷은 새 옷이 좋다
朋友是舊的好 衣服是新的好 **붕우시구적호 의복시신적호**
벗(붕) 벗(우) 바를(시) 옛(구) 어조사(적) 좋을(호) 옷(의) 옷(복) 바를(시) 새(신) 어조사(적) 좋을(호)

　오래 사귄 친구일수록 우정이 두텁다는 뜻.

친구 따라 강남 간다
隨友去江南 **수우거강남**
따를(수) 벗(우) 갈(거) 큰 내(강) 남쪽(남)

　아무 줏대 없이 남이 하는 대로 따라 흉내만 낸다. 혹은 친구를 신뢰하는 마음이 크다는 뜻.

ㅋ

콩 심은 데 콩 나고 팥 심은 데 팥 난다
種豆得豆 **종두득두**
종자(종) 콩(두) 얻을(득) 콩(두)

　일의 결과는 행한 대로 될 수밖에 없다는 말.

콩으로 메주를 쑨다 해도 곧이듣지 않는다
謂菽合醬 人或不信 **위숙합장 인혹불신**
이를(위) 콩(숙) 합할(합) 간장(장) 사람(인) 혹(혹) 아닐(불) 믿을(신)

　당연한 일을 말하여도 믿지 않을 때, 또는 신뢰할 수 없음을 이르는 말.

ㅌ

티끌 모아 태산
塵合泰山 **진합태산**
티끌(진) 모을(합) 클(태) 뫼(산)

　아주 작은 것이라도 많이 모이면 큰 것이 될 수 있다는 뜻.

하늘이 무너져도 솟아날 구멍이 있다

天雖崩牛出有穴 천수붕우출유혈

하늘(천) 비록(수) 산 무너질(붕) 소(우) 날(출) 있을(유) 구멍(혈)

아무리 어려운 일이 닥쳐도 해결할 수 있는 방법은 있다는 말.

하룻강아지 범 무서운 줄 모른다

一日之狗 不知畏虎 일일지구 부지외호

한(일) 날(일) 어조사(지) 개(구) 아닐(부) 알(지) 두려워할(외) 범(호)

철모르고 아무에게나 함부로 덤비는 사람을 두고 하는 말.

한술 밥에 배부르랴

才食一匙 不救腹飢 재식일시 불구복기

재주(재) 밥(식) 한(일) 숟가락(시) 아닐(불) 건질(구) 배(복) 주릴(기)

한술 밥으로 배를 채우지 못한다. 즉, 힘을 조금 들이고 많은 효과를 기대할 수 없다는 말.

호랑이는 죽어서 가죽을 남기고, 사람은 죽어서 이름을 남긴다

虎死留皮 人死留名 호사유피 인사유명

범(호) 죽을(사) 머무를(유) 가죽(피) 사람(인) 죽을(사) 머무를(유) 이름(명)

사람은 죽은 뒤에도 뭇사람의 칭송을 들을 수 있게 가치 있는 일을 해야 한다는 뜻.

호랑이도 제 말 하면 온다

談虎而來 담호이래

말(담) 범(호) 어조사(이) 올(래)

다른 사람에 관한 이야기를 하는데 공교롭게 그 사람이 나타나는 경우를 이르는 말.

흐르는 물은 썩지 않는다

流水不腐 유수불부

흐를(유) 물(수) 아닐(불) 썩을(부)

늘 움직이는 것은 썩지 아니함을 이르는 말. 즉, 현실에 안주하지 말라는 뜻.

| 고사성어 찾아보기 |

| 인물 찾아보기 |

· 한국 고사성어 ·

· 한국 고사성어 ·